IMPRESSUM
Herausgeber & Verleger Salzburg Sport GmbH, Am Brunnen 1, A-5330 Fuschl am See, www.redbulls.com
Redaktion Lisa Blazek, Ulrich Corazza, Christoph Iglhauser, Andreas Kornhofer, Marijan Kelava, Boro Petrić, Christoph Rietner *(alle Interviews)*, Michael Weiß, Mounira Zuber-Latrache **Autor** Joachim Glaser *(alle Spiele und Porträts)*
Bildredaktion Markus Kučera **Design** Marion Brogyanyi, Dominik Uhl **Illustrator** Dietmar Kainrath **Info-Grafiken** Mandy Fischer **Lektorat** Hans Fleißner, Karin Kübler, Thomas Lederer **Lithografie** Nenad Isailović, Clemens Ragotzky
Produktion Michael Bergmeister **Konzeption** Boro Petrić, Dominik Uhl **Alle** Red Bulletin GmbH, Heinrich-Collin-Straße 1, A-1140 Wien, +43 (0)1 90221-0, www.redbulletin.com **Druck** Druckerei Theiss GmbH, A-9431 St. Stefan im Lavanttal
Kontakt: soccerrbs.heimspiel@redbulls.com **ISBN** 978-390255303-4

FOTOS
Günther R. Artinger/Gepa Pictures (60, 80, 193), **Thomas Bachun**/Gepa Pictures (25, 31, 160, 247), **Josef Bollwein**/Gepa Pictures (95), **Dominic Ebenbichler**/Reuters (22/23), **Ralph M. Fischer**/Gepa Pictures (163), **Günter Flöck**/Gepa Pictures (111), **Matthias Hauer**/Gepa Pictures (95), **Martin Hörmandinger**/Gepa Pictures (133), **Darren Jacklin Photography** (15, 25), **Wolfgang Jannach**/Gepa Pictures (75, 158), **Helge Kirchberger Photography** (261–271), **Mario Kneisl**/Gepa Pictures (54, 139, 147, 225), **Sebastian Krauss**/Gepa Pictures (18/19, 20, 39, 40, 41, 59, 64/65, 66/67, 96, 105, 107, 163, 178, 179, 180, 181, 188, 215, 231), **Wolfgang Lienbacher** (190, 192, 194, 196, 198, 200, 202, 204, 206, 208, 210, 212, 214, 216, 218, 220, 222, 224, 226, 228, 230, 232, 234, 236, 238, 240, 242, 244, 246, 248, 249, 250, 251, 254), **Garth Milan**/Red Bull Photofiles (150), **Hans Oberländer**/Gepa Pictures (102, 122, 168), **Markus Oberländer**/Gepa Pictures (15, 62/63, 111, 176, 177), **Christian Ort**/Gepa Pictures (12/13, 46, 54, 80, 133, 139, 203), **Andreas Pranter**/Gepa Pictures (93), **Marie Rambauske**/Gepa Pictures (100, 147, 197, 201), **Michael Riedler**/Gepa Pictures (177), **Felix Roittner**/Gepa Pictures (8/9, 14, 20, 21, 24, 26/27, 35, 36, 39, 40, 43, 44, 51, 58, 69, 70, 72, 76, 79, 82/83, 84/85, 86, 90/91, 92, 93, 98, 109, 114, 116/117, 118/119, 120/121, 124, 126, 129, 130, 135, 136, 142/143, 144, 145, 154/155, 156/157, 160, 165, 167, 170, 174/175, 178, 181, 185, 191, 195, 205, 207, 209, 213, 217, 219, 221, 227, 233, 235, 237, 241, 245, 248, 251, 252, 253, 255, 258/259), **Hans Simonlehner**/Gepa Pictures (10/11, 32, 53, 59, 72, 76, 79, 86, 89, 93, 106, 107, 109, 113, 135, 136, 141, 144, 152, 181, 199, 211, 223, 229, 243), **Mike Stobe**/Getty Images (148/149, 151), **Christian Walgram**/Gepa Pictures (16/17, 44, 173, 176, 177, 239), **Jeff Zelevansky**/Getty Images (151), www.fotoagentur-picture-point.de (48, 49)

RED BULL SALZBURG JAHRBUCH 2009/10

**WIR DANKEN UNSEREN
PREMIUM PARTNERN:**

DIE ROTEN BULLEN UNTERSTÜTZEN:

SPIEL PLAN

1 ANPFIFF 07–27
Mit Feuer im Herzen: Wie die Roten Bullen wieder Meister wurden.
Die besten Bilder der Saison 2009/10.

2 SEITENWECHSEL 29–181
Die Saison 2009/10. Spiel für Spiel. Seite für Seite.
Mit Hintergrundberichten, was zwischen den Spielen geschah.

3 AUFSTELLUNG 183–255
Alle Spieler. Alle Trainer. Alle Betreuer. Und drei Interviews mit:
Sportdirektor, Cheftrainer und Kapitän.

4 ERSATZBANK 257–271
Der Nachwuchs der Roten Bullen: Alle Spiele und Ergebnisse.
Von der U7 bis zu den Red Bull Juniors.

5 BALLBESITZ 273–288
Die Statistik des Jahres. Alle Zahlen. Alle Einsätze. Alle Tore.

DAS BESTE

FEUER IM HERZEN

DIE ROTEN BULLEN BRINGEN DIE STADT ZUM GLÜHEN UND DIE FANS ZUM LEUCHTEN. RED BULL SALZBURG BLEIBT 2010 ÖSTERREICHISCHER FUSSBALLMEISTER.

ZICO GUT, ENDE GUT. Alexander Zickler beendet seine Karriere, eröffnet aber den Bundesliga-Torreigen der Roten Bullen – mit seinem Treffer gegen die Austria zum 1:1-Ausgleich. Auch gegen Rapid wird er gefährlich.

DIE SONNE DES SPIELFELDS. Die Roten Bullen – hier Robin Nelisse im Duell gegen einen Magna-Verteidiger – spielen Zauberfußball.

DER BESTE. Somen Tchoyi wird zum besten Spieler der Saison 2009/10 gewählt. Ein Zauberer auf dem Feld, der im Alleingang Partien entscheiden kann – wie gegen Lazio (auch wenn er hier einen Bohemian stehen lässt).

HERZSCHLAG DES SPIELS. Die Fans (o.) der Roten Bullen – perfekt eingespielt wie die Mannschaft und Wallners Freistoß (u.) zum Schlusspunkt der Saison, dem 2:0 gegen Sturm.

DIE MENSCHLICHE GRÖSSE. Kapitän Gustafsson und Trainer Stevens bringen Gefühle ins Spiel und machen aus den Roten Bullen eine – wie Eddie sagt – „Familie".

DER WILLE ZUM SIEG. Pokrivač zeigt dem Ball, wo's langgeht – diese Entschlossenheit der Roten Bullen bringt die Erfolge und den Titel.

TÄNZER IN DER RED BULL ARENA. Simon Cziommer (o.) zeigt perfekte Schuss-, Christoph Leitgeb (u.) perfekte Flugtechnik.

DER MANN FÜR DIE MUSIK. Huub Stevens rockt das Spielfeld – und macht dabei eine so gute Figur wie John Travolta.

TOOOR! Rabiu Afolabi (nicht im Bild) köpft das 1:0 im Heimspiel gegen Lazio Rom. Muslera hat den besten Blick – aber keine Chance.

TOP-SCORER. Marc Janko schießt wieder die meisten Tore für die Roten Bullen – sowohl in der Bundesliga als auch in der Europa League.

1A-UNTERHALTUNG. Dieser Fan zwischen den Transparenten (o.) hat genauso viel Spaß wie Ball und Leitgeb (u.) im gegnerischen Tor.

2009/10

25

ROT-WEISS-ROT. Die Roten Bullen siegen für Salzburg in der Europa League und holen dabei wertvolle UEFA-Punkte für das ganze Land.

 ALLE TORE FÜHREN NACH ROM

DIE SAISON

CL-QUALI, 2. RUNDE HINSPIEL (15.7.2009)

SCHIEDSRICHTER NICOLAI VOLLQUARTZ (DEN)
STADION SALZBURG, 12.300 ZUSCHAUER

DIE TORE, DIE MAN NICHT MACHT …

Im ersten Spiel der Qualifikation zur Champions League steht den Salzburgern mit den Bohemians Dublin ein vermeintlich unterlegener Gegner gegenüber. Nur ist der irische Meister schon mitten im Meisterschaftsbetrieb. Die Salzburger wirken dagegen rostig, sind noch nicht auf die Neuzugänge und das neue System eingestellt. Schüsse von Leitgeb und Mahop bedeuten dennoch einen guten Beginn für die Roten Bullen. Der irische Keeper ist allerdings vorerst nicht zu bezwingen. Erst in der 25. Minute ist Brian Murphy geschlagen: Nach einer Švento-Ecke steigt Dudić am höchsten und wuchtet den Ball per Kopf ins Netz. Die verdiente Führung. Die Partie verebbt etwas bis zur Halbzeit. Danach wird Janko aktiv: Schwegler-Flanke auf Janko, Murphy lenkt zur Querlatte ab. Zwei Minuten später landet Jankos Kopfball knapp neben das Tor. Und schließlich in Minute 57 Elfmeter: Janko schießt platziert, aber mit zu wenig Nachdruck. Murphy dreht den Ball zur Ecke. Die klassische Fußballweisheit „Die Tore, die man nicht macht …" bewahrheitet sich schon drei Minuten später. N'Do findet die Salzburger Abwehr im Tiefschlaf vor, schiebt den Ball ins leere Tor. Salzburg ist wie gelähmt. Offensiv klappt kaum noch eine Aktion. Pech kommt hinzu: Mahop trifft in der Schlussminute noch die Stange – das war's. Ein enttäuschendes Remis, aber im Rückspiel ist noch alles drin.

FC SALZBURG

Die Aufstellung: Eddie Gustafsson, Christian Schwegler, Ibrahim Sekagya, Milan Dudić, Barry Opdam, Christoph Leitgeb, René Aufhauser, Louis Ngwat-Mahop, Simon Cziommer, Dušan Švento, Marc Janko

BOHEMIAN F.C. DUBLIN

Die Aufstellung: Brian Murphy, Mark Rossiter, Brian Shelly, Ken Oman, Conor Powell, Paul Keegan, Jason Byrne, Joseph N'Do, Gary Deegan, Killian Brennan, Glen Crowe

DIE SPIELDATEN

SBG		BOH
1	Tore	1
17	Torschüsse	5
4	Eckbälle	2
10	Fouls	4
1	Gelbe Karten	0
3	Abseits	
53	gew. Zweikämpfe (%)	47

DER SPIELFILM

25' ⚽ 1:0 Dudić		68' 🟨 Sekagya	
60' ⚽ 1:1 N'Do		73' ← Janko	
63' ← Cziommer		73' → Nelisse	
63' → Ilić		73' ← Byrne	
65' ← Opdam		73' → Murphy	
65' → Ježek		90' ← Rossiter	
		90' → Madden	

15. JULI WAS SONST NOCH GESCHAH

Die Inflationsrate in Österreich ist im Juni im Vergleich zum Vorjahr von 3,9 auf 0,0 % gesunken und damit zum Stillstand gekommen – erstmals seit 40 Jahren. ● Der neue Harry-Potter-Film läuft in den Kinos an. „Harry Potter und der Halbblutprinz" erfährt sogar ungewöhnliches Lob vom „Erzfeind": Der Vatikan würdigt den Film, weil das Gute über das Böse triumphiere und dabei Opfer gebracht würden. ● Lúcio, der 31-jährige Kapitän der brasilianischen Nationalmannschaft, wechselt von Bayern München zu Inter Mailand, wo er einen Dreijahresvertrag unterschreibt.

SIEHT AUS WIE EIN TOR: **WAR ABER KEINES.** SALZBURG VERGIBT VIELE GUTE CHANCEN.

OBEN: **EDDIE GUSTAFSSON**
UNTEN: **SOMEN TCHOYI –
SIEGTOR IN MINUTE 91**

DIE LIGA 1. RUNDE (19.7.2009)

SCHIEDSRICHTER DIETMAR DRABEK
RED BULL ARENA, 12.465 ZUSCHAUER

DAS FINALE ZUM START.

Die Bundesliga beginnt für Meister Red Bull Salzburg mit einem „Supercup-Finale" gegen Cupsieger Austria Wien. Schwegler und Augustinussen feiern ihre Bundesliga-Premiere, in der zweiten Halbzeit debütiert auch Švento. Die Roten Bullen dominieren das Geschehen fast nach Belieben, gehen gleich bissig in die Zweikämpfe, spielen flott über die Flügel, machen grundsätzlich alles richtig – bloß Tore schießen sie keine. Freilich ist auch Pech mit im Spiel: Janko köpfelt in der 15. Minute knapp vorbei, trifft in der 25. nur die rechte Stange, ballert in der 29. vom Fünfer übers Tor. Doch da stand es bereits 1:0 für die Gäste: Junuzović überrascht in der 27. Minute Neo-Kapitän Gustafsson mit einem verdeckten Schuss. Das sollte so ziemlich die einzige Chance für die Gäste bleiben. Allerdings müssen die Salzburger bis zur 70. Minute auf den Ausgleich warten: Der eingewechselte Zickler jagt einen Abpraller wuchtig ins linke Eck, sein 53. Tor in der Bundesliga. Zweimal noch scheitert Zickler knapp, ebenso Augustinussen mit einem prächtigen Kopfball und Leitgeb mit einem satten Schuss. 90 Minuten sind vorbei – remis also. Nicht für Tchoyi. In der Nachspielzeit übernimmt er rechts im Strafraum eine Flanke von links, macht einen herrlichen Haken um seinen Gegenspieler, nimmt Maß mit dem linken Fuß und hämmert den Ball zum Siegtor unter die Latte.

RED BULL SALZBURG

Die Aufstellung: Eddie Gustafsson, Milan Dudić, Christian Schwegler, Andreas Ulmer, Ibrahim Sekagya, Thomas Augustinussen, Patrik Ježek, Saša Ilić, Christoph Leitgeb, Marc Janko, Louis Ngwat-Mahop

Die meisten Torschüsse: Marc Janko (6)
Die meisten Ballkontakte: Andreas Ulmer (104)
Der Zweikampfstärkste: Ibrahim Sekagya (86 %)

DIE SPIELDATEN

RBS		FAK
2	Tore	1
21	Torschüsse	5
10	Eckbälle	2
17	Fouls	14
1	Gelbe Karten	2
60	Ballbesitz (%)	40
55	gew. Zweikämpfe (%)	45

DER SPIELFILM

07′	Standfest	60′ >	Zickler
27′ ⚽	0:1 Junuzović	65′ <	Jun
33′	Ortlechner	65′ >	Hattenberger
40′ <	Mahop	70′ ⚽	1:1 Zickler
40′ >	Tchoyi	81′ <	Junuzović
54′ <	Ježek	81′ >	Suttner
54′ >	Švento	90′	Švento
60′ <	Ilić	91′ ⚽	2:1 Tchoyi

FK AUSTRIA WIEN

Die Aufstellung: Robert Almer, Aleksandar Dragović, Jacek Bąk, Manuel Ortlechner, Joachim Standfest, Florian Klein, Petr Voříšek, Zlatko Junuzović, Milenko Ačimovič, Tomáš Jun, Rubin Okotie

Die meisten Torschussvorlagen: Milenko Ačimovič (2)
Die meisten Ballkontakte: Milenko Ačimovič (68)
Der Zweikampfstärkste: Jacek Bąk (67 %)

19. JULI WAS SONST NOCH GESCHAH

Edwin Aldrin, nach Neil Armstrong der zweite Mensch auf dem Mond, erklärt vierzig Jahre nach der ersten Mondlandung den Mars für „viel geeigneter für künftige Weltraummissionen". ● In der Türkei tritt ein rigoroses Rauchverbot in Kraft, sogar die traditionellen Wasserpfeifen bleiben davon nicht verschont. ● Ex-Bulle Andreas Ivanschitz absolviert sein erstes Training für Mainz 05. ● Sybille Bammer gewinnt das Tennisturnier von Prag. ● Rapid feiert vor 50.000 Fans im Wiener Ernst-Happel-Stadion sein 110-Jahr-Jubiläum und besiegt den FC Liverpool mit 1:0.

0:1

CL-QUALI, 2. RUNDE RÜCKSPIEL (22.7.2009)

SCHIEDSRICHTER ALEKSANDAR STAVREV (MKD)
DALYMOUNT PARK, 6000 ZUSCHAUER

YEAH, YEAH, JEŽEK!

Das 1:1 im Hinspiel schafft eine knifflige Ausgangslage für die Partie in Dublin: Die Roten Bullen müssen gegen die Bohemians gewinnen. Ein 0:0 genügt nicht. Trainer Stevens muss auf Abwehrchef Sekagya verzichten, dafür läuft Neuerwerbung Schiemer zum ersten Mal auf. Und setzt sich gleich in Szene. Köpft nach 54 Sekunden einen Corner knapp am Tor vorbei. Janko wird in der 6. Minute elfmeterreif gestoppt. Doch der Pfiff bleibt aus. Salzburg ist klar überlegen, ist spielerisch einfach besser. Die Abwehr steht bombensicher. Nur vorne bleiben zwingende Chancen leider aus. In Hälfte zwei werden die Stürmer auf beiden Seiten von ihren Bewachern neutralisiert. Das Spiel findet nur noch zwischen den beiden Strafräumen statt. Janko wartet bis zur 80. Minute auf seine zweite Chance. Vergibt sie. Der Schlusspfiff, das Ausscheiden rückt immer näher. Ein torloses Remis ist zu wenig. Dann, aus dem Nichts: Ein langer Pass von Schiemer wird vom irischen Verteidiger falsch berechnet. Der eingewechselte Ježek reagiert am schnellsten. Köpft. Der Ball wird immer länger, landet im langen Eck. Geschockte Dubliner, feiernde Salzburger. Mühelos sichern die Roten Bullen den Sieg ab. Trainer Stevens sagt nach dem Spiel: „Natürlich hätten wir es schon zu Hause klar machen müssen. Und obwohl wir noch keinen richtigen Rhythmus haben, waren wir die klar bessere Mannschaft."

BOHEMIANS FC DUBLIN

Die Aufstellung: Brian Murphy, Mark Rossiter, Brian Shelly, Ken Oman, Conor Powell, Paul Keegan, Jason Byrne, Gary Deegan, Joseph N'Do, Killian Brennan, Glen Crowe

DIE SPIELDATEN

BOH		FCS
0	Tore	1
2	Torschüsse	11
–	Eckbälle	–
13	Fouls	9
1	Gelbe Karten	3
–	Ballbesitz (%)	–
–	gew. Zweikämpfe (%)	–

DER SPIELFILM

54'	Janko		72' ←	Leitgeb
58' ←	Ulmer		72' →	Nelisse
58' →	Ježek		84' ←	Byrne
62' ←	Ilić		84' →	Cronin
62' →	Vladavić		86' ⚽	0:1 Ježek
65' ←	Brennan		87' ←	Rossiter
65' →	A. Murphy		87' →	McGuinness
68'	A. Murphy		91'	Schwegler
			93'	Gustafsson

FC SALZBURG

Die Aufstellung: Eddie Gustafsson, Christian Schwegler, Franz Schiemer, Milan Dudić, Andreas Ulmer, Christoph Leitgeb, Thomas Augustinussen, Somen Tchoyi, Saša Ilić, Dušan Švento, Marc Janko

---

22. JULI WAS SONST NOCH GESCHAH

In Asien ist die längste totale Sonnenfinsternis des 21. Jahrhunderts zu bewundern. Ab 5.28 Uhr schiebt sich über dem Arabischen Meer der Mond für gut sechs Minuten vor die Sonne. ● Erstmals nach 286 Tagen steht Slalomläuferin Marlies Schild auf dem Rettenbachferner in Sölden wieder auf Skiern. Exakt dort hatte sie sich am 9. Oktober 2008 bei einem Trainingssturz schwer verletzt. ● Schwimmer Markus Rogan beklagt kurz vor Beginn der WM in Rom den Verlust seines Schwimmanzuges. Die extrem dünne zweite Haut ist gerissen – nicht zum ersten Mal.

OBEN: **DUELLE PRÄGEN DIE PARTIE.**
LINKS: **ILIĆ** RECHTS: **ŠVENTO**
UNTEN: **JEŽEK ERLÖST DIE BULLEN.**

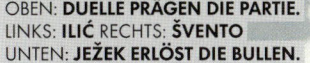

1:0

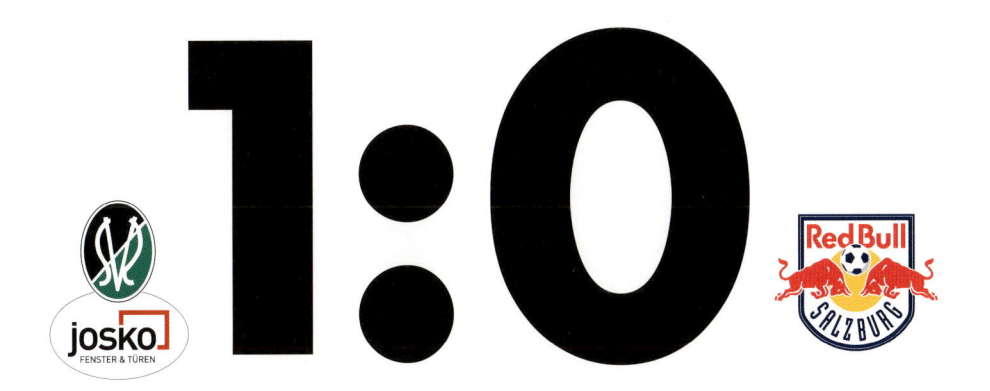

DIE LIGA 2. RUNDE (25. 7. 2009)

SCHIEDSRICHTER THOMAS GANGL
KEINE SORGEN ARENA, 6393 ZUSCHAUER

„DER STÄRKSTE GEGNER MEINER ÄRA."

Das letzte Spiel gegen die Innviertler hatten die Salzburger glatt mit 0:3 verloren. Heute hingegen scheint eine Niederlage ausgeschlossen: Die Defensivarbeit der Roten Bullen ist von Beginn an optimal. Speziell Augustinussen wirkt in seiner Rolle als Aufräumer vor der Abwehr nahezu perfekt. Die Rieder kommen praktisch zu keiner Chance. Die Roten Bullen schon: Etwa in der 23. Minute, da steht Zickler nach idealem Lochpass von Janko allein vor Ried-Goalie Gebauer, doch der Ball springt ihm vom Fuß. Die Salzburger kontrollieren das Geschehen, erhöhen nach der Pause noch den Druck und haben drei Matchbälle: Janko in der 72. Minute, Tchoyi in der 77. und Vladavić per Gewaltschuss in der 80. – sie vergeben sämtlich. Und dann kommt es, wie es kommen muss: Ein einziges Mal stimmt die Zuordnung in der Abwehr nicht, Dudić und Schiemer können sich nach einem Freistoß Lexas nicht einigen, Salihi nutzt diesen Augenblick und trifft. 1:0 für Ried exakt drei Minuten vor dem Abpfiff. Die Niederlage ist unverdient, davon kann sich der Meister aber nichts kaufen. Und auch nichts vom Lob des Ried-Trainers Paul Gludovatz, der vom „bisher stärksten Gegner in meiner Ära" spricht. Die Analyse von Huub Stevens fällt kritischer aus: „In der zweiten Hälfte blieb die Verteidigung zu defensiv, rückte nicht nach. Daran müssen wir arbeiten – und aus dieser Niederlage lernen."

DIE SPIELDATEN

SVR		RBS
1	Tore	0
15	Torschüsse	15
5	Eckbälle	10
15	Fouls	16
1	Gelbe Karten	2
52	Ballbesitz (%)	48
55	gew. Zweikämpfe (%)	45

SV JOSKO RIED

Die Aufstellung: Thomas Gebauer, Martin Stocklasa, Oliver Glasner, Thomas Burgstaller, Stefan Lexa, Florian Mader, Herwig Drechsel, Ewald Brenner, Peter Hackmair, Anel Hadžić, Nacho Rodríguez

Die meisten Torschüsse: St. Lexa, E. Brenner (3)
Die meisten Ballkontakte: Martin Stocklasa (101)
Der Zweikampfstärkste: Peter Hackmair (71 %)

RED BULL SALZBURG

Die Aufstellung: Eddie Gustafsson, Milan Dudić, Christian Schwegler, Franz Schiemer, Andreas Ulmer, Alexander Zickler, Thomas Augustinussen, Somen Tchoyi, Dušan Švento, Admir Vladavić, Marc Janko

Die meisten Torschüsse: Marc Janko (4)
Die meisten Ballkontakte: Admir Vladavić (76)
Der Zweikampfstärkste: Milan Dudić (71 %)

DER SPIELFILM

60'	▌	Tchoyi	82'	‹	Janko
60'	‹	Zickler	82'	›	Nelisse
60'	›	Leitgeb	87'	⚽	1:0 Salihi
65'	‹	Švento	87'	‹	Drechsel
65'	›	Ježek	87'	›	Ziegl
66'	▌	Glasner	89'	‹	Lexa
72'	‹	Mader	89'	›	Grasegger
72'	›	Salihi	90'	▌	Dudić

---

25. JULI **WAS SONST NOCH GESCHAH**
Genau hundert Jahre nach dem erstem Flug über den Ärmelkanal fliegt der Franzose Edmond Salis in einer „Blériot XI", dem restaurierten Originalflugzeug, in 40 Minuten von Calais nach Dover – Pionier Louis Blériot war vier Minuten schneller gewesen. ● Bei den Salzburger Festspielen prangert Festredner Daniel Kehlmann die „drastische Verfremdung" des Regietheaters an. ● Im Abschlusstraining zum Formel-1-Grand-Prix von Ungarn sichern sich die Red Bull-Piloten Vettel und Webber die Plätze 2 und 3. Webber beendet auch das Rennen als Dritter, Vettel scheidet aus.

1:1

CL-QUALI, 3. RUNDE HINSPIEL (29. 7. 2009)

**SCHIEDSRICHTER PAVEL KRÁLOVEC (CZE)
STADION SALZBURG, 15.800 ZUSCHAUER**

EIN HARMLOSER BALL UND EIN BÖSER FEHLER.

Die Roten Bullen gehen als Underdog in die dritte Quali-Runde für die Champions League. Dinamo ist Favorit, und die Vorgabe an Salzburg ist klar: Die Null muss nach 90 Minuten hinten stehen, ein eigener Treffer wäre schön. Ebenso klar ist: Dinamo Zagreb will hier gewinnen. Von Anfang an brillieren sie mit feiner Technik, schnellen Angriffen und Schüssen in Serie. Erst in der 17. Minute hat Somen Tchoyi die erste Chance für die Roten Bullen: Nach starkem Solo ist der Winkel für seinen Schuss zu spitz. Die Bullen zeigen ihren Fans die besten Kombinationen der noch jungen Saison. Knapp vor der Pause werden sie belohnt: Tchoyi geht auf der rechten Seite unwiderstehlich durch, Stanglpass zur Mitte, und Zickler schmettert den Ball via Pfosten ins Tor. In der zweiten Hälfte übernimmt Dinamo das Kommando. Gustafsson kann wiederholte Male retten. In Minute 63 ist er aber machtlos: Schiemer will einen harmlosen Ball mit der Brust zurückspielen. Doch Mandžukić ist hellwach, sprintet dazwischen. Ausgleich. In der hitzigen Schlussphase sieht Mandžukić, Dinamos Bester an diesem Tag, noch Gelb-Rot. Während der Diskussion am Spielfeld wird einer der Schiedsrichter-Assistenten von einem vollen Plastikbecher am Kopf getroffen. Er verlässt stark blutend das Feld. Bevor noch mehr passiert, beendet der Schiedsrichter die Partie. Der Aufstieg wird nach diesem 1:1 schwierig.

FC SALZBURG

Die Aufstellung: Eddie Gustafsson, Franz Schiemer, Ibrahim Sekagya, Milan Dudić, Andreas Ulmer, Christoph Leitgeb, Thomas Augustinussen, Somen Tchoyi, Admir Vladavić, Dušan Švento, Alexander Zickler

DIE SPIELDATEN

SBG		DIN
1	Tore	1
9	Torschüsse	16
8	Eckbälle	2
11	Fouls	7
5	Gelbe Karten	4
0	Gelb-Rote Karten	1
4	Abseits	1

NK DINAMO ZAGREB

Die Aufstellung: Tomislav Butina, Dejan Lovren, Etto, Sammir, Denis Glavina, Milan Badelj, Marijo Mandžukić, Ivica Vrdoljak, Igor Biščan, Pedro Morales, Dimitris Papadopoulos

DER SPIELFILM

26'	Vladavić	73' ›	Ježek
30'	Mandžukić	77'	Janko
45' ⚽ 1:0	Zickler	80'	Slepička
53'	Augustinussen	85' ‹	Vladavić
60'	Etto	85' ›	Ilić
63' ⚽ 1:1	Mandžukić	86' ‹	Morales
70'	Papadopoulos	86' ›	Chago
70' ‹	Zickler	88'	Dudić
70' ›	Janko	91' ‹	Sammir
72' ‹	Papadopoulos	91' ›	Barbarić
72' ›	Slepička	94'	Schiemer
73' ›	Švento	94'	Mandžukić

29. JULI WAS SONST NOCH GESCHAH

In Southampton wird am Abend das Kreuzfahrtschiff „Celebrity Equinox" getauft. Es ist 315 Meter lang, hat 1426 Kabinen und an Deck eine 2000 Quadratmeter große Rasenfläche für Picknicks und Boule-Partien – ein Landgang wird somit überflüssig. ● Laut EU-Verkehrskommission gehen auf Europas Flughäfen jeden Tag rund 10.000 Gepäckstücke verloren, weltweit sogar 90.000. ● BMW steigt aus der Formel 1 aus. ● Rapid-Stürmer Erwin „Jimmy" Hoffer wechselt mit sofortiger Wirkung zum italienischen Serie-A-Klub SSC Napoli.

OBEN: **ZICO ZUM 1:0**
UNTEN: **GUSTAFSSON HÄLT SICHER, BEIM 1:1 IST ER MACHTLOS.**

KIDS DAY

1. AUGUST 2009 – DER TAG, AN DEM DIE KINDER NACH HERZENSLUST LAUT SEIN KÖNNEN. ABER AUCH DIE GROSSEN DÜRFEN ZUM SPIEL GEGEN DEN LASK IN DIE RED BULL ARENA.

OBEN LINKS: Kids-Reporter filmen fürs RBS Fan TV. **LINKS:** Gaberl-Contest im Fanpark. **OBEN:** Robin Nelisse gratuliert Raphael Grabner, dem Sieger bei der Red Bull Salzburg Challenge. **RECHTS:** Eine junge Dame sagt den Herren auf dem Feld, was zu tun ist.

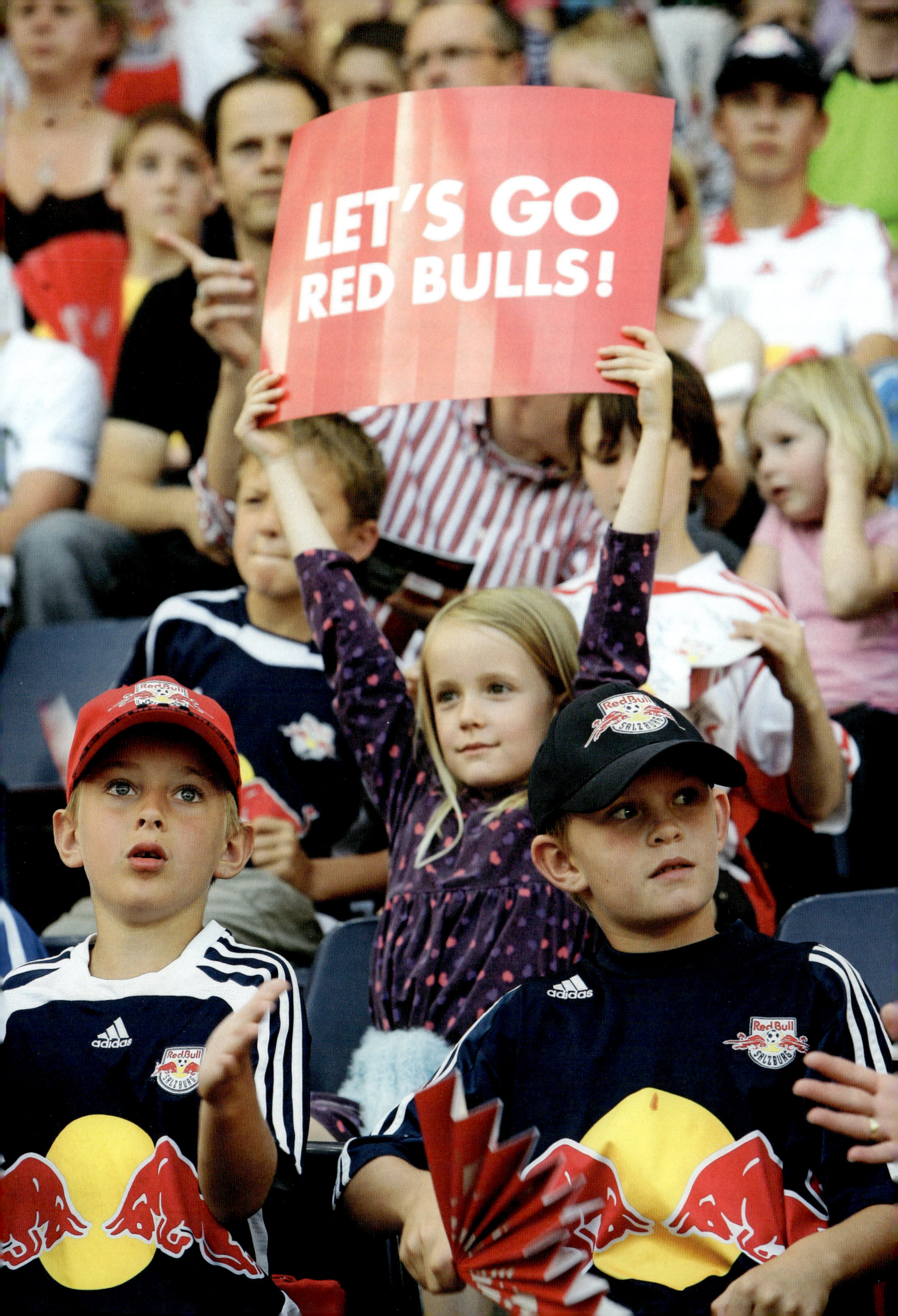
LET'S GO
RED BULLS!

3:2

DIE LIGA 3. RUNDE (1.8.2009)

SCHIEDSRICHTER KONRAD PLAUTZ
RED BULL ARENA, 11.422 ZUSCHAUER

SIEG NACH SEKUNDENSCHLAF.

Der „neue" LASK mit dem in der Torschützenliste führenden Mayrleb will den Meister prüfen und baut nach acht Treffern in zwei Spielen auf die eigene Offensivstärke. Der Torschützenkönig der vergangenen Saison hingegen bleibt vorerst auf der Bank: Die Roten Bullen fangen ohne Janko an. 40 Minuten plätschert die Partie dahin. Zweimal rettet Gustafsson, einmal nach einem miserablen Rückpass von Augustinussen, einmal nach einem satten Schuss von Mayrleb. Doch dann darf erstmals gejubelt werden: Nach der achten Ecke für Red Bull (von links) kommt Dudić an den Ball und köpft ihn an die linke Stange, den Abpraller staubt Tchoyi blitzschnell ab. 1:0. Ein Tor im richtigen Moment, so kurz vor der Pause. Die Salzburger sind gedanklich schon in der Kabine, da gelingt Prager Sekunden vor dem Pausenpfiff der Ausgleich. Wenige Sekunden nach Wiederbeginn nutzt Mayrleb eine weitere Schlafphase der Salzburger zum Linzer Führungstreffer. Jetzt brennt der Hut. Stevens schickt Janko und Ježek aufs Feld – und es soll sich auszahlen: In der 62. Minute wuchtet Janko nach Ježek-Vorlage die Kugel volley unter die Latte. Der Ausgleich und Jankos erstes Tor in einem Pflichtspiel seit 16. Mai – damals das 2:1 gegen den LASK. Das Siegestor von heute schießt aber Zickler in Minute 72. Leitgeb hämmert später noch einen Freistoß an die rechte Stange. Doch es bleibt beim 3:2.

DIE SPIELDATEN

RBS		LSK
3	Tore	2
19	Torschüsse	11
9	Eckbälle	2
18	Fouls	22
3	Gelbe Karten	4
55	Ballbesitz (%)	45
55	gew. Zweikämpfe (%)	45

RED BULL SALZBURG

Die Aufstellung: Eddie Gustafsson, Milan Dudić, Christian Schwegler, Andreas Ulmer, Ibrahim Sekagya, Thomas Augustinussen, Somen Tchoyi, Dušan Švento, Christoph Leitgeb, Admir Vladavić, Alexander Zickler

Die meisten Torschüsse: Somen Tchoyi (4)
Die meisten Ballkontakte: Andreas Ulmer (88)
Der Zweikampfstärkste: Christian Schwegler (77 %)

DER SPIELFILM

40' ⚽ 1:0 Tchoyi	71' ← Prager
42' 🟨 Leitgeb	71' → Rasswalder
45' ⚽ 1:1 Prager	72' ⚽ 3:2 Zickler
46' ⚽ 1:2 Mayrleb	75' ← Metz
49' ← Vladavić	75' → Bichelhuber
49' → Janko	80' ← Zickler
54' ← Švento	80' → Aufhauser
54' → Ježek	87' ← Saurer
57' 🟨 Alunderis	87' → Piermayer
62' ⚽ 2:2 Janko	89' 🟨 Piermayer
68' 🟨 Chinchilla	90' 🟨 Janko
68' 🟨 Sekagya	90' 🟨 Bichelhuber

LASK LINZ

Die Aufstellung: Silvije Čavlina, Vidas Alunderis, Georg Margreitter, Wolfgang Bubenik, Pablo Chinchilla, Florian Metz, Thomas Prager, Christoph Saurer, Justice Majabvi, Roman Wallner, Christian Mayrleb

Die meisten Torschüsse: R. Wallner, Chr. Mayrleb (4)
Die meisten Ballkontakte: Justice Majabvi (74)
Der Zweikampfstärkste: Pablo Chinchilla (69 %)

---

1. AUGUST WAS SONST NOCH GESCHAH
Wladimir Putin taucht an Bord des Mini-U-Bootes Mir-1 auf den Grund des über 1600 Meter tiefen Baikalsees, des größten Süßwassersees der Welt. ● Bei der Gedächtnismeisterschaft in Hamburg merkt sich Johannes Mallow aus Magdeburg in nur 30 Minuten 1264 Ziffern: ein neuer Weltrekord. ● Das Beachvolleyball-Turnier in Klagenfurt zählt 130.000 Fans – neuer Besucherrekord. ● Ernst Öbster schießt bei seinem Debüt für Red Bull New York in Trinidad und Tobago gleich sein erstes Tor, das Spiel der Champions League für Nord- und Mittelamerika endet 2:2.

LINKS: **1:0 – TCHOYI UND ŠVENTO**
RECHTS: **1:2 – STEVENS ZÜRNT.**

LINKS: **AUFHOLJAGD**
RECHTS: **3:2 – ZICO UND JANKO MACHEN ES WIEDER GUT.**

2009/10

43

LINKS: SCHIEMER KÖPFT HINTEN DIE BÄLLE WEG. RECHTS: TCHOYI TANKT SICH VORNE DURCH.

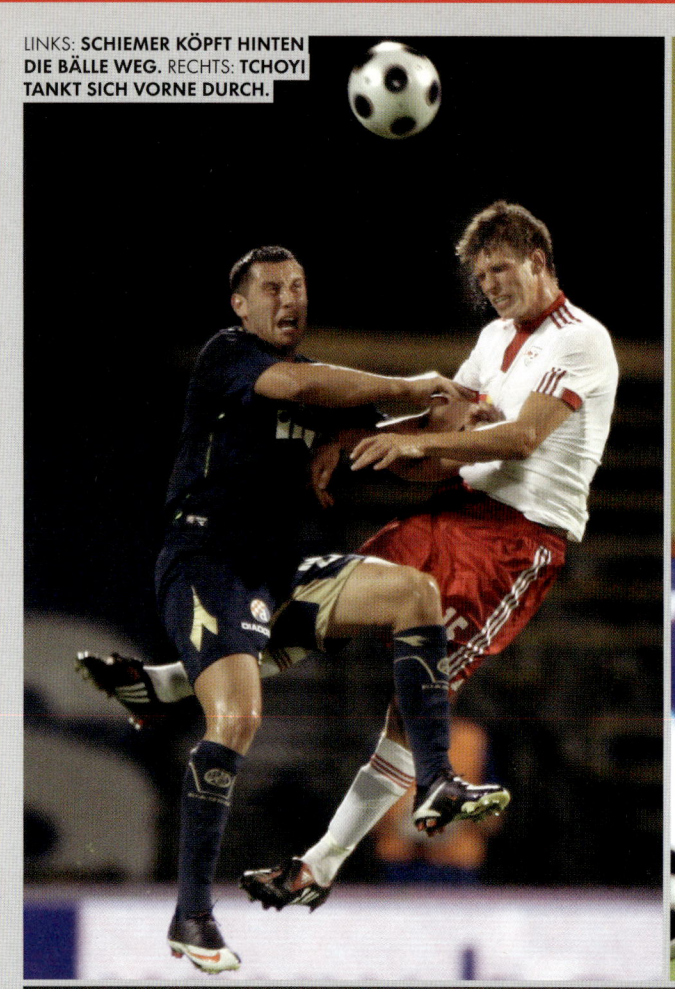

UNTEN: ZAUBERFUSSBALL IN DEN ERSTEN 30 MINUTEN, VERDIENTER JUBEL NACH 90

1:2

CL-QUALI, 3. RUNDE RÜCKSPIEL (4. 8. 2009)

**SCHIEDSRICHTER ALAIN HAMER (LUX)
MAKSIMIR-STADION, 20.000 ZUSCHAUER**

NELISSE SPART ZEIT.

Die Devise in Zagreb nach dem 1:1 zu Hause: „Ein schnelles Tor muss her, damit Dinamo unter Druck gerät." Stevens lässt mit zwei echten Spitzen beginnen, mit dem Duo Zickler-Nelisse. Das sorgt für Verwirrung in den Reihen der Kroaten. Die Folge: Chancen am laufenden Band für die Roten Bullen: Leitgeb mit einem Freistoß, Tchoyi und Nelisse, Zickler, wieder Tchoyi, wieder Zickler, Švento – das alles in den ersten 30 Minuten. In der 33. gelingt die Führung: Švento jagt einen Freistoß aus halbrechter Position an Freund und Feind vorbei ins lange Eck. Der Treffer zwingt die Zagreber zu mehr Risiko. Gustafsson muss bis zur Pause mit all seinem Können zweimal den Ausgleich verhindern. Zwei Minuten nach der Pause ist der Kapitän machtlos: Der griechische Europameister Papadopoulos gleicht aus. Nach einem kurzen Durchatmen kommen die Bullen erneut in Schwung. Tchoyi vergibt zweimal. Gustafsson rettet bei einem Freistoß. Beide Teams rechnen schon mit der Verlängerung – da schlägt Nelisse in Minute 83 zu. Švento erkämpft den Ball, legt für Cziommer auf. Der Schuss des Deutschen kracht gegen die Stange. Nelisse reagiert sofort, nimmt den Abpraller volley – und versenkt ihn unter der Latte. Der österreichische Meister gewinnt, steht erstmals im Play-off der Champions League und ist fix qualifiziert für die Gruppenphase der Europa League.

NK DINAMO ZAGREB

Die Aufstellung: Tomislav Butina, Dejan Lovren, Sammir, Denis Glavina, Mathias Chago, Carlos, Milan Badelj, Ivica Vrdoljak, Igor Bišćan, Pedro Morales, Dimitris Papadoupolos

FC SALZBURG

Die Aufstellung: Eddie Gustafsson, Franz Schiemer, Ibrahim Sekagya, Milan Dudić, Andreas Ulmer, René Aufhauser, Christoph Leitgeb, Somen Tchoyi, Alexander Zickler, Dušan Švento, Robin Nelisse

DIE SPIELDATEN

DIN		SBG
1	Tore	2
14	Torschüsse	7
7	Eckbälle	2
16	Fouls	19
2	Gelbe Karten	1
0	Rote Karten	0
0	Abseits	1

DER SPIELFILM

33' ⚽ 0:1 Švento
46' ← Chago
46' → Slepička
47' ⚽ 1:1 Papadopoulos
61' 🟨 Sekagya
69' 🟨 Lovren
79' ← Zickler
79' → Cziommer
83' ⚽ 1:2 Nelisse
84' ← Carlos
84' → Kramarić
87' ← Leitgeb
87' → Augustinussen
89' ← Sammir
89' → Barbarić
92' ← Švento
92' → Opdam

4. AUGUST WAS SONST NOCH GESCHAH

In Australien hebt eine Propellermaschine ohne ihren Piloten ab. Er hatte den Propeller per Hand von außen angeworfen, jedoch die Bremskeile unter den Rädern vergessen. ● Die Crew des französischen Trimaran „Banque Populaire V" legt die Strecke New York–Cornwall in 3 Tagen, 15 Stunden, 25 Minuten, 48 Sekunden zurück: ein neuer Rekord für Segelschiffe. Die Höchstgeschwindigkeit betrug unfassbare 87,3 km/h. ● Alexander Manninger (Juventus Turin) gibt seinen Rücktritt als österreichischer Nationalspieler bekannt, er hat 33-mal das Teamtrikot getragen.

SIMON CZIOMMER ZUM 3:2 –
ERST PECH, DANN KÖPFCHEN

2:3

DIE LIGA 4. RUNDE (8.8.2009)

SCHIEDSRICHTER FRITZ STUCHLIK
PAPPELSTADION, 6187 ZUSCHAUER

ELFER, KOPFBALL, TOR!

Die Roten Bullen lassen vom Start weg nichts anbrennen, kontrollieren das Geschehen, nur ein Tor will nicht fallen – bis zur 39. Minute. Nelisse vollendet nach idealer Vorlage von Tchoyi volley zum 1:0. Doch nach der Pause geht es rund: Binnen zwei Minuten drehen die Mattersburger das Spiel. Trainer Stevens sagt später: „Ich weiß nicht, was im Pausentee drin war, aber so darf man den Beginn nicht verschlafen." Doch so schnell wie die Mattersburger Führung gefallen ist, ist sie auch schon wieder weg. Sekunden nach dem 2:1 trägt Švento nach sehenswertem Solo den Ball förmlich ins Tor. Ausgleich. Die nächste halbe Stunde herrscht Gemütlichkeit im Pappelstadion, ehe die hektischen letzten zehn Minuten anbrechen. Schiri Stuchlik schickt innerhalb von drei Minuten die Mattersburger Mörz und Waltner vorzeitig unter die Dusche. Konsequenz des zweiten Ausschlusses – nach Foul an Janko – ist ein Elfer für den Meister. Cziommer, eine Viertelstunde zuvor für Leitgeb gekommen, übernimmt die Verantwortung. Cziommer schießt, trifft Torhüter Bliem, der Ball springt hoch zurück zu Cziommer, der per Kopf ins rechte Eck einnetzt. 3:2. Cziommers erstes Ligator ist der fünfte Treffer eines Jokers in der noch jungen Saison. In den Spielen davor hatten bereits die eingewechselten Tchoyi und Zickler (gegen Austria Wien), Ježek (Dublin) und Janko (LASK) getroffen.

DIE SPIELDATEN

MAT		RBS
2	Tore	3
10	Torschüsse	19
4	Eckbälle	6
16	Fouls	16
3	Gelbe Karten	3
2	Rote Karten	0
34	Ballbesitz (%)	66
36	Gew. Zweikämpfe (%)	64

SV MATTERSBURG

Die Aufstellung: Stefan Bliem, Goce Sedloski, Nedeljko Malić, Anton Pauschenwein, Josef Hamouz, Michael Mörz, Tomáš Sedlák, Manuel Seidl, Markus Schmidt, Ronald Spuller, Robert Waltner

Die meisten Torschüsse: Sedloski, Mörz, Spuller, Waltner (2)
Die meisten Ballkontakte: Ronald Spuller (53)
Der Zweikampfstärkste: Goce Sedloski (64 %)

RED BULL SALZBURG

Die Aufstellung: Eddie Gustafsson, Milan Dudić, Christian Schwegler, Andreas Ulmer, Ibrahim Sekagya, Somen Tchoyi, Dušan Švento, Christoph Leitgeb, René Aufhauser, Robin Nelisse, Marc Janko

Die meisten Torschüsse: Simon Cziommer (4)
Die meisten Ballkontakte: René Aufhauser (117)
Der Zweikampfstärkste: Ibrahim Sekagya (100 %)

DER SPIELFILM

- 13' 🟨 Pauschenwein
- 15' 🟨 Leitgeb
- 31' 🟨 Malić
- 40' ⚽ 0:1 Nelisse
- 48' ⚽ 1:1 Sedloski
- 48' 🟨 Sedloski
- 49' ⚽ 2:1 Spuller
- 49' ⚽ 2:2 Švento
- 70' ← Leitgeb
- 70' → Cziommer
- 75' ← Nelisse
- 75' → Zickler
- 78' ← Seidl
- 78' → Pöllhuber
- 78' ← Švento
- 78' → Ježek
- 80' 🟨 Aufhauser
- 80' 🟨 Dudić
- 80' 🟥 Mörz
- 83' 🟥 Waltner
- 84' ⚽ 2:3 Cziommer
- 89' ← Schmidt
- 89' → Wagner
- 89' ← Sedlák
- 89' → Stjepanović

8. AUGUST WAS SONST NOCH GESCHAH

Bei der Sauna-WM in Finnland müssen die Gastgeber bei den Damen eine unerwartete Niederlage einstecken. Den ersten Platz holt sich die Russin Tatjana Archipenko, sie hält es in der auf 110 Grad erhitzten Kabine drei Minuten und neun Sekunden aus. Der beste Mann bleibt 37 Sekunden länger sitzen. ● Hoffenheim spielt zu Hause gegen Bayern München 1:1 und wird um einen regulären Treffer gebracht: Der Ball war 30 cm hinter der Torlinie. Der Referee gibt aber kein Tor. ● RB Leipzig startet in der Oberliga Sachsen mit einem 1:1 in Jena in die neue Saison.

LEIPZIGER HÖHENFLÜGE

RB LEIPZIG FIXIERTE GLEICH IM ERSTEN ANLAUF SOUVERÄN DEN AUFSTIEG IN DIE DEUTSCHE REGIONALLIGA. IMPRESSIONEN EINES FUSSBALLMÄRCHENS.

DANK AN DIE FANS. Die Spieler von RB Leipzig lassen nach dem Erfolg gegen Germania Halberstadt ihre treuen Anhänger hochleben.

JUBEL, TRUBEL, HEITERKEIT.
RB Leipzig legte in der deutschen Oberliga NOFV-Süd einen fulminanten Siegeslauf hin. Im Lokalderby feierten die Jungs von Trainer Tino Vogel (links oben) einen souveränen 3:0-Erfolg. Kapitän Ingo Hertzsch (links unten) & Co standen bereits fünf Runden vor Schluss als Meister fest. **GROSSES BILD UNTEN:** die Torjäger Patrick Bick (re.) und Jochen Höfler.

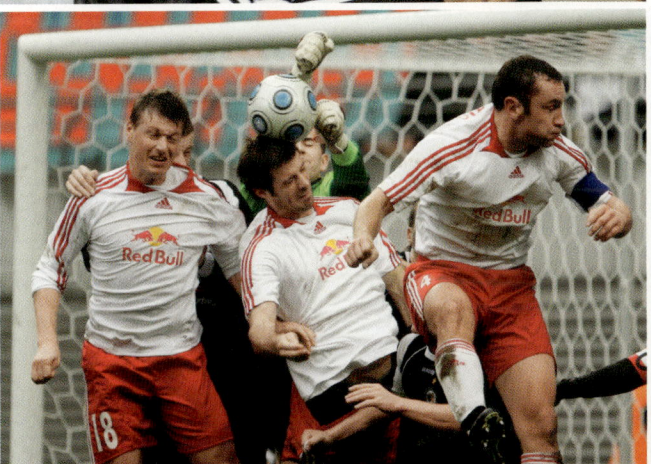

OBEN: **EIN TOR PRO TAUSEND ZUSCHAUER**

LINKS: **RAKETE RAKIĆ STARTET MIT EINEM HATTRICK.**
RECHTS: **NELISSE GRATULIERT.**

1:7

ÖFB-STIEGL-CUP 1. RUNDE (15. 8. 2009)

**SCHIEDSRICHTER HARALD LECHNER
VORWÄRTS-STADION, STEYR, 6750 ZUSCHAUER**

RAKETEN-START IM CUP.

Nach den diversen Länderspielen sind die Bullen – nach unterschiedlichen Erfolgserlebnissen – wieder vereint: Janko, Schiemer und Leitgeb mussten das 0:2 gegen Kamerun von Klagenfurt verdauen, für Tchoyi mit dem Assist zum ersten Tor der Afrikaner war es ein Ausrufezeichen. Ebenso für Gustafsson, der mit Schweden zu einem 1:0 gegen Finnland gekommen war. Heute heißt es Kräfte bündeln in der ersten Runde des ÖFB-Stiegl-Cups beim oberösterreichischen Landesligaverein Vorwärts Steyr. Đorđe Rakić erhält heute seine erste Chance in der Kampfmannschaft. Und er nützt sie, führt die Bullen praktisch im Alleingang auf die Siegerstraße, schießt zwischen der 5. und 14. Minute mit einem Hattrick eine 3:0-Führung heraus: Tor 1 nach einer Ecke, Tor 2 nach einem Stangenschuss, Tor 3 platziert nach einer Drehung um die eigene Achse. Nach der Pause geht es munter weiter, Nelisse (nach Zuspiel Rakić), Sekagya (per Kopf nach Ecke Ježek), wieder Nelisse (nach Flanke Ježek), nochmals Rakić (nach Vorarbeit Ilić) erhöhen auf 7:0, ehe die Hausherren in der Schlussminute durch einen Freistoß zum Ehrentor kommen. Es ist ein schöner Tag nicht nur für die gesamte Mannschaft, sondern auch für zwei Red Bull Juniors, die ihr Debüt feiern: Stefan Ilsanker kommt in der 55. Minute für Augustinussen, Christoph Kröpfl drei Minuten später für Schwegler.

SK VORWÄRTS STEYR

Die Aufstellung: Florian Berger, Markus Kurzböck, Peter Siegfried Brandl, Daniel Kerschbaumer, Michael Mehlem, Rudolf Vogel, Manfred Rabenhaupt, Erwin Tauber, Manfred Rothbauer, Manuel Schönberger, Václav Mrkvička

DER SPIELFILM

05' ⚽ 0:1 Rakić
13' ⚽ 0:2 Rakić
14' ⚽ 0:3 Rakić
34' 🟨 Rothbauer
37' 🟨 Mehlem
48' ⚽ 0:4 Nelisse
53' ⚽ 0:5 Sekagya
55' ← Augustinussen
55' → Ilsanker
55' ← Schönberger
55' → Lukić
58' ← Schwegler
58' → Kröpfl
61' ← Brandl
61' → Schierhuber
62' ← Kurzböck
62' → Danninger
66' ⚽ 0:6 Nelisse
71' ← Nelisse
71' → Zickler
75' ⚽ 0:7 Rakić
89' 🟨 Cziommer
91' ⚽ 1:7 Vogel

RED BULL SALZBURG

Die Aufstellung: Heinz Arzberger, Christian Schwegler, Ibrahim Sekagya, Barry Opdam, Andreas Ulmer, Thomas Augustinussen, Simon Cziommer, Saša Ilić, Patrik Ježek, Đorđe Rakić, Robin Nelisse

---

15. AUGUST WAS SONST NOCH GESCHAH
Usain Bolt trabt bei der Leichtathletik-WM in Berlin über 100 Meter als Fünfter durch die Zwischenrunde, gewinnt aber tags darauf die Goldmedaille mit unfassbaren 9,58 Sekunden und bis zu 44,7 km/h schnell. ● In Berlin eröffnet nahe dem berühmten Checkpoint Charlie das erste Deutsche Currywurst-Museum (auch das erste weltweit). In Deutschland werden jährlich 800 Millionen Currywürste verspeist. ● Brian Vickers fährt im Red Bull-Toyota (#83) im „Nudeltopf" von Michigan die Pole-Position heraus und holt im Rennen den ersten NASCAR-Sieg für sein Team.

1:2

CHAMPIONS LEAGUE, PLAY-OFFS HINSPIEL (19.8.2009)

SCHIEDSRICHTER IOURI BASKAKOV (RUS)
STADION SALZBURG, 24.000 ZUSCHAUER

ZU SCHNELL AM ENDE.

Die Medien sind für Red Bull-Cheftrainer Huub Stevens im Vorfeld der entscheidenden Play-off-Spiele gegen Maccabi Haifa etwas „übermütig" – der Aufstieg in die Gruppenphase wird als „ziemlich machbar" und „nahe wie nie" bezeichnet. Doch die Bullen sind zu Beginn in Bedrängnis: Gustafsson muss in den ersten zehn Minuten zweimal sein ganzes Können aufbieten. Die Salzburger Abwehr ist mit den pfeilschnellen Gegnern überfordert. In der 22. Minute geschieht das Unvermeidliche: Ghadir köpft ungedeckt nach einer Flanke ein. Salzburg drängt jetzt: Švento, Zickler und Leitgeb prüfen Maccabi-Keeper Davidovitch. Der hält sicher. Noch vor der Pause muss Gustafsson mit einem Riesenreflex das 0:2 verhindern. Die zweite Hälfte muss besser werden. In der 57. Minute gelingt das 1:1. Nelisse liefert die Vorlage, ein sichtlich motivierter Zickler setzt sich gegen zwei Verteidiger durch, schiebt den Ball im Fallen ins Netz: Sein 100. Tor im Dress der Bullen. Maccabi kontert sofort, doch Gustafsson ist auf dem Posten. Sein Gegenüber muss kurz darauf einen Schuss von Tchoyi parieren. Die wirklichen Chancen wollen sich aber nicht einstellen. In der 84. Minute das Desaster: Drei Salzburger Verteidiger begleiten Arbeitman, statt ihn zu stören. 1:2. Es wird nicht mal ein Remis.

„Wir müssen einsehen, wo der österreichische Fußball steht", resümiert Trainer Stevens nach dem Spiel enttäuscht.

FC SALZBURG

Die Aufstellung: Eddie Gustafsson, Christian Schwegler, Franz Schiemer, Milan Dudić, Andreas Ulmer, Thomas Augustinussen, Somen Tchoyi, Christoph Leitgeb, Dušan Švento, Alexander Zickler, Robin Nelisse

MACCABI HAIFA F.C.

Die Aufstellung: Nir Davidovitch, Shai Maymon, Tsepo Masilela, Dekel Keinan, Eyal Meshumar, John Culma, Eyal Golasa, Mohammad Ghadir, Yaniv Katan, Biram Kayal, Vladimir Dvalishvili

DIE SPIELDATEN

SBG		MAC
1	Tore	2
5	Torschüsse	9
8	Eckbälle	5
16	Fouls	20
2	Gelbe Karten	3
1	Abseits	2
51	Ballbesitz (%)	49

DER SPIELFILM

17'	Meshumar	69'	<	Kajal
22' ⚽	0:1 Ghadir	69'	>	Refaelov
56'	Augustinussen	72'		Keinan
57' ⚽	1:1 Zickler	76'		Dvalishvili
65' <	Ghadir	76'		Arbeitman
65' >	Bokkoli	80'	<	Nelisse
66'	Schwegler	80'		Cziommer
68' <	Zickler	84' ⚽		1:2 Arbeitman
68' >	Janko	88'		Masilela

---

19. AUGUST WAS SONST NOCH GESCHAH
Die österreichische Mannschaft gewinnt bei der Jugend-Weltmeisterschaft der Physik in China hinter Südkorea die Silbermedaille. ● In Madame Tussauds Wachsfigurenkabinett in Berlin enthüllt der deutsche Basketballstar Dirk Nowitzki sein wächsernes Abbild. Der Würzburger spielt seit 1998 bei den Dallas Mavericks. ● Renate Götschl gibt ihren Rücktritt aus dem Ski-Weltcup bekannt. Sie wird im kommenden Frühjahr Mutter. Götschl war u. a. dreimal Weltmeisterin, holte zwei olympische Medaillen, gewann 46 Weltcuprennen und war 2000 Weltcup-Gesamtsiegerin.

LINKS: **AUFGEREIHT UND BEREIT FÜR DIE CHAMPIONS LEAGUE**

LINKS: **MACCABI BEGINNT STARK.**
RECHTS: **DIE ENTTÄUSCHUNG AM ENDE IST GROSS.**

OBEN: **DUŠAN ŠVENTO**
UNTEN: **SOMEN TCHOYI –**
TANZEN IM REGEN

1:1

SC Wiener Neustadt — Red Bull Salzburg

DIE LIGA 5. RUNDE (22.8.2009)

SCHIEDSRICHTER RENÉ EISNER
STADION WR. NEUSTADT, 4045 ZUSCHAUER

REGEN UND ROTE BULLEN WERDEN STÄRKER.
Neuland betritt der Fußballmeister in Niederösterreich: Erstmals heißt der Gegner Wiener Neustadt. Der Aufsteiger aus der Ersten Liga gibt sich optimistisch, hofft, dass Salzburg noch die Heimniederlage gegen Haifa im Magen liegt. Huub Stevens hat die Mannschaft stark umgestellt. Von der Mittwoch-Truppe bleiben vorerst Torschütze Zickler, Dudić und Nelisse auf der Bank. Doch das Rotieren bekommt den Gästen anfangs gar nicht gut. Nach neun Minuten nützt Aigner ein Missverständnis zwischen Schiemer und Ulmer zum Führungstreffer. Wieder hat Salzburgs Hintermannschaft nicht gut ausgesehen. In bisher elf Pflichtspielen hat es 13 Gegentore gegeben, nur einmal stand die Null. Aber die Roten Bullen lassen sich nicht aus der Fassung bringen und übernehmen das Kommando. Cziommer, Švento und Tchoyi haben den Ausgleich auf dem Fuß – er fällt schließlich in der 40. Minute: Nach Querpass von Tchoyi drückt Janko den Ball über die Linie. In der zweiten Hälfte wird der Dauerregen stärker – ebenso die Roten Bullen. Auf dem tiefen Boden treiben sie ihre Gegner regelrecht vor sich her. Aus dutzenden Chancen hätten die Gäste ein halbes Dutzend Tore schießen müssen. Doch die Salzburger treffen nicht ins Tor, Schwegler einmal nur die Stange. Das macht die Hausherren wieder munter. Sie drehen im Finish plötzlich wieder auf. Scheitern aber an Gustafsson. Es bleibt beim Remis.

SC WR. NEUSTADT

Die Aufstellung: Sašo Fornezzi, Ronald Gercaliu, Taner Ari, Petr Johana, Christian Ramsebner, Alexander Grünwald, Tomas Šimkovič, Mario Reiter, Patrick Wolf, Diego Viana, Johannes Aigner.

Meiste Torschussvorlagen: Alexander Grünwald (6)
Die meisten Ballkontakte: Ari, Grünwald, Wolf (51)
Der Zweikampfstärkste: Taner Ari (64 %)

DIE SPIELDATEN

SCM		RBS
1	Tore	1
17	Torschüsse	24
2	Eckbälle	5
18	Fouls	17
0	Gelbe Karten	0
41	Ballbesitz (%)	59
49	gew. Zweikämpfe (%)	51

DER SPIELFILM

09' ⚽	1:0 Aigner	63' >	Zickler
40' ⚽	1:1 Janko	69' <	Johana
54' <	Šimkovič	69' >	Košťál
54' >	Burgstaller	73' <	Cziommer
63' <	Reiter	73' >	Vladavić
63' >	Martinez	84' <	Tchoyi
63' <	Švento	84' >	Nelisse

RED BULL SALZBURG

Die Aufstellung: Eddie Gustafsson, Christian Schwegler, Franz Schiemer, Andreas Ulmer, Ibrahim Sekagya, Thomas Augustinussen, Somen Tchoyi, Dušan Švento, Simon Cziommer, Christoph Leitgeb, Marc Janko.

Meiste Torschussvorlagen: Marc Janko (6)
Die meisten Ballkontakte: Christoph Leitgeb (86)
Der Zweikampfstärkste: Ibrahim Sekagya (76 %)

---

22. AUGUST WAS SONST NOCH GESCHAH
Ein Italiener knackt den Rekord-Jackpot im „SuperEnalotto" und gewinnt 147,8 Millionen Euro. Sein Einsatz: 2 Euro. ● Bei der Leichtathletik-WM in Berlin holt sich Usain Bolt mit der Sprintstaffel von Jamaika seine dritte Goldmedaille. ● In der Deutschen Bundesliga schlägt Aufsteiger Mainz 05 überraschend Bayern München mit 2:1. Andreas Ivanschitz steuert das erste Mainzer Tor bei. ● Aston Villa besiegt den FC Liverpool auswärts mit 2:1; dasselbe Ergebnis fünf Tage später gegen Rapid Wien wird ihnen aber nicht zum Weiterkommen in der Europa League reichen.

3:0

CHAMPIONS LEAGUE, PLAY-OFFS RÜCKSPIEL (25.8.2009)

SCHIEDSRICHTER BERTRAND LAYEC (FRA)
RAMAT-GAN-STADION, 40.000 ZUSCHAUER

DAS ERSTE ABSEITSTOR, DAS ZÄHLTE.

Das Rückspiel gegen Maccabi. Die Salzburger dürfen kein Tor kassieren, müssen aber zwei schießen. Doch schon nach 150 Sekunden wird es erstmals brenzlig: Gustafssons Abschlag misslingt, landet direkt bei Katan. Der Keeper hat aber Glück, Katan schießt daneben. Die Roten Bullen lassen sich nicht beeindrucken, gehen kompromisslos in die Zweikämpfe und haben gute spielerische Ideen. Doch am Strafraum von Haifa ist Endstation. Nach 31 Minuten werden Salzburgs Hoffnungen begraben: Dvalishvili trifft nach einem Missverständnis von Tchoyi und Ilsanker aus Abseitsposition. Der Treffer ist irregulär, zählt aber. In der 45. Minute segelt Jankos einzige echte Chance, ein Kopfball, über die Latte. Zickler und Vladavić sollen ab Minute 55 mehr Schwung nach vorne bringen. Doch dann steht es plötzlich 2:0 für Maccabi Haifa. Nach einem Fehler Schiemers kommt Golasa zum Schuss. Ilsanker fälscht ab, Gustafsson hat keine Chance. Symptomatisch für diesen Tag auch das 3:0 in der Schlussminute: Gustafsson eilt aus dem Tor, wird vom eigenen Mann, Opdam, umgestoßen. Ghadir hat keine Mühe, den leeren Kasten zu treffen. Einzige Erklärung der fatalen Verteidigungsleistung: Abwehrchef Sekagya fehlte. Die bittere Erkenntnis: Auch wenn es unglückliche Tore waren – wer vom israelischen Meister fünf Tore kassiert, muss auf die Champions League noch warten.

MACCABI HAIFA F.C.

Die Aufstellung: Nir Davidovitch, Eyal Meshumar, Shai Maymon, Jorge Teixeira, Tsepo Masilela, John Culma, Eyal Golasa, Mohammad Ghadir, Yaniv Katan, Biram Kayal, Vladimir Dvalishvili

FC SALZBURG

Die Aufstellung: Eddie Gustafsson, Franz Schiemer, Milan Dudić, Barry Opdam, Andreas Ulmer, Somen Tchoyi, Stefan Ilsanker, Christoph Leitgeb, Simon Cziommer, Dušan Švento, Marc Janko

DIE SPIELDATEN

MAC		SBG
3	Tore	0
9	Torschüsse	3
3	Eckbälle	4
12	Fouls	25
2	Gelbe Karten	1
2	Abseits	1
48	Ballbesitz (%)	52

DER SPIELFILM

21'	Cziommer	62' ←	Golasa
22'	Culma	62' →	Boccoli
25'	Kayal	63' ←	Meshumar
31' 1:0	Dvalishvili	63' →	Harazir
55' ←	Cziommer	70' ←	Ilsanker
55' →	Zickler	70' →	Ilić
55' ←	Dudić	73' ←	Dvalishvili
55' →	Vladavić	73' →	Refaelov
57' 2:0	Golasa	90' 3:0	Ghadir

---

25. AUGUST WAS SONST NOCH GESCHAH

Österreichs „Jahrhundertsportler" Toni Sailer erliegt seiner langen, schweren Krankheit. Im Februar 1956 sowie im Februar 1958 hatte er insgesamt zehn Goldmedaillen (drei olympische, sieben weltmeisterliche) gewonnen – eine bis heute unerreichte Leistung. ● Die Blaue Grotte von Capri muss schließen. Weißer Schaum und üble Dämpfe verursachen Probleme bei Besuchern. ● Die Tennis-Schwestern Venus und Serena Williams, zusammen 18-fache Grand-Slam-Siegerinnen, sind ab sofort Miteigentümerinnen der Miami Dolphins aus der American Football League.

OBEN: SIE KAMEN, UM ZU SIEGEN ... UNTEN: ... UND ZOGEN UNBELOHNT VON DANNEN.

4:0

DIE LIGA 6. RUNDE (29. 8. 2009)

SCHIEDSRICHTER HARALD LECHNER
RED BULL ARENA, 8922 ZUSCHAUER

POKRIVAČ TRIFFT EIN – UND TRIFFT.

In der neuen Europa League werden Red Bull schwere Gegner zugelost: Villarreal, Lazio Rom und Lewski Sofia. Nach dem Ausscheiden in der CL-Quali und eingedenk der 2:5-Niederlage gegen Kapfenberg am 22. 11. 2008 sinnen die Salzburger auf Wiedergutmachung. Die Steirer sind nach vier torlosen Spielen nur Außenseiter. Und dass sie auf den grippekranken Trainer Gregoritsch verzichten müssen, macht ihre Aufgabe auch nicht leichter. Die Roten Bullen legen gleich kräftig los und begeben sich in der elften Minute auf die Siegerstraße: Zweimal wehren die Kapfenberger auf der Linie ab, ehe Zickler kommt und trocken aus 15 Metern einschießt. Nur vier Minuten später ist die Partie praktisch entschieden: Nach präziser Flanke von Ulmer erhöht Tchoyi per Kopf auf 2:0. Die Steirer werden weiter in der eigenen Hälfte eingeschnürt. Janko erweist sich auch als Vorlagengeber, Nutznießer ist in Minute 36 Cziommer, der den Ball volley ins Netz jagt. In der 55. Minute kommt der wenige Tage zuvor verpflichtete Pokrivač für Cziommer ins Spiel und erzielt schon nach sechs Minuten per Kopf das 4:0 – den Endstand. Der Erfolg bringt dem Meister die Tabellenführung wieder. Pokrivač freut sich über seinen gelungenen Einstand und Trainer Stevens über eine weitere Verstärkung: Red Bull holt Rabiu Afolabi, der bis dato 20 Länderspiele für Nigeria bestritten hat.

DIE SPIELDATEN

RBS		KSV
4	Tore	0
31	Torschüsse	3
17	Eckbälle	3
17	Fouls	19
1	Gelbe Karten	2
65	Ballbesitz (%)	35
53	gew. Zweikämpfe (%)	47

RED BULL SALZBURG

Die Aufstellung: Eddie Gustafsson, Milan Dudić, Christian Schwegler, Barry Opdam, Andreas Ulmer, Thomas Augustinussen, Somen Tchoyi, Dušan Švento, Simon Cziommer, Alexander Zickler, Marc Janko

Die meisten Torschüsse:
Milan Dudić, Alex Zickler (5)
Die meisten Ballkontakte:
Barry Opdam (98)
Der Zweikampfstärkste:
Christian Schwegler (85 %)

DER SPIELFILM

11' ⚽ 1:0 Zickler	61' ⚽ 4:0 Pokrivač
14' ⚽ 2:0 Tchoyi	63' ‹ Tchoyi
36' ⚽ 3:0 Cziommer	63' › Vladavić
49' 🟨 Hüttenbrenner	78' ‹ Augustinussen
55' ‹ Cziommer	78' › Leitgeb
55' › Pokrivač	82' ‹ Kozelsky
57' ‹ Heinz	82' › Alar
57' › Scharrer	84' 🟨 Janko
57' ‹ Pavlov	85' 🟨 Švento
57' › Krenn	

KSV SUPERFUND

Die Aufstellung: Raphael Wolf, Milan Fukal, Mario Majstorović, Robert Schellander, Patrick Osoinik, Patrik Siegl, Boris Hüttenbrenner, David Sencar, Arno Kozelsky, Srđan Pavlov, Marek Heinz

Die meisten Torschüsse:
Robert Schellander, Patrick Osoinik, David Sencar (1)
Die meisten Ballkontakte:
Raphael Wolf (52)
Der Zweikampfstärkste:
Georg Krenn (80 %)

29. AUGUST WAS SONST NOCH GESCHAH
Die US-Raumfähre „Discovery" startet von Cape Canaveral mit sieben Astronauten, neuem Schlafabteil und Kühlschrank für die Raumstation ISS sowie sechs gengezüchteten Mäusen an Bord. Auf dem Rückflug werden die 250 Millionen Jahre alten Bakterien der Universität Salzburg, die eineinhalb Jahre im All gewesen sind, die Heimreise antreten. ● Beim Salute-Turnier in Salzburg schlägt Red Bull nach Europacupsieger Zürich auch die Eishockey-Legende ZSKA Moskau mit 4:2 und gewinnt tags darauf sensationell das Finale gegen Sparta Prag im Penaltyschießen.

VON LI. OBEN IM UHRZEIGERSINN:
SCHWEGLER, CZIOMMER, TCHOYI, ZICKLER – VIERFACHE FREUDE

OBEN: **TCHOYI – SOLO ZUM 1:0**
UNTEN: **SALIHI – IM SITZEN ZUM 2:2**

2:2

DIE LIGA 7. RUNDE (13.9.2009)

SCHIEDSRICHTER THOMAS GANGL
GERHARD-HANAPPI-STADION, 16.060 ZUSCHAUER

DAS UNGLAUBLICHE SPITZENSPIEL.

In den bisherigen acht Spielen bei Rapid hat Red Bull dreimal gewonnen und dreimal remis gespielt. Afolabi, der heute zum ersten Mal im Dress der Roten Bullen aufläuft, hat überhaupt noch nie gegen Rapid verloren. Die fehlende Abstimmung mit seinen neuen Kollegen bringt Salzburgs Abwehr jedoch in den ersten Minuten in schwere Bedrängnis. Topchancen Rapids in den Minuten 2, 4, 10, 20 und 28 bleiben ungenützt. Gustafsson hält. Rapid spielt unerhört druckvoll, scheint nicht zu bremsen, die Führung nur eine Frage der Zeit. Und plötzlich steht es 2:0 – für Red Bull. Zwei Kontertore in weniger als einer Minute: Erst schießt Tchoyi von links flach ein, Sekunden später kommt aus identer Position Švento zum Schuss: 2:0. In Hälfte zwei gehen die Roten Bullen besser in die Zweikämpfe, überbrücken das Mittelfeld schneller. Ein Leitgeb-Freistoß streift die Latte. Mitten in diese Drangperiode ein Konter Rapids, der zu einem Freistoß führt: Hofmann zirkelt aus 20 Metern haargenau ins rechte Kreuzeck: der Anschlusstreffer. In der 84. Minute Ecke nach grün-weißem Konter: Nach Gestocher im Salzburger Strafraum befördert Salihi den Ball im Sitzen über die Linie. Ausgleich. Beide Teams drängen nun aufs Siegtor. Erst rettet Gustafsson mit einem Riesenreflex gegen Jelavić, dann treffen in der Nachspielzeit Salihi und im Gegenzug Pokrivač die Stange. Es bleibt beim 2:2.

SK RAPID WIEN

Die Aufstellung: Helge Payer, Christian Thonhofer, Markus Katzer, Hannes Eder, Ragnvald Soma, Andreas Dober, Markus Heikkinen, Steffen Hofmann, Christopher Drazan, Yasin Pehlivan, Nikica Jelavić

Die meisten Torschüsse:
St. Hofmann, N. Jelavić (5)
Die meisten Ballkontakte:
Steffen Hofmann (84)
Der Zweikampfstärkste:
Andreas Dober (68 %)

DIE SPIELDATEN

SCR		RBS
2	Tore	2
20	Torschüsse	14
9	Eckbälle	4
14	Fouls	16
1	Gelbe Karten	3
54	Ballbesitz (%)	46
52	gew. Zweikämpfe (%)	48

DER SPIELFILM

35' ▌ Ulmer	82' › Kavlak
38' ⚽ 0:1 Tchoyi	84' ⚽ 2:2 Salihi
39' ⚽ 0:2 Švento	84' ‹ Zickler
45' ‹ Thonhofer	84' › Nelisse
45' › Salihi	87' ‹ Leitgeb
58' ⚽ 1:2 Hofmann	87' › Augustinussen
60' ‹ Drazan	89' ▌ Augustinussen
60' › Bošković	89' ‹ Švento
61' ▌ Sekagya	89' › Vladavić
82' ‹ Eder	91' ▌ Heikkinen

RED BULL SALZBURG

Die Aufstellung: Eddie Gustafsson, Rabiu Afolabi, Christian Schwegler, Andreas Ulmer, Ibrahim Sekagya, Nikola Pokrivač, Somen Tchoyi, Dušan Švento, Christoph Leitgeb, Alexander Zickler, Marc Janko

Die meisten Torschüsse:
D. Švento, A. Zickler (3)
Die meisten Ballkontakte:
Christoph Leitgeb (55)
Der Zweikampfstärkste:
Christian Schwegler (76 %)

---

13. SEPTEMBER WAS SONST NOCH GESCHAH
Nach einer Hochrechnung der Universität Duisburg stehen deutsche Autofahrer im Laufe eines Jahres zusammengerechnet rund 535.000 (!) Jahre im Stau. Häufiger Spurwechsel beim Kolonnenfahren sei Hauptursache der Staubildung. ● Die belgische Tennisspielerin Kim Clijsters gewinnt nach eineinhalbjähriger Babypause sensationell das Grand-Slam-Finale von New York. ● Chelsea-Eigentümer Roman Abramowitsch muss die Besteigung des Kilimandscharo (Tansania) etwa tausend Meter unter dem 5895 Meter hohen Gipfel wegen Atemproblemen abbrechen.

GLORY DAYS IN GRAZ. Über 2000 Fans der Roten Bullen feiern am 13. Mai 2010 in der UPC-Arena ihre Meisterkicker. Red Bull Salzburg siegt im Bundesliga-Finale auswärts gegen Sturm mit 2:0.

FANS ON TOUR

DAS BESTE AUSWÄRTS-TEAM DER LIGA MIT DEN BESTEN FANS. AUF DIE TREUEN ANHÄNGER VON RED BULL SALZBURG IST AUCH IN DER FREMDE VERLASS.

SONNE UND TRÄNEN.
Am 18. April 2010 pilgern die Salzburg-Fans in die oberösterreichische Hauptstadt. Mit Fahnen und Trompeten und gesundem Appetit, der beim Pommes-Stand gestillt wurde. Leider wird es trotz Sonnenschein ein trauriger Tag: Kapitän Gustafsson wird durch ein Stürmerfoul schwer verletzt.

HUPFEN AUF DER GUGL.
Lautstark und mit selbstgemalten Transparenten jubeln die Salzburger Fans ihrer Mannschaft zu. Nach dem Foul an Eddie werden Spiel und Ergebnis (0:0) allerdings zur Nebensache.

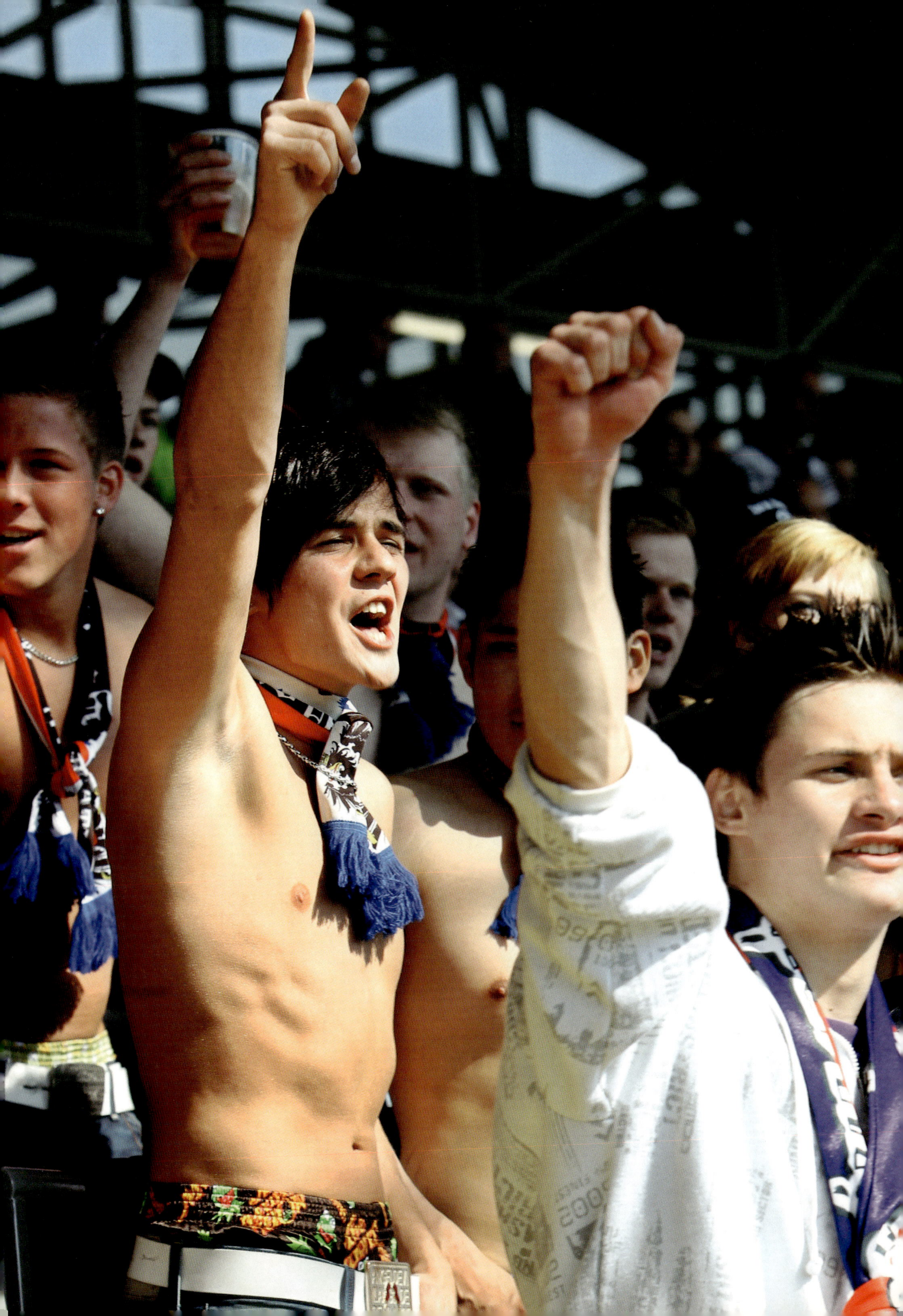

DIE FEIER-MEISTER BEI DER MEISTERFEIER. Beim entscheidenden Auswärtssieg gegen Sturm Graz laufen die Fans der Roten Bullen zur Hochform auf. Und mancher gibt sich vor lauter Freude auf der Tribüne gerne eine Blöße. Mit großem Trara und nacktem Oberkörper feiern die Fans den alten und neuen Meister: Red Bull Salzburg.

2009/10

1:2

EUROPA LEAGUE, GRUPPE G 1. SPIELTAG (17.9.2009)

SCHIEDSRICHTER SAÏD ENNJIMI (FRA)
STADIO OLIMPICO, 15.000 ZUSCHAUER

ALLE SIEGE BEGINNEN IN ROM.

Am ersten Spieltag der Europa-League-Gruppenphase haben die Roten Bullen mit Italiens Cupsieger Lazio Rom einen schier übermächtigen Gegner. Mit Schiemer, der vor der Abwehrkette agiert, ist die Aufstellung von Huub Stevens daher auch defensiv orientiert. Dennoch: Die Bullen treten selbstbewusst auf. Nach einem Duett zwischen Švento und Janko fällt fast ein Eigentor der Römer. Fazit der ersten Hälfte: Salzburg hält durchaus mit, die ganz großen Szenen fehlen aber noch. Nach dem Wechsel erhöht Lazio den Druck: Schüsse im Minutentakt fliegen Richtung Gustafssons Gehäuse. In der 59. Minute ist es so weit: Ein Schuss von Foggia aus 25 Metern springt unglücklich vor dem Salzburger Goalie auf und segelt über ihn hinweg ins Netz. Lazio kontrolliert nun das Spiel. Doch die Roten Bullen reagieren: Cziommer, Vladavić und Nelisse kommen ins Spiel – neue Kräfte für den Endspurt. Stevens' Rechnung geht auf: Nach einem Freistoß Cziommers herrscht große Verwirrung in Lazios Strafraum. Schiemer lupft den Ball über Freund und Feind ins Netz. Ausgleich! Ein Achtungserfolg für die Roten Bullen rückt näher. Dann die Nachspielzeit: Ulmer flankt von links in den Strafraum, Cribari misslingt der Rettungsversuch, Janko ist zur Stelle und trifft abgeklärt zum 2:1. Die Sensation ist perfekt – dank ausgeklügelter Taktik, Moral und einem Quäntchen Glück.

S.S. LAZIO ROM

Die Aufstellung: Albano Bizzarri, Stephan Lichtsteiner, Modibo Diakhité, Cribari, Stefan Radu, Ousmane Dabo, Matuzalem, Mourad Meghni, Roberto Baronio, Mauro Zárate, Julio Cruz

DIE SPIELDATEN

LAZ		SBG
1	Tore	2
12	Torschüsse	9
4	Eckbälle	3
13	Fouls	22
3	Gelbe Karten	2
2	Rote Karten	0
5	Abseits	3

DER SPIELFILM

46' ◄	Dabo	71' ◄	Meghni
46' ►	Foggia	71' ►	Eliseu
56'	Schiemer	72'	Mauri
59' ⚽ 1:0	Foggia	73'	Leitgeb
61'	Cruz	73'	Vladavić
62' ◄	Cruz	80' ◄	Švento
62' ►	Mauri	80' ►	Nelisse
63' ◄	Pokrivač	82' ⚽ 1:1	Schiemer
63' ►	Cziommer	89'	Zárate
		91'	Schwegler
		93' ⚽ 1:2	Janko

FC SALZBURG

Die Aufstellung: Eddie Gustafsson, Christian Schwegler, Ibrahim Sekagya, Rabiu Afolabi, Andreas Ulmer, Franz Schiemer, Somen Tchoyi, Christoph Leitgeb, Nikola Pokrivač, Dušan Švento, Marc Janko

17. SEPTEMBER WAS SONST NOCH GESCHAH

Der Kanadier Guy Laliberté, Gründer des „Cirque de Soleil", bereitet sich ab heute für seinen Flug ins All vor. Er will von dort aus mit einem „Gedicht an die Menschheit" auf die Trinkwasserprobleme der Erde hinweisen. ● Das Wörthersee-Stadion in Klagenfurt wird – wie auch das in Salzburg – nicht zurückgebaut. Die Kapazität bleibt bei 30.000 Zuschauern. ● Rapid schlägt in der Europa League den deutschen Tabellenführer HSV im Ernst-Happel-Stadion mit 3:0. Austria Wien (0:3 in Bilbao) und Sturm Graz (0:1 zu Hause gegen Dinamo Bukarest) verlieren.

LINKS: **SCHIEMER SCHIESST DAS ERSTE BULLEN-TOR IN DER EUROPA LEAGUE ...**
RECHTS: **... JANKO DAS ZWEITE.**

LINKS: **STEVENS, SEKAGYA – TANZ NACH DER SENSATION**
RECHTS: **ŠVENTO UND DIE BULLEN IM HÖHENFLUG**

OBEN: AUFHAUSER, KAPITÄN UND TORSCHÜTZE
UNTEN: KAUM EIN WEG VORBEI FÜR VLADAVIĆ & CO, GRÖDIG LEGT SICH MÄCHTIG IN DEN WEG.

0:1

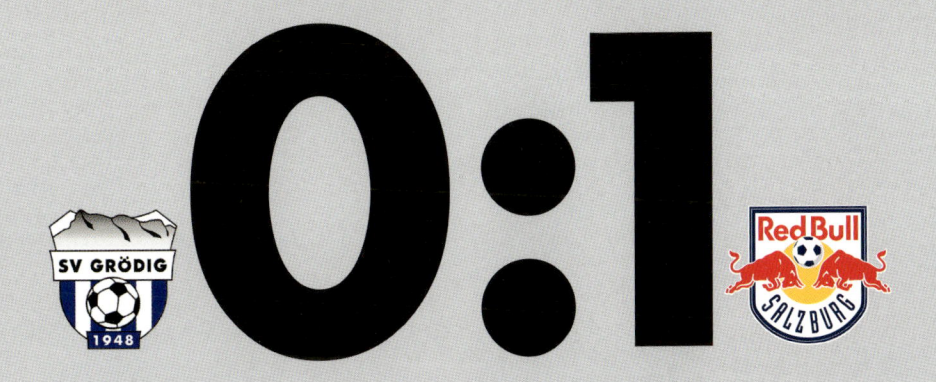

ÖFB-STIEGL-CUP 2. RUNDE (20.9.2009)

SCHIEDSRICHTER ANDREAS HEISS
UNTERSBERGARENA, GRÖDIG, 2100 ZUSCHAUER

VIEL MÜHE, WENIG TORE.
Weltklasse-Mountainbikerin Lisi Osl zieht bei der Auslosung für das Achtelfinale im ÖFB-Stiegl-Cup nicht unbedingt ein Glückslos für den Meister: Salzburg muss im Februar 2010 den schweren Gang zu Sturm Graz antreten. Doch um diese Runde überhaupt zu erreichen, war schon ein sehr schwerer Gang vonnöten – jener zum Westligisten Grödig. 64 Stunden nach dem Triumph von Rom stellt sich Red Bull in der Untersbergarena elf bis in die Haarspitzen motivierten Flachgauern und 2100 ihrer Fans. Nur Schwegler und Ulmer sind aus der Rom-Truppe von Beginn an dabei, das Gros der siegreichen „Römer" sitzt auf der Tribüne. Was sie sehen, ist eine halbe Stunde ausgeglichenen Abtastens mit drei Schussversuchen der Bullen und zwei Gelegenheiten der Hausherren. In der 34. Minute fällt das Führungstor für die Roten Bullen: René Aufhauser, erstmals seit 8. August (3:2 in Mattersburg) wieder dabei und Kapitän, nimmt eine Vorlage Cziommers auf und schießt blitzschnell ins linke Eck. Mit einer guten Chance von Jukić für Grödig geht die erste Halbzeit zu Ende. Nach dem Wechsel wogt das Geschehen hin und her. Immer wieder werfen sich die Grödiger in die Zweikämpfe und finden passable Chancen vor, so in der letzten Viertelstunde Schubert, Jukić und Gröbl. Doch die Schüsse gehen vorbei, oder Arzberger ist auf dem Posten. Ein mühevolles 1:0, aber der Aufstieg ist geschafft.

SV GRÖDIG

Die Aufstellung: Michael Kaltenhauser, Thomas Winkler, Thomas Pfeilstöcker, Dietmar Berchtold, Mersudin Jukić, Peter Riedl, Sandro Alicehajić, Thomas Gröbl, Dominik Borozni, Lukas Schubert, Gerhard Breitenberger

DER SPIELFILM

34' 0:1 Aufhauser
43' Ježek
58' ← Borozni
58' → Perlak
62' ← Alicehajić
62' → Voitswinkler
72' Dudić
77' Ulmer
77' Schubert
78' ← Berchtold
78' → Celebic
86' ← Aufhauser
86' → Ilsanker
93' ← Ježek
93' → Švento

RED BULL SALZBURG

Die Aufstellung: Heinz Arzberger, Milan Dudić, Christian Schwegler, Barry Opdam, Andreas Ulmer, René Aufhauser, Thomas Augustinussen, Admir Vladavić, Simon Cziommer, Patrik Ježek, Robin Nelisse

20. SEPTEMBER WAS SONST NOCH GESCHAH
In Innsbruck ziehen 26.000 Mitglieder von Schützenvereinen, Musikkapellen und Trachtenvereinen durch die von 70.000 Zuschauern gesäumten Straßen. Anlass für den größten volkstümlichen Umzug in Österreich ist der 200. Jahrestag der Bergisel-Schlachten von Andreas Hofer. • Ex-Weltmeister Werner Schlager, fast 37 Jahre alt, wird in Stuttgart Vize-Europameister im Tischtennis, im Finale unterliegt er dem Dänen Michael Maze. • Die steirische Golfspielerin Nicole Gergely gewinnt in Arras (FRA) als allererste Österreicherin ein Golfturnier auf der Damentour.

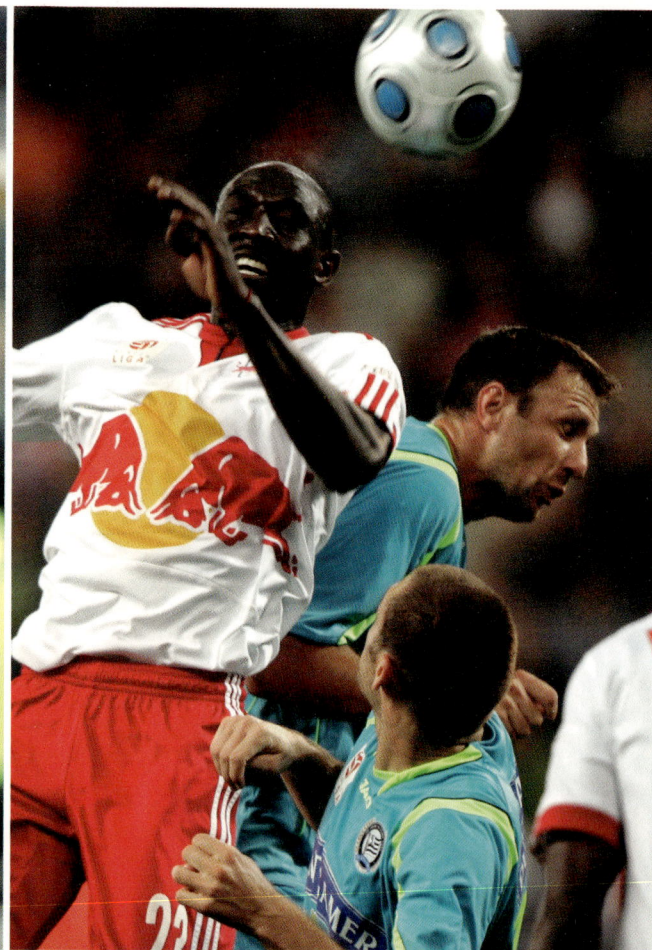

IM UHRZEIGERSINN: **STEVENS, SEKAGYA, JANKO – EIN KUSS FÜR DIE FANS**

4:2

DIE LIGA 8. RUNDE (23.9.2009)

SCHIEDSRICHTER GERHARD GROBELNIK
RED BULL ARENA, 11.848 ZUSCHAUER

VOR DER PAUSE IST NACH DER PAUSE.

Achtmal waren die Grazer bislang zu Gast in der Red Bull Arena, achtmal mussten sie punktelos abziehen. Diese tiefschwarze Serie wollen die Schwarz-Weißen beenden und beginnen wie aus der Pistole geschossen. In Minute 13 geht Sturm in Führung: Schildenfeld überhebt die Salzburger Hintermannschaft, Beichler sprintet auf und davon, setzt den Ball an Gustafsson vorbei ins lange Eck. Die Hausherren antworten mit druckvollem Spiel: Schwegler erkämpft in der 26. Minute eine Ecke, Švento zirkelt den Ball in den Strafraum, exakt auf den Kopf von Afolabi – Ausgleich. Sechs Minuten später bedient Švento Tchoyi: Tchoyi setzt einen Heber an die Latte, der Ball springt zurück, Tchoyi setzt nach. Die Führung zum 2:1. Minuten später muss sich Sekagya im Sprint Jantscher geschlagen geben. Jantschers Stanglpass verwertet Beichler mühelos zum Ausgleich. Sekunden vor dem Pausenpfiff, Auftritt Janko: Millimeter vor den Gegenspielern übernimmt Janko eine Flanke von Ulmer und spitzelt den Ball ins Netz – 3:2. Sekunden nach dem Pausenpfiff der nächste Paukenschlag, ein Tor der Marke Weltklasse. Leitgeb schließt eine Ballstafette mit einem Goldpass auf Janko ab. Der stoppt den Ball mit der Brust, legt ihn auf den linken Fuß, dann auf den rechten – die Grazer Verteidigung läuft ins Leere –, zurück auf den linken und vollendet mit einem satten Schuss ins Tor.

RED BULL SALZBURG

Die Aufstellung: Eddie Gustafsson, Rabiu Afolabi, Christian Schwegler, Andreas Ulmer, Ibrahim Sekagya, Franz Schiemer, Nikola Pokrivač, Somen Tchoyi, Dušan Švento, Christoph Leitgeb, Marc Janko

Die meisten Torschüsse: Somen Tchoyi (6)
Die meisten Ballkontakte: Nikola Pokrivač (96)
Der Zweikampfstärkste: Marc Janko (65%)

DIE SPIELDATEN

RBS		STU
4	Tore	2
18	Torschüsse	10
2	Eckbälle	3
18	Fouls	10
3	Gelbe Karten	3
59	Ballbesitz (%)	41
51	gew. Zweikämpfe (%)	49

DER SPIELFILM

13' ⚽ 0:1 Beichler
26' ⚽ 1:1 Afolabi
32' ⚽ 2:1 Tchoyi
36' 🟨 Ulmer
38' ⚽ 2:2 Beichler
45' ⚽ 3:2 Janko
46' ⚽ 4:2 Janko
50' 🟨 Pokrivač
63' 🟨 Feldhofer
68' ← Feldhofer
68' → Lavrič
78' ← Afolabi
78' → Dudić
80' ← Foda
80' → Bukva
80' ← Muratović
80' → Hassler
86' ← Pokrivač
86' → Aufhauser
87' 🟨 Schiemer
88' ← Leitgeb
88' → Zickler
90' 🟨 Bukva
90' 🟨 Beichler

SK STURM GRAZ

Die Aufstellung: Christian Gratzei, Mario Sonnleitner, Ferdinand Feldhofer, Ilia Kandelaki, Gordon Schildenfeld, Peter Hlinka, Andreas Hölzl, Samir Muratović, Jakob Jantscher, Daniel Beichler, Sandro Foda

Die meisten Torschüsse: Daniel Beichler (3)
Die meisten Ballkontakte: Peter Hlinka (67)
Der Zweikampfstärkste: Mario Sonnleitner (68%)

23. SEPTEMBER WAS SONST NOCH GESCHAH

In Australien wird Sydney vom schwersten Sandsturm seit siebzig Jahren heimgesucht. Die Millionenmetropole versinkt in einer orange-roten Staubwolke. ● Im Iran verbietet die Regierung kopftuchlose Schaufensterpuppen mit kurviger Figur. ● Präsident Leo Wallner und der gesamte Vorstand des Österreichischen Olympischen Comités treten kollektiv zurück. ● Der ÖFB verlängert den Vertrag mit Teamchef Didi Constantini bis zur EURO 2012 in Polen und der Ukraine. ● Villarreal verliert zu Hause gegen Real Madrid 0:2, Lazio ebenfalls daheim gegen Parma 1:2.

DER ERSTE HELD:
POKRIVAČ – UMARMT VON JANKO UND ŠVENTO

1:2

DIE LIGA 9. RUNDE (26.9.2009)

SCHIEDSRICHTER MARKUS HAMETER
HYPO GROUP ARENA, 8751 ZUSCHAUER

EIN TOR NACH 420 MINUTEN.
Der Spitzenreiter trifft aufs Tabellenschlusslicht. Doch hat Salzburg in Kärnten noch nie gewonnen – schlimmer: in bislang 360 Minuten nicht ein Tor erzielt. Diese schwarze Serie wollen die Roten Bullen heute beenden, tun sich vorerst jedoch schwer. Kärnten-Trainer Frenkie Schinkels hat konsequente Manndeckung verordnet hat, die Hausherren laufen viel, machen die Räume eng – da bleiben die Chancen für den Favoriten rar. Erst nach einer halben Stunde kann von einer Möglichkeit für den Meister gesprochen werden, doch Kärnten-Keeper Schranz klärt vor Afolabi. Zwei Chancen der Kärntner im Gegenzug macht Gustafsson zunichte. In der zweiten Hälfte verstärken die Roten Bullen den Druck. Nach einer Stunde zündet Tchoyi den Turbo, lässt alle Gegner stehen, serviert den Ball ideal für Pokrivač, der aus 20 Metern abzieht. 1:0! Salzburgs erstes Tor in Kärnten – nach insgesamt 420 Spielminuten. 16 Minuten später ein traumhafter Doppelpass: Tchoyi auf Janko, Janko auf Tchoyi – 2:0. Das muss es wohl gewesen sein. Doch aus dem Nichts heraus gelingt Hiden per Weitschuss in Minute 83 der Anschlusstreffer. Salzburg wackelt. Und Kärnten erhält die Chance auf den Ausgleich. Ulmer reißt in der Nachspielzeit Schembri um – Elfmeter: Sand schießt, Gustafsson streckt sich, lenkt mit einem Riesensatz ins Eck den Ball ins Torout und wird zum Helden des Tages.

DIE SPIELDATEN

KÄR		RBS
1	Tore	2
16	Torschüsse	10
10	Eckbälle	2
13	Fouls	25
2	Gelbe Karten	3
44	Ballbesitz (%)	56
50	gew. Zweikämpfe (%)	50

SK AUSTRIA KÄRNTEN

Die Aufstellung: Andreas Schranz, Martin Živný, Fernando Troyansky, Martin Hiden, Christian Prawda, Sandro, Thomas Hinum, Jocelyn Blanchard, Thomas Riedl, Wolfgang Mair, Marc Sand

Meiste Torschussvorlagen: Sandro (7)
Die meisten Ballkontakte: Jocelyn Blanchard (59)
Der Zweikampfstärkste: Fernando Troyansky (71 %)

DER SPIELFILM

60' ⚽ 0:1 Pokrivač
63' ← Schranz
63' → Weber
68' ← Riedl
68' → Schembri
70' 🟨 Janko
76' ⚽ 0:2 Tchoyi
76' 🟨 Tchoyi
77' ← Sandro
77' → Dollinger
81' ← Leitgeb
81' → Aufhauser
83' ⚽ 1:2 Hiden
84' 🟨 Švento
85' 🟨 Sand
88' 🟨 Hinum

RED BULL SALZBURG

Die Aufstellung: Eddie Gustafsson, Rabiu Afolabi, Christian Schwegler, Ibrahim Sekagya, Andreas Ulmer, Franz Schiemer, Nikola Pokrivač, Somen Tchoyi, Dušan Švento, Christoph Leitgeb, Marc Janko

Die meisten Torschüsse: Nikola Pokrivač (3)
Die meisten Ballkontakte: Rabiu Afolabi (95)
Der Zweikampfstärkste: Ibrahim Sekagya (75 %)

---

26. SEPTEMBER WAS SONST NOCH GESCHAH
Josef Hader wird bei der Gala zum „Deutschen Fernsehpreis" in Köln für seine Rolle in „Ein halbes Leben" als bester Schauspieler ausgezeichnet, bei den Damen holt sich Senta Berger für ihre Rolle in „Schlaflos" die Trophäe. Ein österreichischer Doppelsieg. ● Paul Scharner schießt in der Premier League beim 3:1-Sieg von Wigan gegen Chelsea das dritte Tor. ● RasenBallsport Leipzig, jüngstes Standbein der Red Bull-Fußballfamilie, gewinnt das erste Leipziger Derby gegen den Traditionsklub Lok mit 3:0. Dem Match in der 5. Liga wohnen 11.500 Zuschauer bei.

OBEN: TCHOYI GEGEN DREI – ZUM 2:0
UNTEN: DAS ERSTE HEIMSPIEL, DER ERSTE HEIMSIEG IN DER NEUEN EUROPA LEAGUE

2:0

EUROPA LEAGUE, GRUPPE G 2. SPIELTAG (1. 10. 2009)

SCHIEDSRICHTER COSTAS KAPITANIS (CYP)
STADION SALZBURG, 18.800 ZUSCHAUER

WE HAVE TCHOYI, WE HAVE FUN …

In der zweiten Runde der Europa-League-Gruppenphase bekommen es die Roten Bullen mit dem FC Villarreal zu tun. Ein internationaler Top-Klub. Das schüchtert ein: Die Salzburger zeigen zu Beginn Nervosität. Gustafssons Reflexe verhindern kurz nach Anpfiff das Führungstor durch Rossi. Doch die Bullen erholen sich, kommen selbst zu Chancen durch Janko, Tchoyi und Švento. Die 21. Minute: Ángel López foult Švento und sieht dafür Gelb. Leitgeb zirkelt den Freistoß in den Strafraum. Janko steigt am höchsten und befördert den Ball – nein, nicht mit dem Kopf – mit der Fußspitze ins Netz. Das Stadion gleicht einem Tollhaus. Die Roten Bullen setzen nach, attackieren früh, gehen beherzt in die Zweikämpfe. Schwegler, Švento und Leitgeb nehmen das Tor der Gäste unter Beschuss. Nach dem Wechsel beginnt Villarreal wieder gefährlich mit einer Chance nach einem Freistoß, doch die Salzburger bleiben überlegen. Vor allem Tchoyi setzt sich in Szene, bedient zunächst Janko, dann Afolabi. Beide verfehlen das Tor. Minute 84: wieder Tchoyi. Tchoyi tanzt fünf, sechs Meter vor dem Tor drei Spanier aus, jagt die Kugel aus spitzem Winkel ins rechte Kreuzeck. Weltklasse. Die Stimmung in der Arena erreicht ihren Höhepunkt. Die Roten Bullen siegen, bleiben weiter Tabellenführer in der Gruppe G. Und Gustafsson feiert: „Tchoyi ist Tchoyi, seine Leistung war fantastisch."

DIE SPIELDATEN

SBG		VIL
2	Tore	0
12	Torschüsse	11
5	Eckbälle	7
19	Fouls	12
0	Gelbe Karten	2
7	Abseits	1
50	gew. Zweikämpfe (%)	50

FC SALZBURG

Die Aufstellung: Eddie Gustafsson, Christian Schwegler, Ibrahim Sekagya, Rabiu Afolabi, Andreas Ulmer, Franz Schiemer, Somen Tchoyi, Christoph Leitgeb, Nikola Pokrivač, Dušan Švento, Marc Janko

VILLARREAL C.F.

Die Aufstellung: Diego López, Ángel López, Gonzalo Rodríguez, Joan Capdevila, Iván Marcano, Sebastián Eguren, Santi Cazorla, Rubén Cani, Bruno Soriano, Giuseppe Rossi, Joseba Llorente

DER SPIELFILM

20' 🟨	López	76' ▶	Nilmar	
21' ⚽	1:0 Janko	79' ◀	Janko	
49' 🟨	Rodríguez	79' ▶	Zickler	
57' ◀	Rodríguez	84' ⚽	2:0 Tchoyi	
57' ▶	Senna	90' ◀	Švento	
64' ◀	Cani	90' ▶	Opdam	
64' ▶	Escudero	92' ▶	Leitgeb	
76' ◀	Llorente	92' ▶	Cziommer	

---

1. OKTOBER WAS SONST NOCH GESCHAH

In Texas wird der weltgrößte Windpark in Betrieb genommen. Die Anlage hat 627 Windräder und versorgt 230.000 Haushalte. ● Der Tango bekommt bei der UNESCO-Sitzung in Abu Dhabi den Status eines „Weltkulturerbes". ● Der Golfer Tiger Woods erhält für seinen Sieg im FedEx Cup zehn Millionen Dollar Preisgeld und erreicht damit als erster Sportler überhaupt die Milliarden-Grenze an Einkünften. ● Ferrari gibt im Vorfeld des Grand Prix von Japan bekannt, dass der Spanier Fernando Alonso (derzeit Renault) ab 2010 für das italienische Team fahren wird.

7:1

Red Bull Salzburg — SK Austria Kärnten

DIE LIGA 10. RUNDE (4. 10. 2009)

SCHIEDSRICHTER RENÉ EISNER
RED BULL ARENA, 9885 ZUSCHAUER

JANKOS HATTRICK FIXIERT HÖCHSTEN SIEG.

Kärntens Trainer Frenkie Schinkels spricht vor dem Spiel davon, dass seiner Elf nur ein Wunder werde helfen können, um in der Red Bull Arena halbwegs ungeschoren davonzukommen. Tatsächlich dauert es keine drei Minuten, da steht es 1:0 für den Tabellenführer: Leitgeb eröffnet den Trefferreigen mit einem beherzten Weitschuss. Aus spitzem Winkel lässt Pokrivač eine halbe Stunde später das zweite Tor folgen. Blanchard gelingt zwar kurz darauf der Anschlusstreffer, doch die Salzburger Festspiele gehen weiter: Janko zum 3:1 nach Pass von Pokrivač in der 41. Minute, Janko zum 4:1 nach Vorarbeit von Pokrivač, Švento in der 48. und Janko im Alleingang zum 5:1 in der 50. – ein Hattrick innerhalb von neun Spielminuten. In der 67. Minute wird Schwegler im Strafraum gelegt. Den Elfmeter verwandelt der kurz zuvor aufs Feld gekommene Vladavić souverän zum 6:1. Warum hat Janko nicht geschossen? „Er hat mich gebeten, schießen zu dürfen", sagt Janko später. Es ist schließlich Vladavićs erstes Tor für die Bullen. Jankos Großzügigkeit wird jedoch belohnt: In der 79. Minute vollendet der Red Bull-Torjäger nach idealer Vorarbeit von Leitgeb zum 7:1-Endstand. Der bisher höchste Sieg der Roten Bullen ist fixiert – ebenso die Tabellenführung. Trainer Stevens zeigt sich zufrieden: „Wir wollten es Kärnten durch ein hohes Tempo schwermachen, das ist gelungen."

DIE SPIELDATEN

RBS		KÄR
7	Tore	1
20	Torschüsse	12
5	Eckbälle	5
9	Fouls	7
1	Gelbe Karten	3
60	Ballbesitz (%)	40
54	gew. Zweikämpfe (%)	46

RED BULL SALZBURG

Die Aufstellung: Eddie Gustafsson, Rabiu Afolabi, Christian Schwegler, Andreas Ulmer, Ibrahim Sekagya, Franz Schiemer, Nikola Pokrivač, Somen Tchoyi, Dušan Švento, Christoph Leitgeb, Marc Janko

Die meisten Torschüsse: Marc Janko (9)
Die meisten Ballkontakte: Ibrahim Sekagya (96)
Der Zweikampfstärkste: Rabiu Afolabi (75%)

SK AUSTRIA KÄRNTEN

Die Aufstellung: Andreas Schranz, Fernando Troyansky, Martin Hiden, Christian Prawda, Martin Živný, Thomas Riedl, Sandro, Thomas Hinum, Jocelyn Blanchard, Wolfgang Mair, Marc Sand

Die meisten Torschüsse: Sandro, Th. Hinum (2)
Die meisten Ballkontakte: Jocelyn Blanchard (66)
Der Zweikampfstärkste: Christian Prawda (67%)

DER SPIELFILM

03' ⚽	1:0 Leitgeb		62' >	Zickler
33' 🟨	Živný		62' <	Švento
34' ⚽	2:0 Pokrivač		62' >	Vladavić
35' ⚽	2:1 Blanchard		65' <	Riedl
41' ⚽	3:1 Janko		65' >	Salvatore
42' 🟨	Blanchard		67' ⚽	6:1 Vladavić
45' 🟨	Mair		69' <	Pokrivač
48' ⚽	4:1 Janko		69' >	Cziommer
50' ⚽	5:1 Janko		71' <	Sand
58' <	Mair		71' >	Hierländer
58' >	Kaufmann		79' ⚽	7:1 Janko
62' <	Tchoyi		90' 🟨	Zickler

---

4. OKTOBER WAS SONST NOCH GESCHAH

Der Hartberger Christoph Schieder gewinnt bei der heimischen Kürbis-Meisterschaft mit einem 447,5 kg schweren „Plutzer", dem größten und schwersten je in Österreich gewogenen Kürbis. ● Mit 74 Jahren durchquert der Deutsche Konrad Euler als bisher ältester Schwimmer die Meerenge von Gibraltar. Die 18 Kilometer lange Strecke bewältigt er in 4 Stunden und 9 Minuten – ohne Neoprenanzug. ● Red Bull-Pilot Sebastian Vettel triumphiert beim Formel-1-Grand-Prix von Japan. ● Sébastien Loeb gewinnt mit seinem Red Bull-Citroën die Spanien-Rallye rund um Salou.

OBEN: **BULLEN UND FANS FEIERN.**
LINKS: **LEITGEB – 1 TOR, 1 ASSIST**
RECHTS: **JANKOS HÖHENFLUG – HATTRICK PLUS 1**

OBEN: RED BULL SALZBURG GEGEN RASSISMUS
UNTEN: DIE AUSTRIA LIEFERT EINE ABWEHRSCHLACHT, KOMMT NUR SELTEN VORS SALZBURGER TOR.

1:0

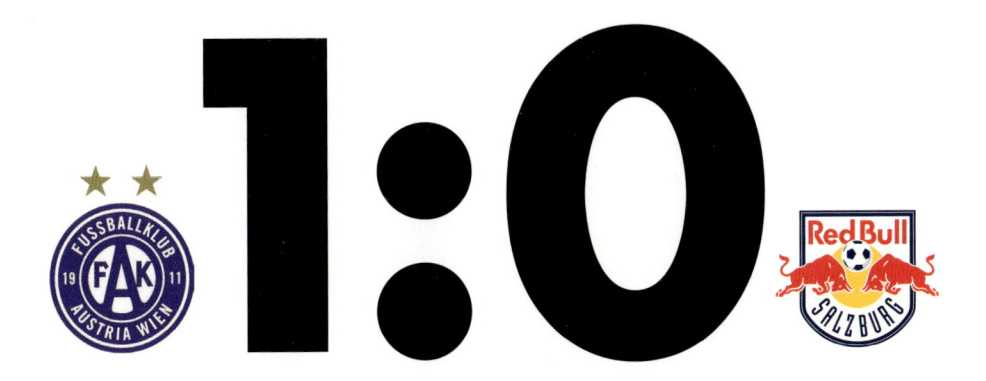

DIE LIGA 11. RUNDE (17. 10. 2009)

SCHIEDSRICHTER DIETMAR DRABEK
FRANZ-HORR-STADION, 8530 ZUSCHAUER

(K)EIN ABSEITS UND ZWEI LATTENTREFFER.

Sieben Rote Bullen sind von den letzten WM-Quali-Spielen zurückgekehrt. Einer jubelt besonders laut: Dušan Švento hat sich mit dem slowakischen Team sensationell für Südafrika qualifiziert – und ist für das Duell gegen die Wiener Austria voll motiviert. Das Spiel beginnt mit einem Knalleffekt: Tchoyi trifft nach wenigen Minuten die Querlatte. Kurz darauf ist Austrias Goalie Sáfár gerade noch an einem weiteren Schuss von Tchoyi dran. Danach hat Janko mit einem Freistoß Pech. Wie eine kalte Dusche dann das 1:0 für die Wiener: Nach einer Ecke zieht Junuzović ab, sein Flachschuss landet via Stange im Netz. Die Roten Bullen lassen dennoch nicht locker, dominieren das Spiel weiterhin.

Endlich: Kurz vor der Pause trifft Švento ins Tor, doch Schiedsrichter Drabek hat zuvor Janko im Abseits gesehen. Auch die zweite Hälfte beginnt mit einem Knall: Zickler setzt einen Kopfball an die Latte. Dann hält Gustafsson sein Team mit einem sensationellen Fußreflex bei einem Junuzović-Schuss im Spiel. Nach einer guten Stunde sieht Pokrivač Gelb-Rot für ein Strafraum-Foul an Baumgartlinger. Elfer. Diabang tritt an. Gustafsson hält. Er fischt den Ball aus der rechten Ecke. Die Veilchen verlegen sich nun aufs Mauern, während die Salzburger weiter Richtung Austria-Tor drücken. Zickler hat mit einem Bombenschuss Pech. Der Ausgleich will bis zum Schlusspfiff nicht fallen.

FK AUSTRIA WIEN

Die Aufstellung: Szabolcs Sáfár, Aleksandar Dragović, Jacek Bąk, Markus Suttner, Joachim Standfest, Florian Klein, Zlatko Junuzović, Emin Sulimani, Julian Baumgartlinger, Milenko Ačimovič, Mamadou Diabang

Die meisten Torschüsse:
Zlatko Junuzović (6)
Die meisten Ballkontakte:
Milenko Ačimovič (78)
Der Zweikampfstärkste:
Julian Baumgartlinger (71 %)

DIE SPIELDATEN

FAK		RBS
1	Tore	0
17	Torschüsse	17
5	Eckbälle	3
14	Fouls	21
1	Gelbe Karten	3
0	Gelb-Rote Karten	1
49	Ballbesitz (%)	51
50	gew. Zweikämpfe (%)	50

DER SPIELFILM

20' ⚽ 1:0 Junuzović
22' 🟨 Pokrivač
23' ← Sáfár
23' → Almer
46' ← Dragović
46' → Ortlechner
46' ← Janko
46' → Zickler
53' ← Dudić
53' → Cziommer
58' 🟨 Cziommer
63' 🟥 Pokrivač
64' ← Ulmer
64' → Ježek
83' 🟨 Schiemer
89' ← Ačimovič
89' → Hattenberger
92' 🟨 Hattenberger

RED BULL SALZBURG

Die Aufstellung: Eddie Gustafsson, Milan Dudić, Christian Schwegler, Franz Schiemer, Andreas Ulmer, Ibrahim Sekagya, Nikola Pokrivač, Somen Tchoyi, Dušan Švento, Christoph Leitgeb, Marc Janko

Die meisten Torschüsse:
Alexander Zickler (6)
Die meisten Ballkontakte:
Ibrahim Sekagya (73)
Der Zweikampfstärkste:
Ibrahim Sekagya (80 %)

---

17. OKTOBER WAS SONST NOCH GESCHAH
Die Regierung der Malediven hält in voller Tauchermontur eine Unterwasser-Kabinettssitzung ab. Sie will darauf hinweisen, dass die Inseln durch einen Anstieg des Meeresspiegels unbewohnbar würden. ● Beim Qualifying zum F1-Grand-Prix von Brasilien legt Red Bull-Pilot Mark Webber mit Startplatz 2 den Grundstein zu seinem Rennsieg am nächsten Tag. ● In Liverpool fälscht ein roter Luftballon den Schuss eines Sunderland-Spielers ins Tor ab und besiegelt damit die kuriose 0:1-Heimniederlage der „Reds". Übrigens eine Schiri-Fehlentscheidung.

TALENTETAG

120 KIDS AUS NAH UND FERN DRIBBELTEN BEIM TALENTETAG VON RED BULL SALZBURG UM DIE WETTE. UND AUCH HUUB STEVENS SCHAUTE DEN KIDS BEIM SPEEDOMETER UND BEI DER GABERLSTATION AUF DIE BEINE.

ANKICK FÜR DIE STARS VON MORGEN.
Red Bull Salzburg lud zum Talentetag 2009 in die Red Bull Arena. Hier sehen wir, wie angehende Flügelflitzer den Turbo zünden. Die Nachwuchskicker zeigten an insgesamt neun Stationen ihr Können.

HUUB, HUUB, HURRA! Der Cheftrainer von Red Bull Salzburg schrieb fleißig Autogramme. Neben den Trainingseinheiten mit den erfahrenen Nachwuchscoaches (Bild unten) gab's für die Knirpse auch eine Stadionführung und kleine Präsente.

TRICKSEN UND DRIBBELN.
Jede Menge Action und Spaß wartete auf die Teilnehmer des Talentetags. Auch Tormanntrainer Herbert Ilsanker gab den kleinen Gästen wertvolle Profi-Tipps.

OBEN: **SO DICHT STAND AUCH DER BULGARISCHE ABWEHRRIEGEL.**
UNTEN LINKS: **GUSTAFSSON NAHEZU ARBEITSLOS** RECHTS: **TORSCHÜTZE ŠVENTO**

1:0

EUROPA LEAGUE, GRUPPE G 3. SPIELTAG (22.10.2009)

SCHIEDSRICHTER HANNES KAASIK (EST)
STADION SALZBURG, 17.900 ZUSCHAUER

ŠVENTO KNACKT DEN ABWEHRRIEGEL.

In ihr drittes Europa-League-Gruppenspiel gehen die Roten Bullen als klare Favoriten. Allerdings ist Janko nicht dabei. Seine Muskelverhärtung im rechten Oberschenkel erweist sich als hartnäckig. Der bulgarische Meister geht äußerst defensiv ins Spiel. Eine Menschenmauer vor dem eigenen Strafraum soll Bullen-Tore verhindern. Die Salzburger spielen eine Chance nach der anderen heraus. Zickler und Afolabi scheitern je zweimal – genauso wie Leitgeb mit einem Freistoß. Kurz vor dem Pausenpfiff dann doch der hochverdiente Führungstreffer: Švento schnappt sich den Ball in Strafraumnähe und zieht aus 20 Metern ab. Unhaltbar für den Lewski-Keeper. Nach der Pause rollen die Angriffe der Roten Bullen weiter. Lewski kann sich nur phasenweise befreien, kommt zu keiner einzigen zwingenden Chance. Gustafsson bekommt kaum etwas zu tun. Mit einer Ausnahme, dem Freistoß von Sarmov in der 51. Minute. Auf der anderen Seite: Chancen im Minutentakt. Dem unermüdlichen Leitgeb gelingt fast das zweite Tor. Eine Viertelstunde vor Schluss jagt er einen 30-Meter-Freistoß haarscharf am Pfosten vorbei. Es bleibt beim 1:0. Ein hart verdienter „Arbeitssieg". Nach drei Runden führen die Roten Bullen ihre Europa-League-Gruppe mit neun Punkten an. „Wenn mir das einer vor dem ersten Spiel gesagt hätte, hätte ich ihn für verrückt erklärt", lacht Huub Stevens.

DIE SPIELDATEN

SBG		LEW
1	Tore	3
14	Torschüsse	6
7	Eckbälle	0
13	Fouls	19
1	Gelbe Karten	3
8	Abseits	4
50	gew. Zweikämpfe (%)	50

FC SALZBURG

Die Aufstellung: Eddie Gustafsson, Christian Schwegler, Ibrahim Sekagya, Rabiu Afolabi, Andreas Ulmer, Franz Schiemer, Somen Tchoyi, Christoph Leitgeb, Nikola Pokrivač, Dušan Švento, Alexander Zickler

PFK LEWSKI SOFIA

Die Aufstellung: Georgi Petkov, Zhivko Milanov, Viktor Genev, Veselin Minev, Yordan Miliev, Georgi Sarmov, Ze Soares, Nikolay Dimitrov, Lachezar Baltanov, Cédric Bardon, Hristo Yovov

DER SPIELFILM

25' 🟨 Baltanov
45' ⚽ 1:0 Švento
46' 🟨 Yovov
46' ← Milanov
46' → Benzoukane
56' ← Bardon
56' → Hristov
64' 🟨 Pokrivač

65' ← Dimitrov
65' → Joãozinho
75' ← Zickler
75' → Rakić
80' 🟨 Petkov
80' ← Leitgeb
80' → Cziommer
90' ← Švento
90' → Vladavić

22. OKTOBER WAS SONST NOCH GESCHAH
Ein Diskont-Supermarkt bietet erstmals Reisen ins Weltall an: Für 209.555 Euro kann man einen Flug mit dem Rocketplane XP in 117 Kilometer Höhe buchen. • Der Internationale Automobilsportverband FIA wählt einen neuen Präsidenten: Der Franzose Jean Todt, 63, folgt dem umstrittenen Max Mosley nach. • Im griechischen Örtchen Olympia wird das gleichnamige Feuer entzündet, das danach zu Fuß rund um den Globus 45.000 Kilometer bis nach Vancouver getragen wird. Dort werden vier Monate später, am 12. Februar 2010, die XXI. Winterspiele eröffnet.

1:1

DIE LIGA 12. RUNDE (25.10.2009)

SCHIEDSRICHTER ALAIN BIERI
RED BULL ARENA, 13.947 ZUSCHAUER

MÜDER BEGINN, STARKES FINISH.

Drei Tage nach dem Europa-League-Auftritt gegen Lewski Sofia fassen die Gastgeber gegen Ried nur sehr schwer Tritt. Erst nach einer Viertelstunde gibt Cziommer, der erstmals die vollen 90 Minuten absolviert, den ersten Salzburger Torschuss ab. Heute scheint dem Stevens-Team der nötige Nachdruck zu fehlen. Die Strafe für die unkonzentrierte Vorstellung in der ersten Halbzeit ist schließlich das Führungstor der Rieder knapp vor Seitenwechsel: Nach einem Eckball landet der Ball vor den Füßen von Hadžić, der zieht eiskalt ab, und es steht 0:1. Allerdings hat Schiedsrichter Bieri eine vorangegangene Abseitsstellung übersehen (Flankengeber Drechsel stand bei der Passabgabe sogar hinter der Toroutlinie). Nach der Pause ändert sich vorerst wenig am matten Spiel der Salzburger. In der 58. Minute bewahrt Gustafsson mit drei Zauber-Paraden innerhalb von zehn Sekunden sein Team vor einem noch höheren Rückstand. Erst mit Zickler und Vladavić (für Schwegler und Tchoyi) kommt etwas mehr Bewegung ins Spiel der Roten Bullen. In der 78. Minute fällt endlich der Ausgleich: Leitgeb zirkelt einen Freistoß am verdutzten Rieder Torhüter Gebauer vorbei ins lange Eck. Trotz einer druckvollen Schlussphase gelingt den Hausherren kein zweites Tor. Nach einem Drittel der Meisterschaft liegen die Salzburger mit zwei Punkten Rückstand auf die Wiener Austria auf Platz zwei.

DIE SPIELDATEN

RBS		SVR
1	Tore	1
32	Torschüsse	16
8	Eckbälle	5
14	Fouls	12
1	Gelbe Karten	3
60	Ballbesitz (%)	40
54	gew. Zweikämpfe (%)	46

RED BULL SALZBURG

Die Aufstellung: Eddie Gustafsson, Rabiu Afolabi, Christian Schwegler, Franz Schiemer, Andreas Ulmer, Ibrahim Sekagya, Somen Tchoyi, Dušan Švento, Simon Cziommer, Christoph Leitgeb, Marc Janko

Die meisten Torschüsse: Simon Cziommer (12)
Die meisten Ballkontakte: Simon Cziommer (102)
Die Zweikampfstärksten: A. Ulmer, M. Janko (64%)

DER SPIELFILM

45' ⚽ 0:1 Hadžić
56' ← Schwegler
56' → Zickler
56' ← Tchoyi
56' → Vladavić
68' 🟨 Drechsel
68' ← Rodríguez
68' → Stocklasa
69' ← Afolabi
69' → Aufhauser
75' 🟨 Cziommer
78' 🟨 Glasner
79' ⚽ 1:1 Leitgeb
85' ← Drechsel
85' → Ziegl
90' 🟨 Brenner

SV JOSKO RIED

Die Aufstellung: Thomas Gebauer, Thomas Schrammel, Oliver Glasner, Thomas Burgstaller, Stefan Lexa, Florian Mader, Herwig Drechsel, Ewald Brenner, Anel Hadžić, Nacho Rodríguez, Atdhe Nuhiu

Die meisten Torschüsse: Herwig Drechsel (4)
Die meisten Ballkontakte: Thomas Schrammel (54)
Der Zweikampfstärkste: Anel Hadžić (64%)

---

25. OKTOBER WAS SONST NOCH GESCHAH
Der steirische Extremläufer Christian Schiester startet heute zu einem 250-Kilometer-Rennen quer durch die ägyptische Sahara – er wird am Ende als Zweiter ins Ziel kommen. • Der Schweizer Didier Cuche gewinnt den Riesentorlauf zum Auftakt des FIS-Skiweltcups in Sölden. • Motorsportgeschichte wird heute gleich doppelt geschrieben: Der Italiener Valentino Rossi wird in Sepang zum siebenten Mal MotoGP-Weltmeister. Und der französische Citroën-Pilot Sébastien Loeb sichert sich mit seinem Sieg bei der Wales-Rallye zum sechsten Mal den WRC-Weltmeistertitel.

GAST UND FAN: STEVEN DEFOUR – AUSGE-
RECHNET SEIN TEAM STANDARD LÜTTICH SOLLTE
SALZBURG IN DER EUROPA LEAGUE BEZWINGEN.

FAMILY DAY

21. FEBRUAR 2010. GROSSE BÜHNE FÜR DIE KLEINEN IN DER RED BULL ARENA. BEIM FAMILY DAY KÜMMERT SICH BULLIDI-BUMM UM DEN SPASS UND DIE ELF VON RED BULL SALZBURG UM DEN JUBEL – MIT EINEM 3:0-SIEG GEGEN DEN LASK.

EIN MASKOTTCHEN ZUM KNUDDELN.
Bullidibumm mit vier seiner kleinen Fans beim Family Day in der Red Bull Arena. Die frostigen Februar-Temperaturen sind schnell vergessen.

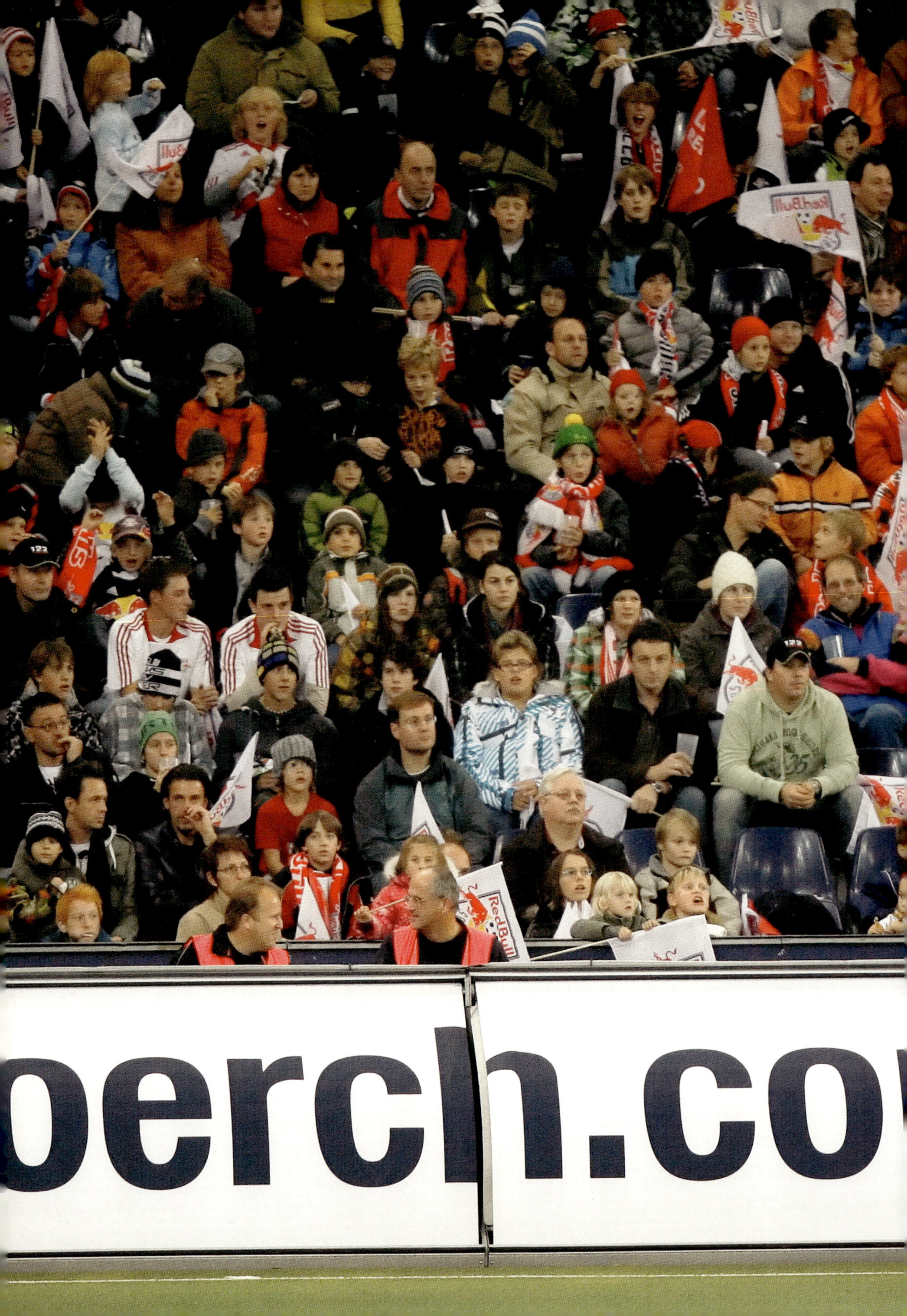
RedBull
erch.co

STARS ZUM ANFASSEN. Eddie Gustafsson (links oben) sorgt mit seiner Autogrammstunde für einen Rekordansturm und ist im Meer der Fans nicht auszumachen. Unten: Milan Dudić wird auch umzingelt. Mehr Platz hat Superbiker Tom Öhler (links) – und der mutige Fan unter ihm.

ERSTE REIHE FUSSFREI. Diese vier jungen Fans der Roten Bullen haben beim Family Day einen besonders guten Blick direkt aufs Spielfeld.

2009/10

0:0

DIE LIGA 13. RUNDE (28.10.2009)

SCHIEDSRICHTER FRITZ STUCHLIK
STADION DER STADT LINZ, 8984 ZUSCHAUER

BLOCKIERTE TORMASCHINEN.

In Linz treffen mit dem LASK und Red Bull Salzburg die bisher torgefährlichsten Teams der Bundesliga aufeinander. Die Erwartungen des Publikums und der Medien sind hoch, können aber bei weitem nicht erfüllt werden. Defensivfehler auf beiden Seiten führen zu den wenigen Torgelegenheiten. Zickler auf der einen, Mayrleb auf der anderen Seite können die Chancen aber nicht nützen. In der zweiten Halbzeit weicht die Lethargie einer etwas forscheren Gangart. Beide Teams wollen jetzt mit der Brechstange zum Erfolg kommen. LASK-Mittelfeldmann Prager schließt ein Solo mit einem Gewaltschuss ab, doch Gustafsson pariert glänzend. In der 55. Minute löst Janko seinen erfolglosen Kollegen Zickler als Sturmspitze ab. Der Wiener im Bullen-Dress sorgt endlich für die lang vermisste Aufregung im LASK-Strafraum. In der 69. Minute hebt Janko eine Cziommer-Vorlage über Goalie Zaglmair, aber auch knapp über die Querlatte. Dann bedankt er sich mit einem Fersenpass bei Cziommer, der seinen Torschuss aber verzieht. In der 81. Minute landet ein Kopfball Jankos neben der Stange und bleibt die letzte Chance in einem von beiden Seiten eher matt geführten Spiel. Cheftrainer Huub Stevens kann seine Enttäuschung nicht verbergen: „Man muss eben Tore schießen, um zu gewinnen. Und die wenigen Möglichkeiten, die wir hatten, haben wir uns erkämpft, nicht erspielt."

LASK LINZ

Die Aufstellung: Michael Zaglmair, Vidas Alunderis, Wolfgang Bubenik, Pablo Chinchilla, Florian Metz, Thomas Prager, Christoph Saurer, Thomas Piermayr, Justice Majavbi, Roman Wallner, Christian Mayrleb

Die meisten Torschüsse:
Th. Prager, R. Wallner (3)
Die meisten Ballkontakte:
Roman Wallner (69)
Der Zweikampfstärkste:
Vidas Alunderis (83 %)

DIE SPIELDATEN

LSK		RBS
0	Tore	0
10	Torschüsse	17
3	Eckbälle	5
16	Fouls	11
0	Gelbe Karten	3
45	Ballbesitz (%)	55
45	gew. Zweikämpfe (%)	55

DER SPIELFILM

55'	>	Zickler	73'	< Hart
55'	<	Janko	78'	▪ Cziommer
64'	>	Pokrivač	81'	> Švento
64'	<	Cziommer	81'	< Vladavić
70'	>	Saurer	85'	> Mayrleb
70'	<	Bichelhuber	85'	< Panis
73'	>	Bubenik	87'	▪ Sekagya
			90'	▪ Afolabi

RED BULL SALZBURG

Die Aufstellung: Eddie Gustafsson, Rabiu Afolabi, Christian Schwegler, Andreas Ulmer, Ibrahim Sekagya, Nikola Pokrivač, Somen Tchoyi, Dušan Švento, Christoph Leitgeb, René Aufhauser, Alexander Zickler

Die meisten Torschüsse:
Alexander Zickler (5)
Die meisten Ballkontakte:
Andreas Ulmer (102)
Der Zweikampfstärkste:
Christoph Leitgeb (71 %)

---

28. OKTOBER WAS SONST NOCH GESCHAH

Zwei US-Piloten werden suspendiert, nachdem sie ihren Zielflughafen Minneapolis um 240 Kilometer verfehlt haben. Sie hatten sich zu sehr mit ihren Laptops beschäftigt und so die Landung verschwitzt. ● Im spanischen Cup blamiert sich Real Madrid beim drittklassigen Vorstadtklub Alcorcón mit 0:4. ● Der Eishockey-Vizemeister Red Bull Salzburg holt Goalie Reinhard Divis zurück, der zuletzt mit Färjestad schwedischer Meister wurde. ● Die 94-jährige Adriana Jannilli erlangt an der Uni von Urbino in Italien ihr Jus-Diplom mit Höchstnote – ihr dritter akademischer Titel.

LINKS: **ŠVENTO IM DUELL**
RECHTS: **TCHOYI AM BALL**

LINKS: **ZICOS FRISUR HÄLT.**
RECHTS: **VLADAVIĆ GEGEN KOLLEGE IN SPE WALLNER**

2009/10 | 95

OBEN: **SALZBURG MIT VIEL LUFT**
UNTEN: **SCHIEMER SCHOSS DAS 2:0, TCHOYI BEREITETE DAS 1:0 VOR.**

2:0

DIE LIGA 14. RUNDE (31.10.2009)

SCHIEDSRICHTER HARALD LECHNER
RED BULL ARENA, 8604 ZUSCHAUER

DIE MAUER FÄLLT.

Ohne die angeschlagenen Mittelfeldmotoren Leitgeb und Švento dauert es rund 20 Minuten, bis die Gastgeber gegen die Abwehrmauer aus dem Burgenland ins Spiel finden. Nach einem Warnschuss des Mattersburgers Seidl, den Gustafsson pariert, geht endlich ein Ruck durchs Salzburger Team. Janko jagt in der 24. Minute einen Freistoß über das Kreuzeck, wenig später scheitert er mit einem Kopfball-Aufsitzer an Keeper Borenitsch. Auch Schiemer findet eine gute Chance vor, schießt aber drüber. In der 42. Minute wird der Druck der Hausherren schließlich belohnt: Tchoyi erkämpft sich an der linken Seite den Ball, flankt präzise in den Strafraum, und Janko übernimmt volley – keine Chance für den bis dahin fehlerfreien Borenitsch. Nach der Pause das gleiche Bild: Die Roten Bullen im Dauerangriff, die Mattersburger lauern auf Konter. In der 47. Minute setzt Zickler mit einem schönen Pass Pokrivač in Szene, dessen Schuss von Borenitsch über die Latte gedreht wird. Auf der anderen Seite muss Gustafsson nach schweren Fehlern seiner Vorderleute zweimal in höchster Not retten. Jetzt merken die Salzburger: Der Sieg ist noch lange nicht sicher. Sie reagieren richtig: Nach einer Pokrivač-Ecke legt Janko in der 61. Minute den Ball auf Schiemer ab, der keine Mühe hat, aus wenigen Metern zu vollenden. Staubtrocken und sauber – wie der 2:0-Sieg in Summe.

DIE SPIELDATEN

RBS		MAT
2	Tore	0
26	Torschüsse	7
11	Eckbälle	2
13	Fouls	18
1	Gelbe Karten	3
65	Ballbesitz (%)	35
52	gew. Zweikämpfe (%)	48

RED BULL SALZBURG

Die Aufstellung: Eddie Gustafsson, Rabiu Afolabi, Christian Schwegler, Franz Schiemer, Andreas Ulmer, Ibrahim Sekagya, Nikola Pokrivač, Somen Tchoyi, Admir Vladavić, Alexander Zickler, Marc Janko

Die meisten Torschüsse:
Marc Janko (7)
Die meisten Ballkontakte:
Nikola Pokrivač (125)
Der Zweikampfstärkste:
Rabiu Afolabi (78 %)

DER SPIELFILM

31' 🟨 Schmidt
42' ⚽ 1:0 Janko
61' ⚽ 2:0 Schiemer
65' ← Schmidt
65' → Stjepanović
66' 🟨 Mörz
68' → Stjepanović
71' ← Afolabi
71' → Aufhauser
76' ← Mörz
76' → Salamon
78' ← Vladavić
78' → Ježek
80' 🟨 Schiemer
84' ← Schiemer
84' → Opdam
89' ← Spuller
89' → Rath

SV MATTERSBURG

Die Aufstellung: Thomas Borenitsch, Alexander Pöllhuber, Goce Sedloski, Nedeljko Malić, Anton Pauschenwein, Josef Hamouz, Michael Mörz, Manuel Seidl, Markus Schmidt, Ronald Spuller, Robert Waltner

Die meisten Torschüsse:
Manuel Seidl (3)
Die meisten Ballkontakte:
Ronald Spuller (55)
Die meisten Ballkontakte:
Anton Pauschenwein (74 %)

---

31. OKTOBER WAS SONST NOCH GESCHAH
In der isländischen Hauptstadt Reykjavík schließen die zwei McDonald's-Filialen, weil der Fleischimport wegen des Verfalls der isländischen Krone zu teuer geworden ist. ● Der Salzburger Schriftsteller Walter Kappacher bekommt in Darmstadt den Georg-Büchner-Preis überreicht, die wertvollste Auszeichnung für deutschsprachige Autoren. ● Beim Formel-1-Finale in Abu Dhabi fahren die Red Bull-Piloten Sebastian Vettel und Mark Webber im Abschlusstraining auf die Plätze zwei und drei und landen tags darauf im Rennen in derselben Reihenfolge einen Doppelsieg.

DIE NACHSPIELZEIT: **SCHIEMER KÖPFT MIT DEM SCHLUSSPFIFF DAS 1:0-SIEGTOR FÜR DIE ROTEN BULLEN.**

0:1

EUROPA LEAGUE, GRUPPE G 4. SPIELTAG (5. 11. 2009)

SCHIEDSRICHTER CÜNEYT ÇAKIR (TUR)
STADION GEORGI ASPARUHOV, 6000 ZUSCHAUER

EINWURF IN LETZTER MINUTE.

Die Roten Bullen marschieren vom Anpfiff weg in einem Höllentempo übers Spielfeld. Das Ergebnis: drei Topchancen in den ersten drei Spielminuten durch Janko, Leitgeb und Afolabi. In der 11. Minute knallt Janko eine ideale Flanke von Tchoyi volley an die linke Stange. Langsam finden auch die Hausherren aus Sofia ins Spiel. Yovov jagt den Ball in der 16. Minute unbedrängt vor Gustafsson in den Nachthimmel. Knapp vor der Pause vereitelt der Salzburger Torhüter die größte Lewski-Chance. Eine Viertelstunde nach dem Seitenwechsel eine eigenartige Situation: Sarmov reißt Pokrivač nieder, der Ball kommt zu Švento, Švento schießt ins Tor. Doch der Referee gibt den Treffer nicht. Er zeigt dem Bulgaren wegen Torraubs die Rote Karte und entscheidet auf Freistoß für Salzburg. Diesen donnert Janko aus 18 Metern knapp über den Balken. Wenig später setzt auch Leitgeb einen Weitschuss über das Gehäuse. Das torlose Unentschieden rückt näher. Die Nachspielzeit läuft. Noch einmal Einwurf für die Roten Bullen: Schwegler eilt quer übers Feld und wirft den Ball weit, immer weiter, bis in den Fünfmeterraum. Dort steht der aufgerückte Schiemer und köpft aus kurzer Distanz in die Maschen. Jubel, Schlusspfiff. 0:1. Die Roten Bullen werden doch noch für ihr schwungvolles Spiel belohnt. Der vierte Sieg im vierten Europa-League-Spiel.

PFK LEWSKI SOFIA

Die Aufstellung: Georgi Petkov, Zhivko Milanov, Youssef Rabeh, Yordan Miliev, Veselin Minev, Georgi Sarmov, Cédric Bardon, Ze Soares, Darko Tasevski, Nikolay Dimitrov, Hristo Yovov

DIE SPIELDATEN

LEW		SBG
0	Tore	1
8	Torschüsse	12
4	Eckbälle	8
14	Fouls	13
2	Gelbe Karten	2
1	Rote Karten	0
4	Abseits	1

DER SPIELFILM

33'	Bardon	81' <	Dimitrov
62'	Sarmov	81' >	Joãozinho
64' <	Yovov	87' <	Afolabi
64' >	Baltanov	87' >	Ježek
73' <	Švento	90'	Zickler
73' >	Zickler	90'	Rabeh
75' <	Tasevski	93' ⚽	0:1 Schiemer
75' >	Krastovchev	93'	Schiemer

FC SALZBURG

Die Aufstellung: Eddie Gustafsson, Christian Schwegler, Ibrahim Sekagya, Rabiu Afolabi, Andreas Ulmer, Franz Schiemer, Somen Tchoyi, Christoph Leitgeb, Nikola Pokrivač, Dušan Švento, Marc Janko

5. NOVEMBER WAS SONST NOCH GESCHAH

Bei der Verleihung der MTV Europe Music Awards in Berlin räumt Beyoncé drei Preise ab. Zuvor geben U2 vor dem Brandenburger Tor ein Gratiskonzert zum 20. Jahrestag des Mauerfalls. ● Österreichs „Sportler des Jahres" sind die Schwimmerin Mirna Jukic und der Skispringer Wolfgang Loitzl. ● Der LASK verpflichtet den seit Sommer arbeitslosen ÖFB-Teamtorhüter Jürgen Macho. ● Außer Salzburg verlieren alle österreichischen Klubs ihre Europacup-Spiele: Sturm Graz 0:1 gegen Panathinaikos, Austria Wien 0:2 in Bremen und Rapid 0:3 gegen Hapoel Tel Aviv.

OBEN: **LEITGEB IN DER SCHLAMM-SCHLACHT** LINKS: **WASSER- UND ...** RECHTS: **... LUFTKAMPF**

2:3

SC Wiener Neustadt — **Red Bull Salzburg**

DIE LIGA 15. RUNDE (8.11.2009)

SCHIEDSRICHTER OLIVER DRACHTA
STADION WR. NEUSTADT, 2340 ZUSCHAUER

HOCHSPANNUNG IM MORAST.

Dauerregen über Wiener Neustadt hat das Spielfeld in ein fast unbespielbares Geläuf verwandelt. Die Gastgeber kommen mit den widrigen Bedingungen anfangs besser zurecht und dem Salzburger Tor mehrere Male gefährlich nahe. Ein Strafraum-Foul von Ulmer an Wolf bleibt in dieser Phase ungeahndet. Nach 19 Minuten steht es aber plötzlich 1:0 für den Meister. Ein kurios zustande gekommener Treffer: Tchoyi passt mustergültig auf Švento, der auch sofort schießt – doch der Ball bleibt im Gartenteich vor dem Neustädter Tor stecken. Ramsebner und Košťál rutschen bei ihren Rettungsversuchen aus, Janko prescht heran und knallt die Kugel ins Netz. Die Wiener Neustädter geben aber nicht auf und kommen durch Aigner noch vor der Pause zum Ausgleich. In der zweiten Hälfte können sich die Salzburger besser auf den Untergrund einstellen. Weitschüsse heißt die Devise. Zunächst zieht Pokrivač, stärkster Bulle an diesem Tag, aus 20 Metern ab und lässt Goalie Fornezzi keine Chance. Zwei Minuten später tut es ihm Leitgeb gleich: Nach Vorarbeit von Pokrivač schmettert er den Ball volley ins linke Kreuzeck – 3:1 für die Roten Bullen. Schiemer erlaubt zwar mit einem Abwehrfehler den Anschlusstreffer und macht die Partie damit noch mal spannend, zu mehr reicht es aber für Wiener Neustadt nicht mehr. Gustafsson wehrt die letzte Chance durch Viana souverän ab.

SC WR. NEUSTADT

Die Aufstellung: Sašo Fornezzi, Pavel Košťál, Ronald Gercaliu, Taner Ari, Wolfgang Klapf, Mario Reiter, Christian Ramsebner, Guido Burgstaller, Patrick Wolf, Johannes Aigner, Sanel Kuljić

Die meisten Torschüsse: Ronald Gercaliu (3)
Die meisten Ballkontakte: Wolfgang Klapf (88)
Der Zweikampfstärkste: Wolfgang Klapf (90 %)

DIE SPIELDATEN

SCM		RBS
2	Tore	3
13	Torschüsse	12
5	Eckbälle	3
13	Fouls	10
1	Gelbe Karten	2
54	Ballbesitz (%)	46
52	gew. Zweikämpfe (%)	48

DER SPIELFILM

19' ⚽	0:1 Janko		68' >	Viana
26' ⚽	1:1 Aigner		80' <	Švento
51' 🟨	Wolf		80' >	Zickler
55' ⚽	1:2 Pokrivač		84' <	Wolf
57' ⚽	1:3 Leitgeb		84' <	Kurtisi
59' ⚽	2:3 Reiter		84' <	Schiemer
60' 🟨	Ulmer		84' >	Opdam
62' <	Aigner		89' <	Leitgeb
62' >	Grünwald		89' >	Cziommer
68' <	Burgstaller		92' 🟨	Pokrivač

RED BULL SALZBURG

Die Aufstellung: Eddie Gustafsson, Rabiu Afolabi, Christian Schwegler, Franz Schiemer, Andreas Ulmer, Ibrahim Sekagya, Nikola Pokrivač, Somen Tchoyi, Dušan Švento, Christoph Leitgeb, Marc Janko

Die meisten Torschüsse: Nikola Pokrivač (3)
Die meisten Ballkontakte: Nikola Pokrivač (86)
Der Zweikampfstärkste: Ibrahim Sekagya (73 %)

---

8. NOVEMBER WAS SONST NOCH GESCHAH
Italiens Tennisdamen gewinnen in Reggio Calabria das Finale im Fed-Cup gegen die USA überraschend mit 4:0 – allerdings waren diese ohne die Williams-Schwestern angetreten. ● Titelverteidiger Stefan Gimpl entscheidet in Barcelona auch den zweiten Big-Air-Bewerb im diesjährigen Snowboard-Weltcup für sich. ● Der Architekt Renzo Piano wird von der Stadt Mailand beauftragt, in und um Mailand 90.000 Bäume dekorativ zu pflanzen. Es handelt sich hierbei um das ungewöhnliche Honorar des Dirigenten Claudio Abbado für seine Rückkehr an die Mailänder Scala.

BILD: **JANKO IM NEBELLAND**

0:2

KSV — **Red Bull Salzburg**

DIE LIGA 16. RUNDE (21.11.2009)

SCHIEDSRICHTER THOMAS PRAMMER
FRANZ-FEKETE-STADION, 2501 ZUSCHAUER

OPDAMS PREMIERE.

Trotz leichten Nebels erkennt man eines von Beginn weg: Die kampfstarken Kapfenberger wollen gegen den Meister keine Geschenke verteilen. Eine harte Prüfung wartet auf die Gäste. In der 9. Minute setzt Leitgeb einen Freistoß aus 30 Metern an den linken Pfosten. Janko hat in der 25. Minute nach einem idealen Zuspiel von Tchoyi das Führungstor auf dem Fuß, bringt den Ball aber nicht richtig unter Kontrolle. Elfer-Alarm kurz vor Seitenwechsel: Gansterer stößt Schiemer im Strafraum um, doch der Schiedsrichter lässt weiterspielen – eine Fehlentscheidung. Nach der Pause gibt es Chancen für die Bullen im Fünf-Minuten-Takt: Doch Tchoyi, Švento und Leitgeb vergeben. Erst in der 65. Minute macht sich das Geduldspiel bezahlt. Ulmer will Švento einsetzen, der lässt den Ball aber durchlaufen zu Leitgeb. Der 24-Jährige erzielt mit einem satten Schuss in den linken oberen Winkel das verdiente 1:0. Die Salzburger spielen den Vorsprung danach trocken über die Runden. Nur einmal tauchen die Steirer gefährlich vor Gustafsson auf, der allein gelassene Fukal verzieht jedoch. In der Schlussminute fällt durch eine Kombination zweier Eingewechselter sogar noch das 2:0. Zickler fabriziert eine Maßflanke über die Kapfenberger Köpfe hinweg zum niederländischen „Oldie" Opdam, der den Ball volley unter die Querlatte hämmert. Sein erstes Tor im 29. Bundesligaspiel als Roter Bulle.

DIE SPIELDATEN

KSV		RBS
0	Tore	2
12	Torschüsse	11
4	Eckbälle	7
27	Fouls	17
4	Gelbe Karten	1
42	Ballbesitz (%)	58
47	gew. Zweikämpfe (%)	53

KSV SUPERFUND

Die Aufstellung: Raphael Wolf, Gerald Gansterer, Milan Fukal, Thomas Schönberger, Robert Schellander, Patrick Osoinik, Patrik Siegl, Markus Scharrer, Boris Hüttenbrenner, Deni Alar, Marek Heinz

Die meisten Torschüsse: Marek Heinz (3)
Die meisten Ballkontakte: Gerald Gansterer (54)
Der Zweikampfstärkste: Markus Scharrer (69 %)

DER SPIELFILM

18' Fukal
28' Scharrer
31' Heinz
65' 0:1 Leitgeb
70' < Scharrer
70' > Kozelsky
70' < Hüttenbrenner
70' > Hofer
73' Osoinik
80' < Alar
80' > Pavlov
80' < Schiemer
80' > Opdam
82' Schwegler
83' < Švento
83' > Zickler
89' < Tchoyi
89' > Dudić
90' 0:2 Opdam

RED BULL SALZBURG

Die Aufstellung: Eddie Gustafsson, Rabiu Afolabi, Christian Schwegler, Franz Schiemer, Andreas Ulmer, Ibrahim Sekagya, Nikola Pokrivač, Somen Tchoyi, Dušan Švento, Christoph Leitgeb, Marc Janko

Die meisten Torschüsse: Chr. Leitgeb, M. Janko (4)
Die meisten Ballkontakte: Ibrahim Sekagya (78)
Der Zweikampfstärkste: Ibrahim Sekagya (71 %)

---

21. NOVEMBER WAS SONST NOCH GESCHAH
Seit dem Jahr 2000 hat das Projekt „Census of Marine Life" 5600 Tierarten in den Weltmeeren neu entdeckt. Damit sind etwa 230.000 Arten der Wissenschaft heute bekannt, geschätzt eine Million aber noch unbekannt. ● Im New Yorker Hard Rock Café wird der Glitzerhandschuh von Michael Jackson, den er 1983 bei seinem ersten Moonwalk-Auftritt an der linken Hand trug, für 350.000 Dollar versteigert. ● Frenkie Schinkels, Trainer des Tabellenschlusslichts Austria Kärnten, tritt nach der 0:3-Heimpleite gegen Mattersburg zurück. Sein Nachfolger ist Jože Prelogar.

0:0

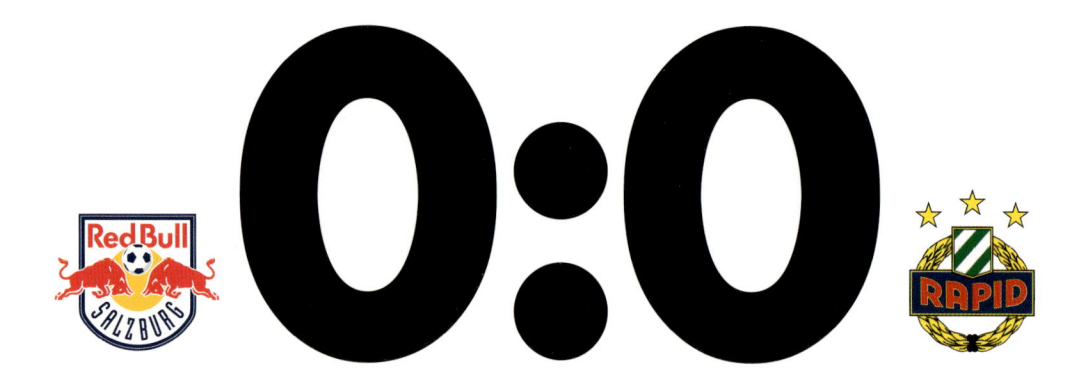

DIE LIGA 17. RUNDE (29. 11. 2009)

SCHIEDSRICHTER ROBERT SCHÖRGENHOFER
RED BULL ARENA, 20.685 ZUSCHAUER

EIN 0:0, DAS EIN FEHLER WAR.

Rapid kommt als Tabellenführer zum großen Schlager in die Red Bull Arena. Es ist eine Begegnung auf Augenhöhe: Beide Teams halten nicht nur bei gleicher Zahl an Punkten (34), sondern auch an Siegen (10), Remis (4) und Niederlagen (2). Janko, der kürzlich von seinen Kicker-Kollegen zum Fußballer des Jahres 2009 gewählt wurde, muss pausieren. Die Roten Bullen dominieren aber auch ohne ihn die Partie. Zickler mit einer schönen Direktabnahme, Švento, Tchoyi und Sekagya haben in der ersten Hälfte die größten Chancen der Salzburger. Auf der Gegenseite zeichnet sich Gustafsson bei einem Jelavić-Schuss aus. Nach der Pause haben die Grün-Weißen die Salzburger Kreativabteilung besser im Griff. Erst in den letzten zehn Spielminuten bekommen die 20.685 Zuschauer wieder spannende Szenen zu sehen. Jelavić hat den Matchball für Rapid auf dem Fuß, verzieht aber knapp. Zickler setzt einen Flankenball von Cziommer nur um wenige Zentimeter am linken Pfosten vorbei. Gewaltige Aufregung dann in Minute 87: Pokrivač passt Švento im Lauf an, der Rapid-Keeper Payer mit sattem Schuss keine Chance lässt. Der Jubel dauert nur Sekunden, denn der Schiedsrichter-Assistent hatte Abseits angezeigt – eine glatte Fehlentscheidung. Vom Spielverlauf her scheint die Punkteteilung aber gerecht. Es ist die erste Salzburger „Nullnummer" im 13. Heimspiel der Saison.

RED BULL SALZBURG

Die Aufstellung: Eddie Gustafsson, Rabiu Afolabi, Christian Schwegler, Barry Opdam, Andreas Ulmer, Ibrahim Sekagya, Nikola Pokrivač, Somen Tchoyi, Dušan Švento, Christoph Leitgeb, Alexander Zickler

Die meisten Torschüsse: Alexander Zickler (6)
Die meisten Ballkontakte: Ibrahim Sekagya (98)
Der Zweikampfstärkste: Barry Opdam (57%)

DIE SPIELDATEN

RBS		SCR
0	Tore	0
19	Torschüsse	7
5	Eckbälle	2
20	Fouls	19
2	Gelbe Karten	1
50	Ballbesitz (%)	50
49	gew. Zweikämpfe (%)	51

DER SPIELFILM

62' ■	Sekagya	71' ■	Dober
70' ‹	Trimmel	77' ■	Zickler
70' ›	Gartler	80' ‹	Tchoyi
70' ‹	Heikkinen	80' ›	Nelisse
70' ›	Dober	84' ‹	Leitgeb
		84' ›	Cziommer

SK RAPID WIEN

Die Aufstellung: Helge Payer, Milan Jovanović, Markus Katzer, Ragnvald Soma, Stefan Kulovits, Markus Heikkinen, Steffen Hofmann, Veli Kavlak, Yasin Pehlivan, Nikica Jelavić, Christopher Trimmel

Die meisten Torschüsse: Nikica Jelavić (3)
Die meisten Ballkontakte: Steffen Hofmann (89)
Der Zweikampfstärkste: Yasin Pehlivan (75%)

---

29. NOVEMBER WAS SONST NOCH GESCHAH
In Berlin wird Max Beckmanns Gemälde „Blick auf Vorstädte am Meer bei Marseille" aus dem Jahr 1937 für 2,2 Millionen Euro versteigert. Es ist damit das weltweit teuerste Landschaftsgemälde. ● Der Russe Nikolai Dawydenko gewinnt das Finale beim Tennis-Masters in London gegen Juan Martín del Potro und ist damit Weltmeister. Im Semifinale hatte er Roger Federer besiegt. ● Österreichs Eishockey-Vizemeister Red Bull Salzburg gewinnt im lettischen Liepāja seine Quali-Gruppe im IIHF Continental Cup und qualifiziert sich damit für das Super Final im Jänner 2010.

OBEN: **ŠVENTOS TOR ZÄHLT NICHT.**
UNTEN: **SALZBURGS FANS BEGRÜSSEN DIE GÄSTE.**

WINGS FOR LIFE

ZUM SPIEL GEGEN RAPID WIEN AM 29. NOVEMBER 2009 KOMMEN FORMEL-1- UND TENNISSTARS. GEMEINSAM MIT DEN ROTEN BULLEN UNTERSTÜTZEN SIE WINGS FOR LIFE.

OBEN LINKS: David Coulthard drückt Marc Jankos Hand (statt aufs Gas). **OBEN RECHTS:** Huub Stevens bekommt eine Torte zum 56. Geburtstag – und verspeist sie später mit den Spielern in der Kabine. **MITTE LINKS:** beträchtlicher Fan-Andrang im Fanpark. **MITTE RECHTS:** Franky Schiemer kommt und gibt Autogramme. **UNTEN LINKS:** Eine Glücksfee verkauft Lose für Wings for Life – die Forschungsstiftung hat es sich zum Ziel gesetzt, Querschnittslähmung heilbar zu machen. **UNTEN RECHTS:** der Gewinner. Sein Preis: zwei exklusive Plätze für die Reservebank der Roten Bullen gleich neben Trainer Huub Stevens fürs Spiel gegen den LASK am 21. Februar 2010. **GROSSES BILD:** Thomas Muster nimmt den Ehrenankick vor. Bullidibumm schaut ihm dabei auf die Füße.

2:1

EUROPA LEAGUE, GRUPPE G 5. SPIELTAG (2. 12. 2009)

SCHIEDSRICHTER ALEXANDRU DAN TUDOR (ROM)
STADION SALZBURG, 26.270 ZUSCHAUER

TCHOYI UND DAS TRAUM-TANZTOR.

Nach vier Siegen in vier Spielen fehlt Red Bull Salzburg in der Europa League nur noch ein Punkt, um sich vorzeitig für die Runde der letzten 32 zu qualifizieren. In der ersten Hälfte will kein Team zu viel riskieren. Die Torszenen sind rar. Erst in der 32. Minute gibt es Aufregung: Janko steigt im Luftduell mit Goalie Muslera hart ein. Dieser revanchiert sich mit einem Rot-würdigen Bodycheck, sieht aber vom Schiedsrichter nur Gelb. Die Stimmung im Stadion ist für die zweite Hälfte aufgeheizt. Wenige Minuten nach Wiederbeginn bricht Jubel in der Red Bull Arena aus: Leitgeb hebt einen Freistoß in die Gefahrenzone, Afolabi köpft ideal ins rechte Kreuzeck. Die Italiener legen nun einen Gang zu, riskieren mehr. Der Ausgleich gelingt. Zárate narrt die Salzburger Abwehr, seinen Schuss kann Gustafsson noch parieren, den Nachschuss von Foggia aber nicht mehr. Die Hausherren sind wachgerüttelt. Die stärkste Phase der Roten Bullen beginnt. Ein Volley-Kracher von Leitgeb prallt auf Aluminium. In der 78. Minute hält die ganze Arena den Atem an: Tchoyi nimmt einen weiten Pass von Leitgeb an, tanzt an der rechten Seite Cribari einmal aus, tanzt Cribari ein zweites Mal aus und lupft den Ball über Goalie Muslera ins Netz. Ein Traumtor. Lazio hat in der Schlussphase nichts mehr entgegenzusetzen. Der Gruppensieg für die Roten Bullen ist somit fix.

FC SALZBURG

Die Aufstellung: Eddie Gustafsson, Christian Schwegler, Ibrahim Sekagya, Rabiu Afolabi, Andreas Ulmer, Barry Opdam, Somen Tchoyi, Christoph Leitgeb, Nikola Pokrivač, Dušan Švento, Marc Janko

DIE SPIELDATEN

SBG		LAZ
2	Tore	1
8	Torschüsse	14
3	Eckbälle	4
26	Fouls	13
1	Gelbe Karten	7
3	Abseits	2
51	gew. Zweikämpfe (%)	49

DER SPIELFILM

32'	🟨	Muslera	71' 🟨	Pokrivač
34'	🟨	Eliseu	78' ⚽	2:1 Tchoyi
38'	🟨	Diakhité	79' 🟨	Foggia
46'	←	Eliseu	81' 🟨	Zárate
46'	→	Meghni	81' ←	Brocchi
51'	🟨	Brocchi	81' →	Makinwa
52'	⚽	1:0 Afolabi	83' ←	Tchoyi
55'	←	Radu	83' →	Zickler
55'	→	Rocchi	87' ←	Pokrivač
57'	⚽	1:1 Foggia	87' →	Cziommer
68'	🟨	Mauri	92' ←	Janko
			92' →	Nelisse

S.S. LAZIO ROM

Die Aufstellung: Fernando Muslera, Mobido Diakhité, Cribari, Stefan Radu, Stephan Lichtsteiner, Cristian Brocchi, Stefano Mauri, Aleksandar Kolarov, Pasquale Foggia, Mauro Zárate, Eliseu

2. DEZEMBER WAS SONST NOCH GESCHAH
Venedig steht wieder einmal unter Wasser. Auf dem Markusplatz wird ein „Acqua alta" von 1,15 Metern gemessen – 45 % der Lagunenstadt sind überflutet. • Bei der Generalprobe für die Auslosung der Fußball-WM 2010 holt Hollywood-Star Charlize Theron die Frankreich-Kugel aus der Schüssel, sagt aber laut „Irland". „Es war ein Scherz", meint sie später. Im Barrage-Spiel Frankreich vs. Irland hatte ein Handspiel Thierry Henrys zum Sieg der „Bleus" geführt. • Rapid verliert in Hamburg 0:2 und hat damit die letzte Chance auf die Europa-League-K.-o.-Runde verspielt.

OBEN: **DIE RED BULL ARENA GANZ IN ROT-WEISS-ROT**

LINKS: **GUSTAFSSON IM FREUDENTAUMEL**
RECHTS: **POKRIVAČ IM EINSATZ**

2009/10

0:0

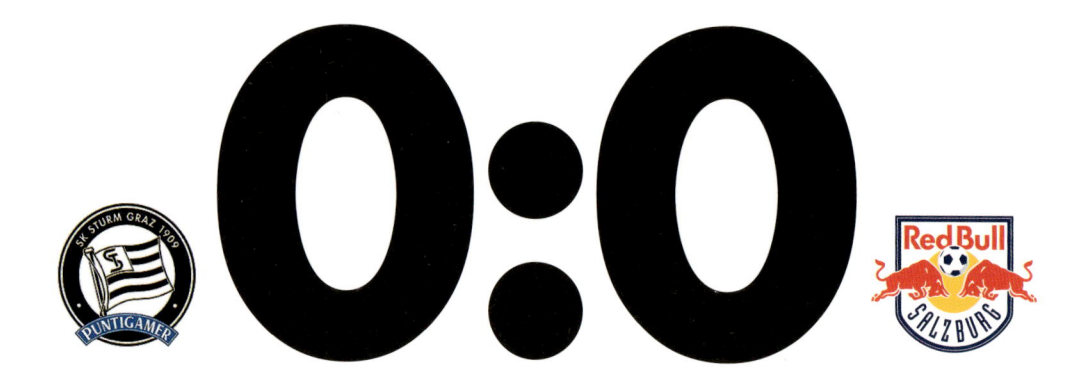

DIE LIGA 18. RUNDE (6. 12. 2009)

SCHIEDSRICHTER DIETMAR DRABEK
UPC-ARENA, 10.548 ZUSCHAUER

NULLNUMMER VOM NIKOLO.
In Graz treffen ein Verlierer und ein Gewinner der letzten Europa-League-Runde aufeinander. Sturm Graz hat mit einer Niederlage gegen Dinamo Bukarest alle Chancen auf ein Weiterkommen verspielt, während Red Bull Salzburg bereits fix im Sechzehntelfinale steht. Für die Roten Bullen geht es um den Prestige-Titel „Herbstmeister". Rapid hat tags zuvor mit einem 3:1 gegen Kapfenberg vorgelegt. Huub Stevens' Mannschaft würde einen Sieg in Graz brauchen – doch danach sieht es zunächst nicht aus. In den Anfangsminuten nehmen die Grazer Gustafsson gehörig unter Beschuss. Bei einem Freistoß und einem Weitschuss von Jantscher sowie einem Lavrič-Kracher ist Gustafsson auf dem Posten. Eine halbe Stunde vergeht, ehe die Salzburger zum ersten Torschuss kommen: Keeper Gratzei dreht Leitgebs Schuss zur Ecke. Insgesamt eine mäßige Vorstellung beider Teams – bis Tchoyi nach einer Stunde sein Können aufblitzen lässt. Seinen raffinierten Heber kann Gratzei gerade noch mit den Fingerspitzen abwehren. Gegen Ende des Spiels drehen die Roten Bullen noch einmal auf. Sekagya, Leitgeb, Pokrivač und der eingewechselte Zickler kommen zu guten Chancen, aber zu keinem zählbaren Erfolg. Sturm scheint mit einem Punkt gegen den Meister zufrieden. Das Ergebnis zwischen zwei nach den Europacup-Spielen sichtlich müden Mannschaften: ein torloses Unentschieden.

DIE SPIELDATEN

STU		RBS
0	Tore	0
18	Torschüsse	8
7	Eckbälle	5
8	Fouls	14
0	Gelbe Karten	1
53	Ballbesitz (%)	47
49	gew. Zweikämpfe (%)	51

DER SPIELFILM

74' ‹	Švento	86' ‹	Hölzl
74' ›	Zickler	86' ›	Weinberger
74' ›	Janko	87' 🟨	Afolabi
74' ›	Nelisse	89' ‹	Pokrivač
		89' ›	Cziommer

SK STURM GRAZ

Die Aufstellung: Christian Gratzei, Fabian Lamotte, Ferdinand Feldhofer, Ilia Kandelaki, Gordon Schildenfeld, Manuel Weber, Peter Hlinka, Andreas Hölzl, Jakob Jantscher, Daniel Beichler, Klemen Lavrič

Die meisten Torschüsse:
A. Hölzl, Kl. Lavrič (4)
Die meisten Ballkontakte:
Peter Hlinka (93)
Der Zweikampfstärkste:
Gordon Schildenfeld (69 %)

RED BULL SALZBURG

Die Aufstellung: Eddie Gustafsson, Rabiu Afolabi, Christian Schwegler, Barry Opdam, Andreas Ulmer, Ibrahim Sekagya, Nikola Pokrivač, Somen Tchoyi, Dušan Švento, Christoph Leitgeb, Marc Janko

Die meisten Torschüsse:
Christoph Leitgeb (3)
Die meisten Ballkontakte:
Nikola Pokrivač (71)
Der Zweikampfstärkste:
Christian Schwegler (85 %)

---

6. DEZEMBER WAS SONST NOCH GESCHAH
Der Schweizer Carlo Janka gewinnt in Beaver Creek den FIS-Weltcup-Riesenslalom und damit sein drittes Rennen binnen drei Tagen. Das hat vor ihm nur Jean-Claude Killy geschafft. ● Spaniens Tennis-Herren schlagen in Barcelona das tschechische Team mit 5:0 und sichern sich damit zum vierten Mal innerhalb der letzten neun Jahre den Davis Cup. ● Der 22-jährige Argentinier Lionel Messi vom FC Barcelona wird in Monte Carlo als Europas Fußballer des Jahres geehrt. ● Johannes „Jopie" Heesters feiert bei einem Heurigen in Wien-Döbling seinen 106. Geburtstag.

LINKS: **GUSTAFSSON** RECHTS:
SHAKEHANDS VOR FAN-KULISSE

LINKS: **HUUB STEVENS**
RECHTS: **HÖLZL UND
POKRIVAČ IM LUFTDUELL**

2009/10

1:0

DIE LIGA 19. RUNDE (11. 12. 2009)

SCHIEDSRICHTER GERHARD GROBELNIK
RED BULL ARENA, 7960 ZUSCHAUER

GEDULD + GLÜCK = DREI PUNKTE.

Die Klagenfurter haben mit Jože Prelogar einen neuen Trainer und sind hochmotiviert. Das Unternehmen „Abstieg verhindern" trifft auf das Projekt „Titel verteidigen". Die Roten Bullen bestimmen das Geschehen. In der ersten halben Stunde spielen sich die Gastgeber fünf gute Chancen heraus, nur ein Tor gelingt nicht. Goalie Gustafsson muss sein Team in der 29. Minute gegen den heranstürmenden Sand sogar vor einem Rückstand bewahren. Kurz darauf Pech für Salzburg: Janko trifft mit einem herrlichen Volleyschuss nur die Latte. Švento zirkelt einen Freistoß Richtung Tor, den Kärnten-Keeper Weber mit Mühe, aber doch wegboxen kann. Nach der Pause dasselbe Bild: Salzburg rennt erfolglos an, Kärnten lauert auf einen Konter. Hierländer und Sand haben den Führungstreffer für den Außenseiter auf dem Fuß, doch Gustafsson ist zur Stelle. Die Enttäuschung ist nah: Ein Remis käme zwei verlorenen Punkten im Titelkampf gleich. Die Salzburger wirken müde, sind glücklos, treffen einfach nicht ins Tor. Müssen sie auch nicht: In der 89. Minute flankt Ulmer in den Kärntner Strafraum. Dort misslingt dem Kärntner Sollbauer der Rettungsversuch – und der junge Verteidiger lenkt den Ball ins eigene Gehäuse. Das Spiel ist entschieden. „Danke an Kärnten, wir haben schwach gespielt, aber hatten einfach Riesenglück", fasst Gustafsson das Spiel zusammen.

DIE SPIELDATEN

RBS		KÄR
1	Tore	0
23	Torschüsse	13
11	Eckbälle	5
10	Fouls	8
0	Gelbe Karten	1
66	Ballbesitz (%)	34
57	gew. Zweikämpfe (%)	43

DER SPIELFILM

36'	🟨 Sand		69' >	Cziommer
58' <	Opdam		70' <	Dollinger
58' >	Nelisse		70' >	Kröpfl
63' <	Tchoyi		86' <	Sand
63' >	Kröpfl		86' >	Pink
69' <	Pokrivač		89' ⚽	1:0 Sollbauer (ET)

RED BULL SALZBURG

Die Aufstellung: Eddie Gustafsson, Rabiu Afolabi, Christian Schwegler, Barry Opdam, Andreas Ulmer, Ibrahim Sekagya, Nikola Pokrivač, Somen Tchoyi, Dušan Švento, Christoph Leitgeb, Marc Janko

Meiste Torschussvorlagen: Christoph Leitgeb (8)
Die meisten Ballkontakte: Rabiu Afolabi (122)
Der Zweikampfstärkste: Rabiu Afolabi (89%)

SK AUSTRIA KÄRNTEN

Die Aufstellung: Heinz Weber, Christian Prawda, Daniel Gramann, Michael Sollbauer, Thomas Riedl, Leonhard Kaufmann, Thomas Hinum, Matthias Dollinger, Stefan Hierländer, Wolfgang Mair, Marc Sand

Die meisten Torschüsse: Marc Sand (5)
Die meisten Ballkontakte: Th. Riedl, St. Hierländer (48)
Die Zweikampfstärksten: M. Sollbauer, W. Mair (55%)

---

11. DEZEMBER WAS SONST NOCH GESCHAH
In Sevilla absolviert der bisher größte Airbus, die Militär-Variante A400M, den Jungfernflug. Flügelspannweite: 42,36 Meter. ● Sebastián García Grout stellt bei den spanischen Golfmeisterschaften den Weltrekord für die beste Runde ein; er benötigt auf dem Par-71-Kurs in Murcia lediglich 58 Schläge. ● Weil Russlands Eishockey-Rekordmeister ZSKA Moskau Personalnöte hat, springt der 51-jährige (!) Vereinspräsident Wjatscheslaw A. Fetisow im Spiel gegen St. Petersburg als Verteidiger ein. Fetisow ist zweifacher Olympiasieger und siebenfacher Weltmeister.

BILD: **GUSTAFSSON HÄLT DIE NULL FEST. GESCHENKE GIBT ES NUR VON KÄRNTEN.**

OBEN: EIN TOR, VIEL KAMPF
UNTEN: HELDEN DER EUROPA LEAGUE – ALLE GRUPPENSPIELE GEWONNEN

0:1

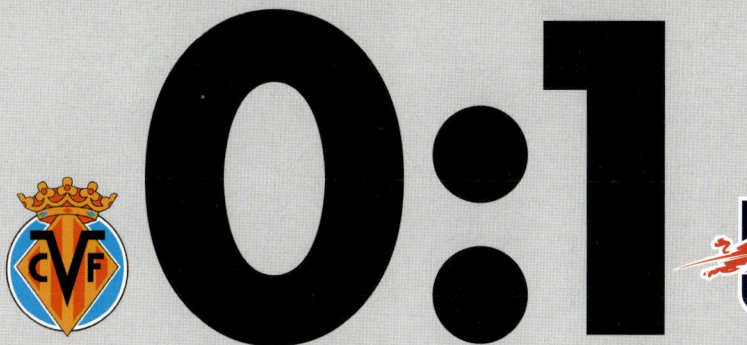

EUROPA LEAGUE, GRUPPE G 6. SPIELTAG (17. 12. 2009)

SCHIEDSRICHTER VLADIMIR HRINAK (SVK)
EL MADRIGAL, 7000 ZUSCHAUER

DIE ROTEN BULLEN SIEGEN AUCH IN SPANIEN.

In Villarreal, unweit von Valencia, setzen die Salzburger den Schlusspunkt in der Gruppenphase der Europa League. Toller Auftakt für die Roten Bullen nach sieben Minuten: Cziommer bedient mit einem seidenweichen Pass den flinken Švento. Der zieht der spanischen Abwehr auf und davon, jagt den Ball im letzten Moment aus spitzem Winkel ins Netz. Doch FC Villarreal reagiert – und wie: Der Rest des Spiels gehört allein dem „Yellow Submarine" aus Spanien. Allerdings erfolglos. Zunächst wehrt Gustafsson mit der Breitseite seines Körpers einen Schuss Llorentes ab. Dann befördert Cziommer einen weiteren Schuss vor der Linie per Kopf zum Corner. Abwehrchef Sekagya fälscht kurz vor Ende der ersten Halbzeit eine Nilmar-Bombe neben das Tor ab. Nach der Pause das gleiche Bild: Gustafsson faustet einen weiteren Nilmar-Schuss zur Ecke. Wenig später tanzt ein Eckball Escuderos im wahrsten Wortsinn auf der Querlatte herum. Rossi vergibt gleich zwei dicke Chancen auf den Ausgleich. Bis auf einige Entlastungskonter ist von der Salzburger Offensive kaum etwas zu sehen. Defensiv stehen die Roten Bullen dafür umso besser, treiben die Spanier zur Verzweiflung. Nach gut 94 Minuten im altehrwürdigen Stadion El Madrigal bringt der Schlusspfiff den Rekord: Red Bull Salzburg gewinnt alle sechs Gruppenspiele – als einziger Verein in ganz Europa. Respekt!

VILLARREAL C.F.

Die Aufstellung: Xavi Oliva, Ángel López, Gonzalo Rodríguez, Kiko, Iván Marcano, Jonathan Pereira, Bruno Soriano, Sebastián Eguren, Damián Escudero, Nilmar, Joseba Llorente

FC SALZBURG

Die Aufstellung: Eddie Gustafsson, Christian Schwegler, Ibrahim Sekagya, Rabiu Afolabi, Andreas Ulmer, Thomas Augustinussen, Barry Opdam, Christoph Leitgeb, Simon Cziommer, Dušan Švento, Robin Nelisse

DIE SPIELDATEN

VIL		SBG
0	Tore	1
7	Torschüsse	3
6	Eckbälle	1
5	Fouls	15
2	Gelbe Karten	2
0	Abseits	6

DER SPIELFILM

07' ⚽	0:1 Švento	72' ←	Pereira
28' 🟨	Rodríguez	72' →	Rossi
34' 🟨	Schwegler	76' 🟨	Cziommer
46' ←	Rodríguez	81' ←	Cziommer
46' →	Capdevila	81' →	Vladavić
51' 🟨	Pereira	86' ←	Leitgeb
61' ←	Kiko	86' →	Ježek
61' →	Matilla		

---

17. DEZEMBER WAS SONST NOCH GESCHAH

Die Deutsche Freya Hoffmeister beendet in Queenscliff bei Melbourne ihre Paddeltour rund um Australien. Vor 332 Tagen ist sie dort mit ihrem Kajak-Einer gestartet. ● Der 27-jährige Tiroler Michael Aschaber überquert auf einer 2,5 cm breiten Slackline das Spielfeld der Red Bull Arena in Salzburg – in 29 Meter Höhe. Für seinen schwindelerregenden „Spaziergang" braucht er genau fünf Minuten. ● Christoph Sumann gewinnt das 20-km-Rennen in Pokljuka (SLO) und übernimmt als erster österreichischer Biathlet überhaupt im Weltcup das Gelbe Trikot des Spitzenreiters.

SERVUS, DIE DAMEN

17. JÄNNER 2010. DIE ROTEN BULLEN MACHEN WEISS UND NEHMEN IHRE FRAUEN UND FAMILIEN MIT NACH OBERTAUERN.

GROSSES BILD: Die Jeans von Leitgeb und Schwegler waren schon vorher zerrissen – auch jene von Vladavić **(RECHTS). OBEN LINKS:** Ulmer kommt im heißen Schlitten. **RECHTS:** Janko inkognito. **MITTE LINKS:** Cziommer, bestens vorbereitet. **UNTEN LINKS:** Afolabi, leicht zu finden. **UNTEN RECHTS:** Leitgeb auf Kufen ruft nach dem Ball – und bekommt auch gleich einen …

VIER ROTE BULLEN: Alex Zickler und Robin Nelisse neben zwei Kollegen, die sich noch keinen Namen gemacht haben.

MERHABA, TRAINER!

26. JÄNNER 2010, BELEK, TÜRKEI. WÄHREND DER WINTERPAUSE HALTEN SICH DIE SPIELER VON RED BULL SALZBURG AM MITTELMEER IN FORM.

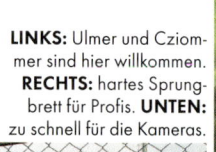

LINKS: Ulmer und Cziommer sind hier willkommen.
RECHTS: hartes Sprungbrett für Profis.
UNTEN: zu schnell für die Kameras.

LINKS: Zwischen Schiemer und Afolabi fliegen die Bälle. **LINKS MITTE:** Vladavić spielt Volleyball – sehr beliebt in Bosnien. **RECHTS MITTE:** Der Neue kommt. Neo-Bulle Wallner stößt in Belek zu seinen Teamkollegen. **UNTEN:** Der Sportdirektor blickt – etwas neidisch – auf den coolen Fünftagebart des Trainers. „Mach mir das erst einmal nach", sagt Stevens.

SCHIEMER UND BEICHLER:
SCHNEEBALLSCHLACHT IN GRAZ

2:0

ÖFB-STIEGL-CUP 3. RUNDE (10.2.2010)

SCHIEDSRICHTER GERHARD GROBELNIK
UPC-ARENA, 4500 ZUSCHAUER

SCHNEESTURM GRAZ.

„Auf diesem Platz sollte man Ski fahren, nicht Fußball spielen." Was Trainer Stevens so humorvoll kommentiert, ist kein Ruhmesblatt für den österreichischen Fußball. Trotz heftigen Schneetreibens wird das Achtelfinale des ÖFB-Cups von Schiedsrichter Grobelnik angepfiffen. Und da die Grazer UPC-Arena keine Rasenheizung besitzt, ist das Spielfeld stellenweise von zehn Zentimeter Neuschnee bedeckt. Die Begegnung, die sich bei solchen Bedingungen entwickelt, kann nicht wirklich als Fußballspiel bezeichnet werden. Oftmals sind aus dem Publikum mehr Lacher über die groteske Situation zu hören als Anfeuerungsrufe. Die Hausherren finden sich schneller mit den widrigen Bedingungen ab, tauchen in der ersten Hälfte einige Male vor Gustafssons Kasten auf. Der Schiedsrichter lässt bei zwei strittigen Szenen im Salzburger Strafraum Gnade vor Recht ergehen, annulliert ein regelkonformes Tor von Lavrič, gibt danach keinen Elfmeter bei einem Schwegler-Foul. Nach der Pause zeigt er dann doch auf den Elferpunkt – diesmal allerdings zu Unrecht. Beichler ist bei der Ballannahme ohne Einwirkung Sekagyas gestolpert. Den Strafstoß verwertet Lavrič zur 1:0-Führung der Gastgeber. Kurz vor Schluss schließt die Sturm-Neuerwerbung Kienast einen Konter mit einem Lupfer über den herauseilenden Gustafsson erfolgreich ab: 2:0. Das ist das Aus für Salzburg im ÖFB-Cup.

SK STURM GRAZ

Die Aufstellung: Christian Gratzei, Fabian Lamotte, Mario Sonnleitner, Gordon Schildenfeld, Christian Klem, Manuel Weber, Peter Hlinka, Andreas Hölzl, Jakob Jantscher, Daniel Beichler, Klemen Lavrič

DER SPIELFILM

03' Ulmer
19' Sekagya
20' Gustafsson
24' Leitgeb
47' ← Schildenfeld
47' → Feldhofer
52' ⚽ 1:0 Lavrič
53' ← Wallner
53' → Nelisse
55' Hlinka
57' ← Pokrivač
57' → Cziommer
73' Hölzl
73' ← Rabiu
73' → Vladavić
80' ← Lavrič
80' → Kienast
84' ⚽ 2:0 Kienast
88' Cziommer
88' Jantscher
88' → Bukva
89' Kienast

RED BULL SALZBURG

Die Aufstellung: Eddie Gustafsson, Christian Schwegler, Rabiu Afolabi, Ibrahim Sekagya, Andreas Ulmer, Franz Schiemer, Nikola Pokrivač, Dušan Švento, Christoph Leitgeb, Alexander Zickler, Roman Wallner

10. FEBRUAR WAS SONST NOCH GESCHAH
Österreichs erst 17-jähriger Nationalspieler David Alaba kommt bei Bayern München zu seinem ersten Pflichtspiel-Einsatz. Im Pokalspiel gegen Greuther Fürth wird der Ex-Austrianer in der 60. Minute eingewechselt und bereitet wenig später das 3:2 durch Ribéry vor. ● Im südspanischen Jerez präsentiert Red Bull Racing seinen neuen Boliden. Mark Webber absolviert mit dem dunkelblauen RB6 die Installationsrunde. ● Standard Lüttich, Europacup-Gegner der Roten Bullen, entlässt Trainer László Bölöni mitten in einer für den belgischen Meister enttäuschenden Saison.

OBEN: **LEITGEB FLIEGT.**
UNTEN: **ŠVENTO LIEGT.**
UND RED BULL SIEGT.

1:2

DIE LIGA 20. RUNDE (13.2.2010)

**SCHIEDSRICHTER RENÉ EISNER
KEINE SORGEN ARENA, 4310 ZUSCHAUER**

ZURÜCK AN DER SPITZE.

Nach der Cup-Enttäuschung im Schneesturm von Graz beginnt für Salzburg das Bundesliga-Frühjahr in Ried. Rapids Niederlage vom Vortag in Linz rückt die Tabellenführung wieder in Griffweite der Roten Bullen. Es muss lediglich ein Sieg her – der letzte in Ried liegt allerdings zwei Jahre zurück. Eine Neuerwerbung könnte helfen, Tore zu schießen: Roman Wallner absolviert seinen ersten Liga-Einsatz für Red Bull. Schon nach 60 Sekunden macht sich der Transfer bezahlt: Von Tchoyi kommt der Ball zu Wallner. Der Ex-Linzer schaltet blitzschnell, spielt einen Zuckerpass auf Janko. Janko braucht das Leder nur noch elegant an Torhüter Gebauer vorbei ins Netz zu spitzeln. 1:0. Die Roten Bullen drücken die verunsicherten Gastgeber tief in deren eigene Hälfte. Janko, Švento, Tchoyi und Wallner kommen zu guten Chancen. Immer ist irgendwo ein Rieder Fuß dazwischen. In der 43. Minute nicht: Aus dem ersten schweren Abwehrfehler fällt das zweite Bullen-Tor. Ulmer flankt von links, Burgstaller und Keeper Gebauer halten den jeweils anderen für zuständig und lassen den Ball zum freistehenden Janko passieren. Der Abstauber zum 2:0 ist Formsache. Nach dem Seitenwechsel steigert sich Ried deutlich. In Minute 52 hämmert Nuhiu den Ball zum Anschlusstreffer ins Netz. Doch letztlich reicht die Routine des Meisters, um den knappen Vorsprung bis zum Schluss zu halten.

SV JOSKO RIED

Die Aufstellung: Thomas Gebauer, Martin Stocklasa, Thomas Schrammel, Thomas Burgstaller, Florian Sturm, Stefan Lexa, Florian Mader, Herwig Drechsel, Ewald Brenner, Anel Hadžić, Atdhe Nuhiu

Die meisten Torschüsse:
Atdhe Nuhiu (4)
Die meisten Ballkontakte:
Thomas Schrammel (70)
Der Zweikampfstärkste:
Ewald Brenner (63 %)

DIE SPIELDATEN

SVR		RBS
1	Tore	2
14	Torschüsse	17
6	Eckbälle	2
14	Fouls	18
4	Gelbe Karten	2
50	Ballbesitz (%)	50
47	gew. Zweikämpfe (%)	53

DER SPIELFILM

01' ⚽ 0:1 Janko
20' 🟨 Lexa
43' ⚽ 0:2 Janko
45' 🟨 Mader
52' ⚽ 1:2 Nuhiu
55' 🟨 Gebauer
61' 🟨 Janko
62' 🟨 Brenner
62' 🟨 Schiemer
62' ‹ Sturm
62' › Hammerer
69' ‹ Brenner
69' › Grasegger
87' ‹ Drechsel
87' › Huspek
87' ‹ Wallner
87' › Zickler
89' ‹ Švento
89' › Cziommer

RED BULL SALZBURG

Die Aufstellung: Eddie Gustafsson, Rabiu Afolabi, Christian Schwegler, Franz Schiemer, Andreas Ulmer, Ibrahim Sekagya, Somen Tchoyi, Dušan Švento, Christoph Leitgeb, Roman Wallner, Marc Janko

Die meisten Torschüsse:
Marc Janko (5)
Die meisten Ballkontakte:
Christoph Leitgeb (67)
Der Zweikampfstärkste:
Christian Schwegler (88 %)

---

13. FEBRUAR WAS SONST NOCH GESCHAH
Die XXI. Olympischen Winterspiele werden mit einer großartigen Show im BC Place Stadium von Vancouver eröffnet. ● Die Status-Quo-Musiker Francis Rossi und Rick Parfitt werden von Königin Elizabeth II. zu Offizieren des „Order of the British Empire" ernannt. ● Eisenerz ist seit heute im Besitz des Weltrekordes im Schneemannbauen. Die Bewohner errichteten 1800 mindestens halbmeterhohe Schneemänner. ● Roland Linz ist zur Wiener Austria zurückgekehrt und macht in seinem ersten Spiel – einem nervenaufreibenden 4:3-Sieg über Kapfenberg – gleich zwei Tore.

ENDSTATION STANDARD: **SALZBURG** KASSIERT IN LÜTTICH MEHR TORE ALS IN DER GESAMTEN GRUPPENPHASE.

3:2

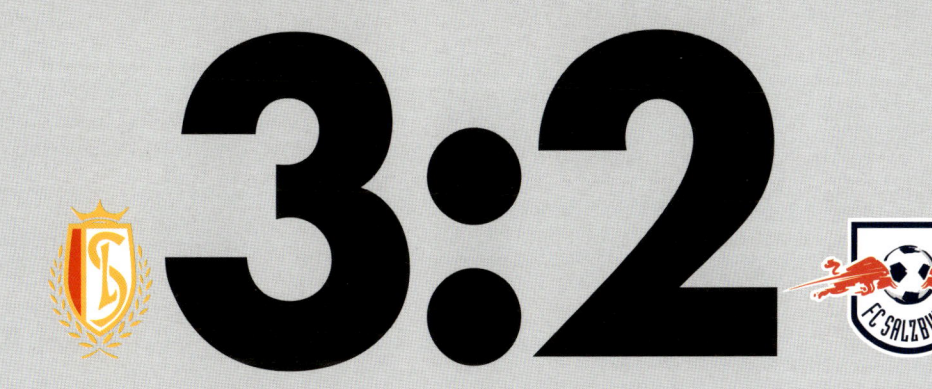

EUROPA LEAGUE, SECHZEHNTELFINALE HINSPIEL (16.2.2010)

SCHIEDSRICHTER PAVEL CRISTIAN BALAJ (ROM)
STADE MAURICE DUFRASNE, 22.000 ZUSCHAUER

DER VERSCHENKTE SIEG.

Im Stadion Maurice Dufrasne von Lüttich sorgen 22.000 Zuschauer für eine grandiose Stimmung. Der belgische Meister empfängt den österreichischen. Nach vier Minuten dürfen die Roten Bullen jubeln: Eine Kombination mit Ulmer verwertet Janko mit viel Übersicht zum Führungstreffer. Wenig später scheitern Leitgeb und Tchoyi, Standard-Keeper Bolat dreht Tchoyis Schuss zur Ecke. Nach einer halben Stunde die erste Großchance für die Belgier: Mbokani trifft nur die Stange. Die taktisch disziplinierten Salzburger kontrollieren weiterhin das Geschehen, die Hausherren wirken verunsichert. Unmittelbar vor der Pause patzen zwei Standard-Verteidiger. Janko kommt an den Ball, zieht ab. Bolat hat keine Chance. 2:0 für Salzburg – das Achtelfinale ruft. Nach dem Wechsel sorgt ein Strafraum-Foul an Mbokani für Aufregung. Der Schiedsrichter gibt keinen Elfer. In der 65. Minute dann aber doch: Schiemer foult den durchgebrochenen Witsel. Der schießt selbst und verwertet sicher zum Anschlusstreffer. Jetzt bekommt Standard die berühmte „zweite Luft". Ein Tausendguldenschuss von De Camargo passt genau: 2:2. Die Salzburger Defensive steht noch unter Schock, als Witsel, diesmal mit dem Kopf, erneut erfolgreich ist. 3:2. Dann der Schlusspfiff. Salzburg hat, den Aufstieg schon vor Augen, eine 2:0-Führung aus der Hand gegeben. Im Rückspiel muss jetzt ein Sieg her.

STANDARD LÜTTICH

Die Aufstellung: Sinan Bolat, Reginal Goreux, Eliaquim Mangala, Victor Ramos, Sébastien Pocognoli, Benjamin Nicaise, Steven Defour, Axel Witsel, Igor De Camargo, Milan Jovanović, Dieudonné Mbokani

DIE SPIELDATEN

LÜT		SBG
3	Tore	2
18	Torschüsse	15
3	Eckbälle	6
9	Fouls	24
2	Gelbe Karten	3
3	Abseits	1

DER SPIELFILM

04'	0:1 Janko		84' <	Švento
45'	0:2 Janko		84' >	Wallner
52'	Goreux		85' <	Pocognoli
60'	Schwegler		85' >	Gershon
65'	Schiemer		88' <	Janko
66'	1:2 Witsel		88' >	Nelisse
74' <	Cziommer		91' <	Mbokani
74' >	Pokrivač		91' >	Traoré
75'	De Camargo		93'	Leitgeb
80'	2:2 De Camargo		93' <	Jovanović
82'	3:2 Witsel		93' >	Dalmat

FC SALZBURG

Die Aufstellung: Eddie Gustafsson, Christian Schwegler, Ibrahim Sekagya, Rabiu Afolabi, Andreas Ulmer, Franz Schiemer, Somen Tchoyi, Christoph Leitgeb, Dušan Švento, Simon Cziommer, Marc Janko

---

16. FEBRUAR WAS SONST NOCH GESCHAH
Die französische Regierung erwirbt von der deutschen Verlegerfamilie Brockhaus das einzige handschriftliche Exemplar der Memoiren Giacomo Casanovas aus dem 18. Jahrhundert. Die Kaufpreis wird mit mindestens vier Millionen Euro beziffert. • Der Schweizer Peter Colat stellt in St. Gallen mit 19 Minuten und 21 Sekunden einen Rekord im Luftanhalten unter Wasser auf. • Bei den Olympischen Spielen erobern die Tiroler Brüder Andreas und Wolfgang Linger im Rodel-Doppelsitzer die erste Goldmedaille für Österreich und wiederholen damit ihren Sieg von 2006.

3:0

Red Bull Salzburg — LASK Linz

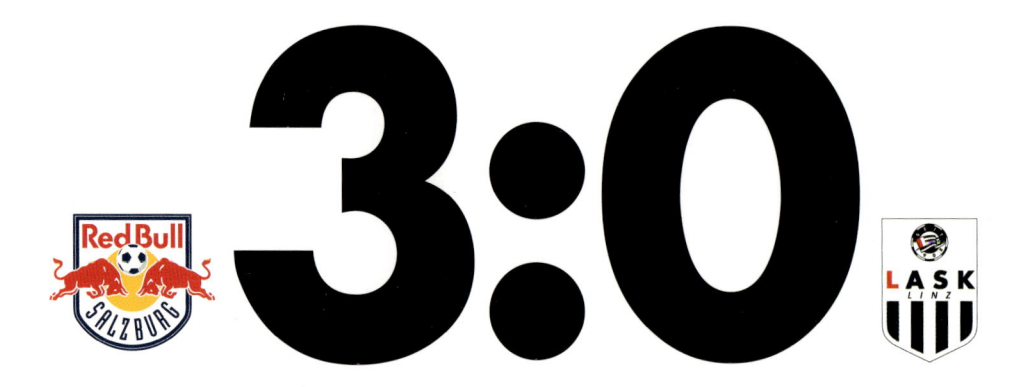

DIE LIGA 21. RUNDE (21.2.2010)

SCHIEDSRICHTER ALEXANDER HARKAM
RED BULL ARENA, 10.942 ZUSCHAUER

WALLNER TRIFFT IN SALZBURG EIN.

Roman Wallner trifft erstmals im Dress der Roten Bullen auf seinen Ex-Verein. Der Salzburger Neo-Stürmer ist hochmotiviert und unterstreicht in der 9. Minute, warum ihn Red Bull-Sportdirektor Beiersdorfer unbedingt holen wollte. LASK-Verteidiger Prettenthaler verschätzt sich bei einem Rückpass, Wallner sprintet rasch dazwischen, lässt Keeper Jürgen Macho keine Chance. Die Führung. Wallners erster Treffer für Red Bull Salzburg – ausgerechnet gegen den LASK – ist sein 15. in der Saison. Die Roten Bullen drücken weiter, erhöhen bald auf 2:0: Über Leitgeb und Janko kommt der Ball zu Švento. Der lässt aus 17 Metern einen Traumschuss vom Stapel – der Ball schlägt im rechten Kreuzeck ein. Auf der anderen Seite gibt Ex-Bulle Mayrleb zwei gefährliche Schüsse ab. Doch Schwegler bzw. Gustafsson können abblocken. Neun Minuten nach Wiederbeginn fällt die Entscheidung: Der enorm laufstarke Leitgeb serviert Švento den Ball. Ein Linksschuss besiegelt dessen Doppelpack in diesem Spiel. Danach verebbt der Druck der Salzburger. Der LASK verbucht durch Mayrleb noch einen Stangenschuss. Der Salzburger Sieg bleibt ungefährdet, das Ergebnis ist aber deutlicher als der Leistungsunterschied auf dem Platz. Trainer Stevens ist nicht ganz zufrieden: „Wir haben zu viele Bälle verschenkt, kein Spieler hat voll überzeugt." Die Tabellenführung ist auf drei Punkte ausgebaut.

DIE SPIELDATEN

RBS		LSK
3	Tore	0
16	Torschüsse	12
5	Eckbälle	5
13	Fouls	22
1	Gelbe Karten	2
51	Ballbesitz (%)	49
52	gew. Zweikämpfe (%)	48

RED BULL SALZBURG

Die Aufstellung: Eddie Gustafsson, Rabiu Afolabi, Christian Schwegler, Franz Schiemer, Andreas Ulmer, Ibrahim Sekagya, Somen Tchoyi, Dušan Švento, Christoph Leitgeb, Roman Wallner, Marc Janko

Die meisten Torschüsse: D. Švento, R. Wallner (3)
Die meisten Ballkontakte: Christian Schwegler (83)
Der Zweikampfstärkste: Ibrahim Sekagya (69 %)

DER SPIELFILM

09' ⚽ 1:0 Wallner
25' ⚽ 2:0 Švento
54' ⚽ 3:0 Švento
62' 🟨 Panis
67' ← Metz
67' → Škuletić
68' ← Janko
68' → Nelisse
70' 🟨 Majabvi
75' ← Schiemer
75' → Augustinussen
80' ← Saurer
80' → Hart
84' ← Mayrleb
84' → Vujić
84' ← Sekagya
84' → Opdam
89' 🟨 Nelisse

LASK LINZ

Die Aufstellung: Jürgen Macho, Vidas Alunderis, Georg Magreitter, Mark Prettenthaler, Pablo Chinchilla, Florian Metz, Jürgen Panis, Thomas Prager, Christoph Saurer, Justice Majabvi, Christian Mayrleb

Die meisten Torschüsse: Christian Mayrleb (5)
Die meisten Ballkontakte: Justice Majabvi (77)
Der Zweikampfstärkste: Vidas Alunderis (62 %)

---

21. FEBRUAR WAS SONST NOCH GESCHAH
US-Wissenschafter melden die höchste je gemessene Temperatur. In einem Teilchenbeschleuniger entstand bei der Kollision von Gold-Schwerionen eine Hitze von rund vier Billionen Grad Celsius. In der Sonne hat es „nur" 16 Millionen Grad. ● In Warschau beginnen die Feierlichkeiten zum 200. Geburtstag des Komponisten Frédéric Chopin. ● Bei den Olympischen Spielen in Vancouver gewinnt der Tiroler Andreas Matt Silber in der neuen olympischen Disziplin Skicross. Österreichs alpine Ski-Herren bleiben auch im dritten Bewerb, der Kombination, ohne Medaille.

BILD: **WALLNER KOMMT – UM TORE ZU SCHIESSEN.**

OBEN: **JEDER WEISS, EIN TOR WÜRDE ZUM AUFSTIEG REICHEN ...**
UNTEN: **... ALLEIN ES GELINGT NICHT.**

0:0

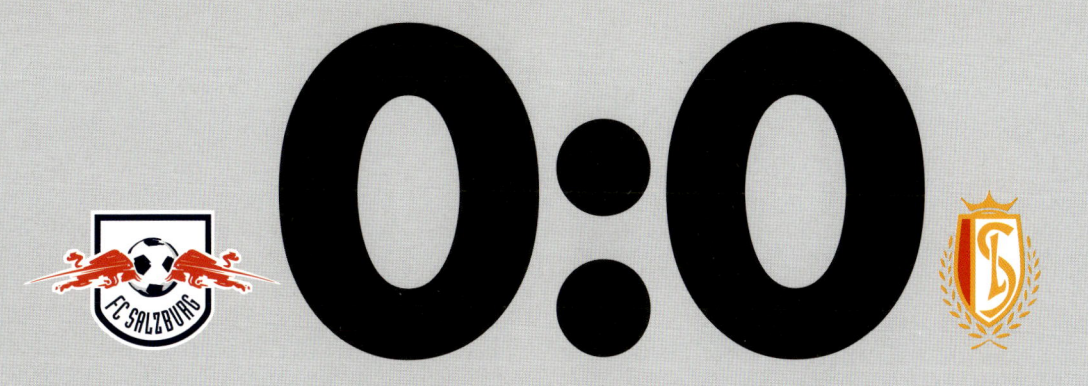

EUROPA LEAGUE, SECHZEHNTELFINALE RÜCKSPIEL (25. 2. 2010)

SCHIEDSRICHTER ALAN KELLY (IRL)
STADION SALZBURG, 26.500 ZUSCHAUER

DAS TOR, DAS NICHT FALLEN WOLLTE.

Alle 26.500 Zuschauer in der Red Bull Arena wissen es: Gegen Standard Lüttich reicht heute ein 1:0-Sieg zum Aufstieg ins Achtelfinale der Europa League. Das sollte doch machbar sein! Die Belgier stehen von Beginn weg sehr tief in der eigenen Hälfte, warten auf Kontermöglichkeiten. Die Roten Bullen drängen auf eine schnelle Entscheidung. Janko und Švento scheitern mit ihren Chancen in der Anfangsphase. Auch Cziommer und Tchoyi kommen gefährlich vor das Standard-Tor. Dann vergibt Janko eine weitere Großchance. Die Gäste verbuchen ihren ersten Torschuss erst in Minute 40. Kurz vor der Pause geht die Kontertaktik der Lütticher beinahe auf: Mbokani köpft an die Stange.

Nach dem Wechsel lassen die Roten Bullen weiter Angriff auf Angriff folgen. Das erlösende Tor will dennoch nicht gelingen. Die Zeit läuft den Hausherren bereits davon. Trainer Stevens riskiert alles, bringt zwei weitere Spitzen: Wallner (ab der 64.) und Zickler (ab der 74. Minute) – ohne Erfolg. Es ist wie verhext: Salzburg bringt den Ball nicht über die Linie. Ein wahrlich bitterer Abend. Nach all den glanzvollen Auftritten in der Gruppenphase der Europa League scheidet Salzburg in der ersten K.-o.-Runde aus. In drei von insgesamt vier Halbzeiten wurde der belgische Meister an die Wand gespielt. Doch eine schwache halbe Stunde in Belgien genügte, um auszuscheiden.

DIE SPIELDATEN

SBG		LÜT
0	Tore	0
13	Torschüsse	8
3	Eckbälle	3
13	Fouls	15
2	Gelbe Karten	3
0	Abseits	1

FC SALZBURG

Die Aufstellung: Eddie Gustafsson, Milan Dudić, Ibrahim Sekagya, Rabiu Afolabi, Andreas Ulmer, Barry Opdam, Somen Tchoyi, Christoph Leitgeb, Dušan Švento, Simon Cziommer, Marc Janko

STANDARD LÜTTICH

Die Aufstellung: Sinan Bolat, Marcos Camozzato, Victor Ramos, Mohamed Sarr, Sébastien Pocognoli, Steven Defour, Benjamin Nicaise, Axel Witsel, Igor De Camargo, Milan Jovanović, Dieudonné Mbokani

DER SPIELFILM

19' 🟨 Witsel
45' 🟨 Cziommer
54' 🟨 Sekagya
64' ‹ Cziommer
64' › Wallner
69' 🟨 Pocognoli
72' ‹ Jovanović
72' › Carcela-Gonzalez
74' ‹ Dudić
74' › Zickler
82' ‹ Nicaise
82' › Mangala
94' 🟨 Carcela-Gonzalez
94' 🟨 Mbokani
94' › Traoré

---

25. FEBRUAR WAS SONST NOCH GESCHAH
Vom antarktischen Eis bricht ein gigantischer Eisberg ab. Er hat etwa die Oberfläche Vorarlbergs und ragt rund 400 Meter aus dem Meer. ● Bei den Olympischen Spielen gewinnt die Deutsche Viktoria Rebensburg überraschend den Riesentorlauf. Die Österreicherin Elisabeth Görgl wird Dritte. ● Der EC Red Bull Salzburg verliert auch das zweite Play-off-Spiel in der Eishockey-Bundesliga gegen den KAC mit 2:3. ● In der Europa League steht der ehemalige Salzburg-Goalie Alex Manninger mit Juventus Turin nach einem 0:0 gegen Ajax Amsterdam im Achtelfinale.

0:1

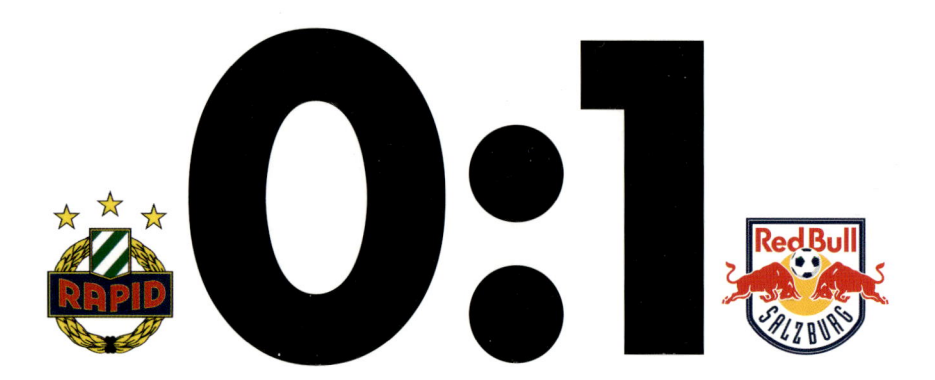

DIE LIGA 22. RUNDE (28. 2. 2010)

SCHIEDSRICHTER DIETMAR DRABEK
GERHARD-HANAPPI-STADION, 16.281 ZUSCHAUER

EIN MANN WENIGER, EIN TOR MEHR.

Im ausverkauften Hanappi-Stadion will Rapid wieder den Anschluss an die Tabellenspitze finden. Huub Stevens hat etwas dagegen: Schiemer. Er soll sich speziell um Rapid-Antreiber Hofmann kümmern. Opdam übernimmt dafür die zentrale, defensive Mittelfeldposition. Mit Erfolg: Die Grün-Weißen kommen gegen die disziplinierte Defensive der Roten Bullen nie richtig ins Spiel. Die Salzburger warten auf ihre Chance. Nach einer halben Stunde prüft Wallner mit zwei platziert angetragenen Freistößen Goalie Payer. Zu Beginn der zweiten Halbzeit eine umstrittene Schiedsrichter-Entscheidung: Schiemer wird von Eder gelegt – kein Freistoß. Dafür zeigt der Referee Schiemer wegen einer angeblichen Schwalbe die zweite Gelbe. Der Hofmann-„Aufpasser" muss vom Feld. Die Bullen in Unterzahl. In der 60. Minute vergibt Soma die größte Chance für Rapid, jagt den Ball aus vier Metern am Tor vorbei. Minute 67: Ecke für Salzburg. Švento zirkelt den Ball von links in den Strafraum, der aufgerückte Afolabi wuchtet das Leder per Aufsetzer unter die Querlatte: die überraschende Führung für die Roten Bullen. Jetzt setzen sie sogar nach: Pokrivač und Leitgeb scheitern knapp. Die letzte Chance des Spiels hat Tchoyi, der in der 87. Minute ein furioses Solo hinlegt, den Ball aber aus spitzem Winkel ins Außennetz schiebt. Es bleibt beim 1:0-Auswärtssieg für die Roten Bullen.

DIE SPIELDATEN

SCR		RBS
0	Tore	1
8	Torschüsse	8
6	Eckbälle	3
15	Fouls	21
1	Gelbe Karten	2
0	Gelb-Rote Karten	1
59	Ballbesitz (%)	41
49	gew. Zweikämpfe (%)	51

SK RAPID WIEN

Die Aufstellung: Helge Payer, Markus Katzer, Hannes Eder, Ragnvald Soma, Stefan Kulovits, Markus Heikkinen, Steffen Hofmann, Veli Kavlak, Yasin Pehlivan, Nikica Jelavić, René Gartler

Die meisten Torschüsse: Steffen Hofmann (3)
Die meisten Ballkontakte: Markus Katzer (102)
Der Zweikampfstärkste: Ragnvald Soma (85 %)

RED BULL SALZBURG

Die Aufstellung: Eddie Gustafsson, Rabiu Afolabi, Christian Schwegler, Barry Opdam, Franz Schiemer, Ibrahim Sekagya, Nikola Pokrivač, Dušan Švento, Christoph Leitgeb, Roman Wallner, Marc Janko

Die meisten Torschüsse: Roman Wallner (3)
Die meisten Ballkontakte: Ibrahim Sekagya (50)
Der Zweikampfstärkste: Barry Opdam (67 %)

DER SPIELFILM

36′ Katzer
45′ Schiemer
56′ Schiemer
59′ ← Wallner
59′ → Ulmer
60′ Schwegler
63′ ← Gartler
63′ → Salihi
67′ 0:1 Afolabi
69′ ← Pehlivan
69′ → Bošković
80′ ← Kulovits
80′ → Trimmel
81′ ← Švento
81′ → Tchoyi
83′ ← Leitgeb
83′ → Augustinussen

---

28. FEBRUAR WAS SONST NOCH GESCHAH
Das größte solarbetriebene Schiff der Welt läuft in Kiel vom Stapel. Der 30 Meter lange Katamaran soll ab kommendem Jahr dank seiner 500 Quadratmeter Solarzellen über die Meere fahren. ● Ein Weitsprung-Weltrekord der besonderen Art wird aus Australien gemeldet. Noch nie zuvor ist ein Motorradfahrer mit einer Harley-Davidson weiter gesprungen als Seth Enslow: 56 Meter. ● In Vancouver gewinnt Kanada das „Spiel der Spiele", das Olympia-Eishockey-Finale gegen die USA, mit 3:2 nach Verlängerung. Es ist die 14. Goldmedaille für die Gastgeber.

LINKS: **AFOLABI – KÖPFT DAS 1:0.**
RECHTS: **SCHIEMER – SIEHT ZU UNRECHT ROT.**

UNTEN: **GUSTAFSSON LÄSST AUCH IN UNTERZAHL KEINEN BALL VORBEI.**

2009/10 | 133

1:1

DIE LIGA 23. RUNDE (6.3.2010)

SCHIEDSRICHTER THOMAS GANGL
RED BULL ARENA, 8287 ZUSCHAUER

IMMER WIEDER – STANGE.

Die Salzburger Nationalteamspieler kehren mit einem Erfolgserlebnis zurück: Beim 2:1-Sieg über Dänemark lief Janko als Kapitän auf. Die Tore für Österreich erzielten mit Schiemer und Wallner zwei Rote Bullen. In der Liga wartet mit Wiener Neustadt eine vermeintlich leichtere Aufgabe und ein extrem defensiv eingestellter Gegner. Schon in der 11. Minute Gefahr im Gäste-Strafraum: Fornezzi kann einen Janko-Schuss abwehren, den Nachschuss von Opdam kratzt Gercaliu von der Torlinie. Wenig später scheitern Švento und Wallner. Auf der anderen Seite köpfelt der allein stehende Šimkovič den Ball an der Stange vorbei – Glück für Salzburg. Kurz darauf bedient Švento Janko, dessen Gewaltschuss am Lattenkreuz landet. In der 39. Minute die verdiente Führung für die Roten Bullen: Wieder ist Švento der Initiator. Wallner zieht blitzschnell aus 17 Metern ab, lässt Fornezzi keine Chance. Nach dem Wechsel bleiben die Salzburger überlegen, können sich aber keine herausragenden Chancen mehr erarbeiten. Die Neustädter stehen defensiv gut und trauen sich in der letzten Viertelstunde auch nach vorne. Sie haben das Spiel noch nicht aufgegeben. Zweimal muss Gustafsson parieren, bevor den Niederösterreichern in der 83. Minute tatsächlich der Ausgleich gelingt. Nach einem kurz abgewehrten Kopfball ist Aigner im Torraum zur Stelle. Fazit: ein unnötiger Punkteverlust.

DIE SPIELDATEN

RBS		SCM
1	Tore	1
13	Torschüsse	9
11	Eckbälle	3
20	Fouls	14
0	Gelbe Karten	2
49	Ballbesitz (%)	51
50	gew. Zweikämpfe (%)	50

RED BULL SALZBURG

Die Aufstellung: Eddie Gustafsson, Rabiu Afolabi, Christian Schwegler, Barry Opdam, Andreas Ulmer, Ibrahim Sekagya, Nikola Pokrivač, Somen Tchoyi, Dušan Švento, Roman Wallner, Marc Janko

Die meisten Torschüsse:
Roman Wallner (3)
Die meisten Ballkontakte:
Barry Opdam (82)
Der Zweikampfstärkste:
Andreas Ulmer (71 %)

DER SPIELFILM

39' ⚽ 1:0 Wallner
41' 🟨 Šimkovič
46' ← Wolf
46' → Burgstaller
46' ← Stanislaw
46' → Kurtisi
54' 🟨 Ramsebner
75' ← Tchoyi
75' → Cziommer
83' ⚽ 1:1 Aigner
84' ← Švento
84' → Zickler
87' ← Wallner
87' → Augustinussen

SC WR. NEUSTADT

Die Aufstellung: Sašo Fornezzi, Pavel Košťál, Ronald Gercaliu, Wolfgang Klapf, Tanju Kayhan, Mario Reiter, Christian Ramsebner, Michael Stanislaw, Tomas Šimkovič, Patrick Wolf, Johannes Aigner

Die meisten Torschüsse:
Johannes Aigner (4)
Die meisten Ballkontakte:
Mario Reiter (83)
Der Zweikampfstärkste:
Tanju Kayhan (100 %)

---

6. MÄRZ WAS SONST NOCH GESCHAH
Die größte Computermesse der Welt, die CeBit, geht in Hannover zu Ende. 4150 Unternehmen aus 68 Ländern stellten ihre Produkte vor. 334.000 Besucher strömten in fünf Tagen durch die Messehallen. ● Die Doppel-Olympiasiegerin und Red Bull-Athletin Lindsey Vonn gewinnt in Crans Montana die Weltcup-Abfahrt und holt sich damit die dritte „kleine" Weltcup-Kugel des Winters. ● In den Play-offs der Eishockey-Bundesliga gewinnt der EC Red Bull Salzburg die Viertelfinalserie gegen den regierenden Meister KAC nach 0:2-Rückstand noch mit 4:3.

OBEN: **GUSTAFSSON SORGT FÜR ORDNUNG.**

LINKS: **WALLNER ZUM 1:0**
RECHTS: **WIENER NEUSTADT ERKÄMPFT EIN REMIS.**

2009/10 — 135

OBEN: **WOLF WIRD EINMAL GESCHLAGEN.**
UNTEN: **GUSTAFSSON KEINMAL.**

1:0

DIE LIGA 24. RUNDE (13. 3. 2010)

SCHIEDSRICHTER OLIVER DRACHTA
RED BULL ARENA, 8493 ZUSCHAUER

EIN ABEND FÜR MINIMALISTEN.
Nach dem enttäuschenden Heim-Remis gegen Wiener Neustadt kommt der nächste unangenehme Prüfstein in die Red Bull Arena. Die Hausherren sind gewarnt: Kapfenberg hat in der Vergangenheit auf diesem Rasen schon für Überraschungen gesorgt. Red Bull Salzburg startet druckvoll. Janko, Tchoyi und zweimal Pokrivač kommen zu guten Einschussmöglichkeiten. Nach 15 Minuten ist es endlich so weit: Tchoyi flankt von rechts, Janko köpft in überlegener Manier ein. Die frühe Führung ist da. Ähnlich wie in der letzten Partie finden die Salzburger aber nach dem 1:0 ihre Linie nicht. Das harte Defensivspiel der Steirer mit einer engen Fünferkette macht dem Meister zu schaffen. In der 66. Minute großes Aufatmen bei den Heimfans: Nach einem Kapfenberger Handspiel zeigt Schiedsrichter Drachta auf den Elfmeterpunkt. Das muss die Entscheidung sein. Janko tritt an, schießt – aber zu unplatziert. Wolf pariert. Das gibt den Kapfenbergern neuen Mut. Die Steirer kommen durch den starken Marek Heinz zweimal gefährlich in den Salzburger Strafraum. Wieder einmal verhindert Gustafsson mit prächtigen Reaktionen ein Gegentor. Mit all ihrer Routine, einem Top-Torhüter und dem Quäntchen Glück bringt der Tabellenführer das knappe 1:0 über die Zeit. Die schlechte Nachricht: Abwehrchef Sekagya verletzt sich am Meniskus und wird mehrere Wochen fehlen.

DIE SPIELDATEN

RBS		KSV
1	Tore	0
22	Torschüsse	6
12	Eckbälle	5
13	Fouls	24
1	Gelbe Karten	2
0	Gelb-Rote Karten	1
63	Ballbesitz (%)	37
57	gew. Zweikämpfe (%)	43

RED BULL SALZBURG

Die Aufstellung: Eddie Gustafsson, Rabiu Afolabi, Christian Schwegler, Franz Schiemer, Andreas Ulmer, Ibrahim Sekagya, Nikola Pokrivač, Somen Tchoyi, Dušan Švento, Christoph Leitgeb, Marc Janko

Die meisten Torschüsse: Nikola Pokrivač (7)
Die meisten Ballkontakte: Franz Schiemer (95)
Der Zweikampfstärkste: Somen Tchoyi (72 %)

DER SPIELFILM

15' ⚽ 1:0 Janko
46' > Sekagya
46' < Opdam
49' 🟨 Heinz
54' > Tchoyi
54' < Wallner
59' > Pavlov
59' < Hüttenbrenner
59' > Schönberger
59' < Di Salvo
66' 🟨 Rauscher
68' 🟨 Pokrivač
85' > Siegl
85' < Schmid
89' > Švento
89' < Cziommer
91' 🟨 Heinz

KSV SUPERFUND

Die Aufstellung: Raphael Wolf, Milan Fukal, Thomas Schönberger, Robert Schellander, Andreas Rauscher, Patrick Osoinik, Markus Felfernig, Patrik Siegl, David Sencar, Srđan Pavlov, Marek Heinz

Die meisten Torschüsse: Marek Heinz (2)
Die meisten Ballkontakte: Marek Heinz (50)
Der Zweikampfstärkste: Milan Fukal (63 %)

---

13. MÄRZ WAS SONST NOCH GESCHAH
Die Pflanzensamenbank auf der norwegischen Insel Svalbard meldet den Zugang der 500.000sten Nutzpflanzensorte, einer Erdbeere aus Russland. Der Speicher im ewigen Eis soll das Kulturpflanzenerbe der Menschheit für die nächsten 10.000 Jahre bewahren. ● Amy Winehouse ist jetzt auch Modedesignerin. Bei Fred Perry präsentiert sie ihre 17 Kreationen umfassende Kollektion. ● Benjamin Karl sichert sich mit einem Tagessieg in Valmalenco (ITA) den Gesamtsieg im Snowboard-Weltcup. ● Reinfried Herbst holt sich mit einem Sieg in Garmisch den Slalom-Weltcup.

1:1

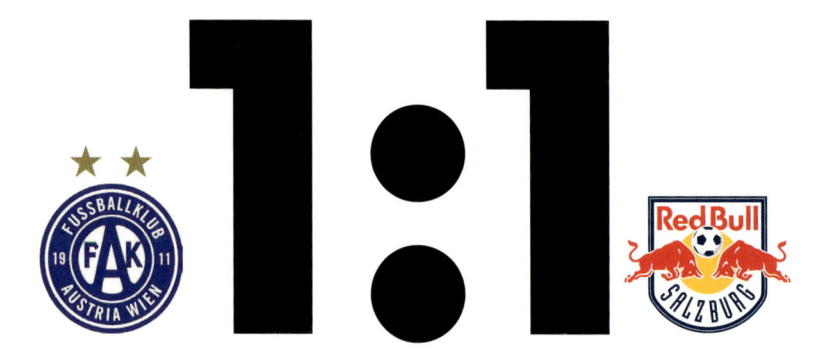

DIE LIGA 25. RUNDE (21.3.2010)

SCHIEDSRICHTER ROBERT SCHÖRGENHOFER
FRANZ-HORR-STADION, 8591 ZUSCHAUER

DER ALTMEISTER ZEIGT SEINE KLASSE.

Das Wiener Horr-Stadion ist für die Salzburger traditionell schwieriges Terrain. Verlieren ist im Titelkampf jedoch verboten. Dudić, der den verletzten Sekagya im Abwehrzentrum vertritt, wird nach 20 Minuten von Schumacher ausgetrickst, Gustafsson kann den Torschuss abblocken. Kurz darauf: Hattenberger steigt im Salzburger Strafraum am höchsten, bedient Linz. Der Austria-Stürmer macht mit einem sehenswerten Seitfallzieher das 1:0. Sieben Minuten später der nächste Schock für Salzburg: Linz stolpert im Strafraum über Opdam – Elfmeter. Linz tritt selbst an, Gustafsson hält. Nachdem die Veilchen die erste Hälfte dominiert haben, dreht sich das Bild nach der Pause. Die Roten Bullen agieren konzentrierter, sind lauffreudiger, erspielen sich Chance um Chance. Schiemers Kopfball in der 66. Minute geht knapp am Tor vorbei. Cziommer verfehlt den Kasten in der 76. Minute mit einem Gewaltschuss. Zehn Minuten vor dem Schlusspfiff zeigt Leitgeb sein technisches Feingefühl, überhebt die Austria-Verteidigung und spielt so den Ball zum eingewechselten Zickler. Zico löst sich geschickt, umkurvt Torhüter Lindner und schießt trocken ein – der verdiente Ausgleich für die Roten Bullen. Der Abstand des Tabellenführers zum ersten Verfolger Rapid Wien bleibt bei sechs Zählern. Noch ahnt niemand, dass die drittplatzierte Austria gerade den Titel verspielt hat.

DIE SPIELDATEN

FAK		RBS
1	Tore	1
11	Torschüsse	11
7	Eckbälle	5
23	Fouls	29
2	Gelbe Karten	5
50	Ballbesitz (%)	50
53	gew. Zweikämpfe (%)	47

FK AUSTRIA WIEN

Die Aufstellung: Heinz Lindner, Aleksandar Dragović, Manuel Ortlechner, Markus Suttner, Joachim Standfest, Florian Klein, Matthias Hattenberger, Zlatko Junuzović, Emin Sulimani, Schumacher, Roland Linz

Die meisten Torschüsse:
Roland Linz (2)
Die meisten Ballkontakte:
Zlatko Junuzović (66)
Der Zweikampfstärkste:
Florian Klein (88 %)

DER SPIELFILM

03'	Janko	66' ←	Wallner
21' ⚽	1:0 Linz	66' →	Zickler
28'	Schiemer	71' ←	Opdam
31'	Dudić	71' →	Cziommer
45'	Sulimani	74'	Junuzović
50' ←	Standfest	77'	Zickler
50' →	Liendl	79'	Schwegler
56' ←	Dudić	81' ⚽	1:1 Zickler
56' →	Tchoyi	86' ←	Schumacher
		86' →	Jun

RED BULL SALZBURG

Die Aufstellung: Eddie Gustafsson, Milan Dudić, Rabiu Afolabi, Christian Schwegler, Barry Opdam, Franz Schiemer, Andreas Ulmer, Dušan Švento, Christoph Leitgeb, Roman Wallner, Marc Janko

Die meisten Torschüsse:
Marc Janko (3)
Die meisten Ballkontakte:
Andreas Ulmer (63)
Der Zweikampfstärkste:
Barry Opdam (65 %)

21. MÄRZ WAS SONST NOCH GESCHAH

In Trier präsentiert der Pianist Geza Loso das weltweit erste Linkshänder-Klavier. Darauf ist die Tastatur spiegelverkehrt angebracht. ● In den USA wird das erste ausschließlich dem Fußball gewidmete Stadion des Landes eröffnet, die neue Heim-Spielstätte der New York Red Bulls. Die Red Bull Arena vor den Toren New York Citys wird mit einem 3:1 der Hausherren gegen Pelés Ex-Club FC Santos eingeweiht. ● In Planica holt sich das österreichische Skispringer-Team mit einem Rekordvorsprung von 99,1 Punkten Mannschafts-Gold im Skifliegen.

OBEN: **ZICKLER GLEICHT AUS.**
LINKS: **STEVENS MUSS MIT EINEM PUNKT ZUFRIEDEN SEIN.**
RECHTS: **GUSTAFSSON HÄLT DAS REMIS.**

3:0

DIE LIGA 26. RUNDE (24.3.2010)

SCHIEDSRICHTER GERHARD GROBELNIK
RED BULL ARENA, 11.425 ZUSCHAUER

SALZBURG 3:0, GUSTAFSSON 4:0.

Der Lieblingsgegner der Salzburger läuft heute in der Red Bull Arena ein: Sturm Graz hat hier seit fünf Jahren keinen einzigen Punkt gemacht. In ebendieser Tonart geht es los: Wallner hat bereits in der zweiten Minute per Kopf die erste Torchance. Bei den ansonsten spielstarken Grazern scheint es tatsächlich ein „Salzburg-Syndrom" zu geben: Hlinka lässt sich von Wallner einfach den Ball abnehmen. Der folgende Schuss geht knapp am Tor vorbei. In der 25. Minute fällt das verdiente 1:0. Tchoyi flankt zu Švento, der trifft aus kurzer Distanz. Drei Minuten später: Tchoyi flankt auf Wallner, Wallner legt sich den Ball im hohen Bogen selbst auf, zieht ab, Tormann Gratzei ist erneut geschlagen. Ein Traumtor! Die völlig verunsicherten Grazer tauchen in der ersten Hälfte nur zweimal vor Gustafssons Tor auf, erzeugen aber keine Gefahr. Kurz nach der Pause ist die Partie so gut wie gelaufen: Auf der rechten Seite läuft Tchoyi wieder einmal allen davon. Querpass zu Leitgeb, Schuss aus 18 Metern, Kreuzeck. Der Meister führt 3:0. Nach einer Stunde rutscht Gustafsson im Strafraum, bringt dabei Lavrič zu Fall. Der Schiedsrichter zeigt auf den Elfmeterpunkt. Die Chance für die Gäste zu verkürzen. Lavrič selbst tritt an. Gustafsson hält. Schon zum vierten Mal in dieser Bundesliga-Saison hält der Red Bull-Goalie einen Elfer. In Salzburg gibt es für Sturm weiterhin nichts zu holen.

RED BULL SALZBURG

Die Aufstellung: Eddie Gustafsson, Milan Dudić, Rabiu Afolabi, Christian Schwegler, Barry Opdam, Andreas Ulmer, Somen Tchoyi, Dušan Švento, Simon Cziommer, Christoph Leitgeb, Roman Wallner

Die meisten Torschüsse:
Roman Wallner (5)
Die meisten Ballkontakte:
Christian Schwegler (85)
Der Zweikampfstärkste:
Christian Schwegler (85%)

DIE SPIELDATEN

RBS		STU
3	Tore	0
12	Torschüsse	11
3	Eckbälle	4
21	Fouls	12
1	Gelbe Karten	1
50	Ballbesitz (%)	50
50	gew. Zweikämpfe (%)	50

DER SPIELFILM

25' ⚽ 1:0 Švento
28' ⚽ 2:0 Wallner
49' ⚽ 3:0 Leitgeb
58' > Weber
58' < Muratović
67' > Wallner
67' < Zickler
71' > Hölzl
71' < Kienast
76' > Cziommer
76' < Pokrivač
77' > Afolabi
77' < Augustinussen
82' > Lavrič
82' < Bukva
84' 🟨 Prawda
92' 🟨 Pokrivač

SK STURM GRAZ

Die Aufstellung: Christian Gratzei, Mario Sonnleitner, Christian Prawda, Martin Ehrenreich, Gordon Schildenfeld, Manuel Weber, Peter Hlinka, Andreas Hölzl, Jakob Jantscher, Daniel Beichler, Klemen Lavrič

Die meisten Torschüsse:
Jakob Jantscher (4)
Die meisten Ballkontakte:
Christian Prawda (78)
Der Zweikampfstärkste:
Mario Sonnleitner (67%)

24. MÄRZ WAS SONST NOCH GESCHAH

Zwei Weltumrundungsrekorde: Der Schweizer Pilot Riccardo Mortara und zwei Copiloten fliegen in einem zweistrahligen Business-Jet in 58 Stunden um den Globus: 36.900 Kilometer mit einem Schnitt von 647 km/h. Der französische Segler Franck Cammas braucht mit seiner Crew 48 Tage. ● Der EC Red Bull Salzburg hat es zum fünften Mal in Folge ins Finale der Eishockey-Liga geschafft. ● Fallschirmspringer Anton Gruber vom HSV Red Bull Salzburg wird in Predazzo (ITA) Europacup-Sieger im Paraski, einem Bewerb, der aus Ziel-Fallschirmspringen und Riesentorlauf besteht.

BILD: **EIN SCHÜTZENFEST FÜR DIE BULLEN-FANS**

AUS DEM BLICK-WINKEL EINER FRAU: Kamera-Girl Laura filmt für das Red Bulls Fan TV.

LADIES DAY

24. MÄRZ 2010. DIE DAMEN DÜRFEN AUFS SPIELFELD – ZUMINDEST ZUM FILMEN, VIER GLÜCKLICHE DÜRFEN SOGAR AUF DEM ROTEN SOFA NEBEN DER SPIELERBANK PLATZ NEHMEN.

RECHTS: Janko von seiner charmantesten Seite lockte die Damen in Scharen an. **UNTEN:** Auch Mountainbike-Lady Lisi Osl kommt zum Spiel – und mit dem Audi gleich aufs Feld. **GROSSES BILD:** die schönste Seite des Fußballs – ein voller Ladies-Sektor.

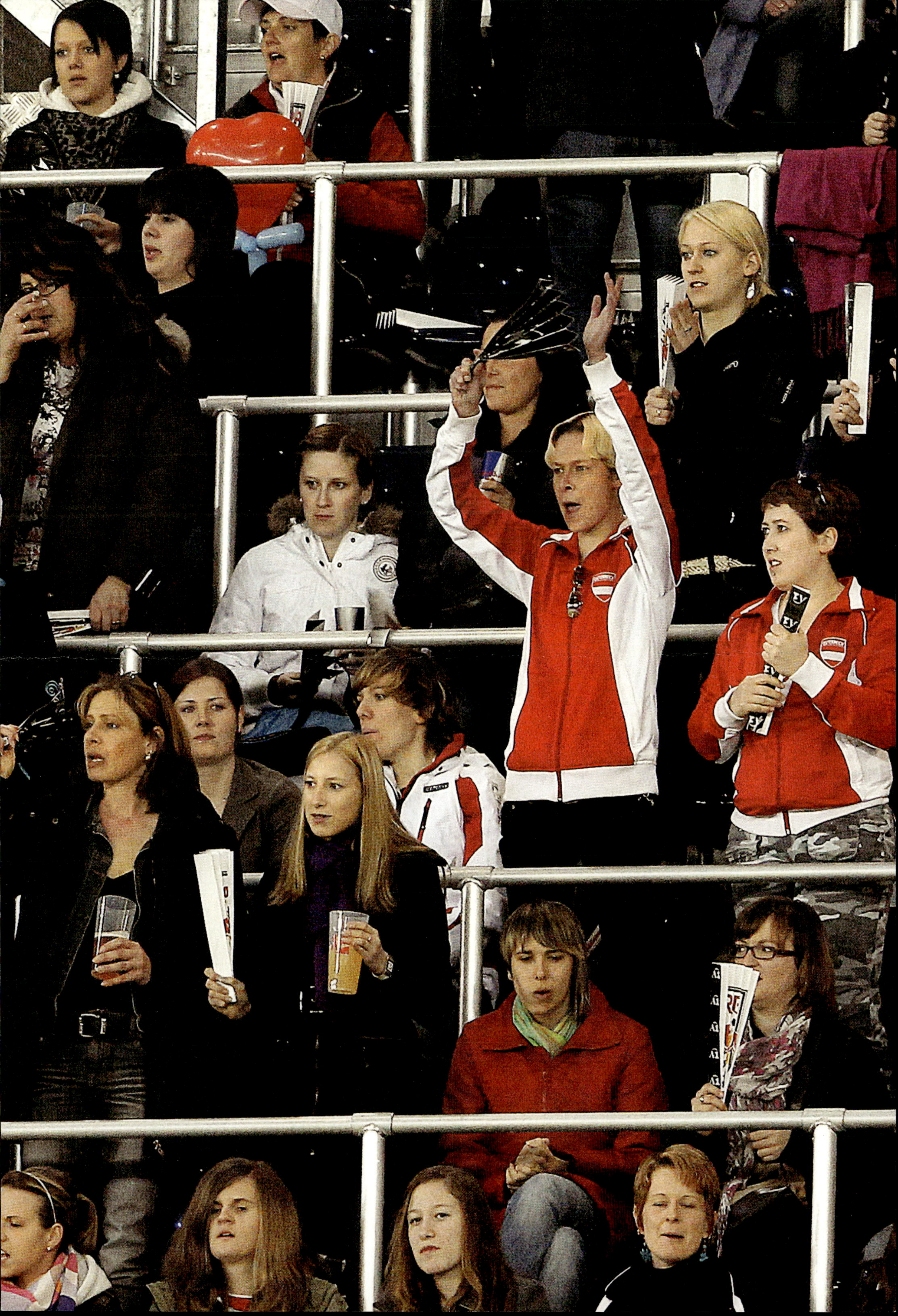

1:6

DIE LIGA 27. RUNDE (27. 3. 2010)

SCHIEDSRICHTER THOMAS PRAMMER
PAPPELSTADION, 4787 ZUSCHAUER

SIX-PACK UNTER PAPPELN.

Das dritte Viertel der Meisterschaft geht mit dem Gastspiel von Red Bull Salzburg im Pappelstadion zu Ende. Das Match verläuft von Beginn an wie auf einer schiefen Ebene. Die Roten Bullen kombinieren zwischen den perplexen Gastgebern nach Belieben. Und sie treffen. Die erste große Chance hat zwar Mattersburgs Sturmtank Naumoski mit einem Kopfball an die Stange. Dann aber geht die Post ab. Švento zirkelt eine Flanke von links herein, Cziommer übernimmt volley – 0:1. Doleschal legt Schwegler im Strafraum, Wallner verwandelt den Elfer – 0:2. Nach der Pause ist Schiemer nach einer Ecke per Kopf zur Stelle – 0:3. Tchoyi läuft auf der linken Seite einem langen, schon verloren geglaubten Pass bis ans Ende des Spielfelds hinterher, überspielt dort einen Mattersburger und rollt den Ball von der Ecke Strafraum-Toroutlinie an Goalie Bliem vorbei – ein unfassbarer Kunststoß zum 0:4. Außenverteidiger Schwegler prescht wieder mal nach vorne, nimmt aus 20 Metern Maß und erzielt sein erstes Saisontor – 0:5. Tchoyi flankt aus vollem Lauf von rechts, Janko übernimmt direkt aus zwölf Metern – 0:6. Die Mattersburger kommen in der Schlussphase noch zum Ehrentreffer durch Waltner. Dennoch: ein nahezu perfektes Spiel der seit 16 Spielen ungeschlagenen Roten Bullen. Bemerkenswert: Die Bullen-Tore wurden von sechs verschiedenen Spielern erzielt.

SV MATTERSBURG

Die Aufstellung: Stefan Bliem, Nedeljko Malić, Lukas Rath, Peter Chrappan, Michael Mörz, Manuel Seidl, Dominik Doleschal, Patrick Farkas, Ilčo Naumoski, Ronald Spuller, Robert Waltner

Die meisten Torschüsse:
Ilčo Naumoski (3)
Die meisten Ballkontakte:
Manuel Seidl (59)
Der Zweikampfstärkste:
Goce Sedloski (79 %)

DIE SPIELDATEN

MAT		RBS
1	Tore	6
9	Torschüsse	20
4	Eckbälle	5
18	Fouls	21
3	Gelbe Karten	2
43	Ballbesitz (%)	57
48	gew. Zweikämpfe (%)	52

DER SPIELFILM

17'	Mörz	58' >	Atan
19'	Wallner	61' ⚽	0:4 Tchoyi
20' <	Chrappan	66' <	Wallner
20' >	Sedloski	66' >	Janko
23' ⚽	0:1 Cziommer	68' ⚽	0:5 Schwegler
30'	Doleschal	69' ⚽	0:6 Janko
31' ⚽	0:2 Wallner	72' <	Naumoski
46' <	Dudić	72' >	Schmidt
46' >	Opdam	75' <	Cziommer
49'	Opdam	75' >	Piták
54' ⚽	0:3 Schiemer	77' ⚽	1:6 Waltner
58' <	Doleschal	88'	Spuller

RED BULL SALZBURG

Die Aufstellung: Eddie Gustafsson, Milan Dudić, Rabiu Afolabi, Christian Schwegler, Franz Schiemer, Andreas Ulmer, Somen Tchoyi, Dušan Švento, Simon Cziommer, Christoph Leitgeb, Roman Wallner

Die meisten Torschüsse:
Franz Schiemer (5)
Die meisten Ballkontakte:
Franz Schiemer (77)
Der Zweikampfstärkste:
Rabiu Afolabi (75 %)

27. MÄRZ WAS SONST NOCH GESCHAH

Der deutsche Biologe Bruno Kremer hat einen kuriosen Überlieferungsfehler aufgedeckt. Seit den 1960er Jahren galt der Rhein als 1320 Kilometer lang. Tatsächlich sind es 1230 km. Ein Lexikon hatte einmal die Zahlen verdreht, fortan wurde abgeschrieben. ● Titelverteidiger Paul Bonhomme gewinnt das erste Red Bull Air Race der Saison in Abu Dhabi. Hannes Arch, Champion von 2008, wird wegen gefährlichen Fliegens disqualifiziert. ● Der Norweger Emil Hegle Svendsen sichert sich den Gesamtsieg im Biathlon-Weltcup vor dem Steirer Christoph Sumann.

LINKS: **WALLNER ERZIELT DAS 0:2.**
RECHTS: **STEVENS IST ZUFRIEDEN.**

LINKS: **DREI TORSCHÜTZEN – CZIOMMER 1:0, SCHWEGLER 5:0, JANKO 6:0**
RECHTS: **TCHOYI – KUNSTSTOSS ZUM 4:0**

ES IST SO WEIT: Aus Anlass der lang erwarteten Eröffnung erleben die 25.000 Besucher einen würdigen Gegner: den FC Santos.

NEW HOME NEW YORK

20. MÄRZ 2010. IN NEW YORK WIRD DAS ERSTE REINE FUSSBALLSTADION DER USA ERÖFFNET – DIE RED BULL ARENA, DIE NEUE HEIMSTÄTTE VON SALZBURGS SCHWESTERVEREIN, DEN NEW YORK RED BULLS.

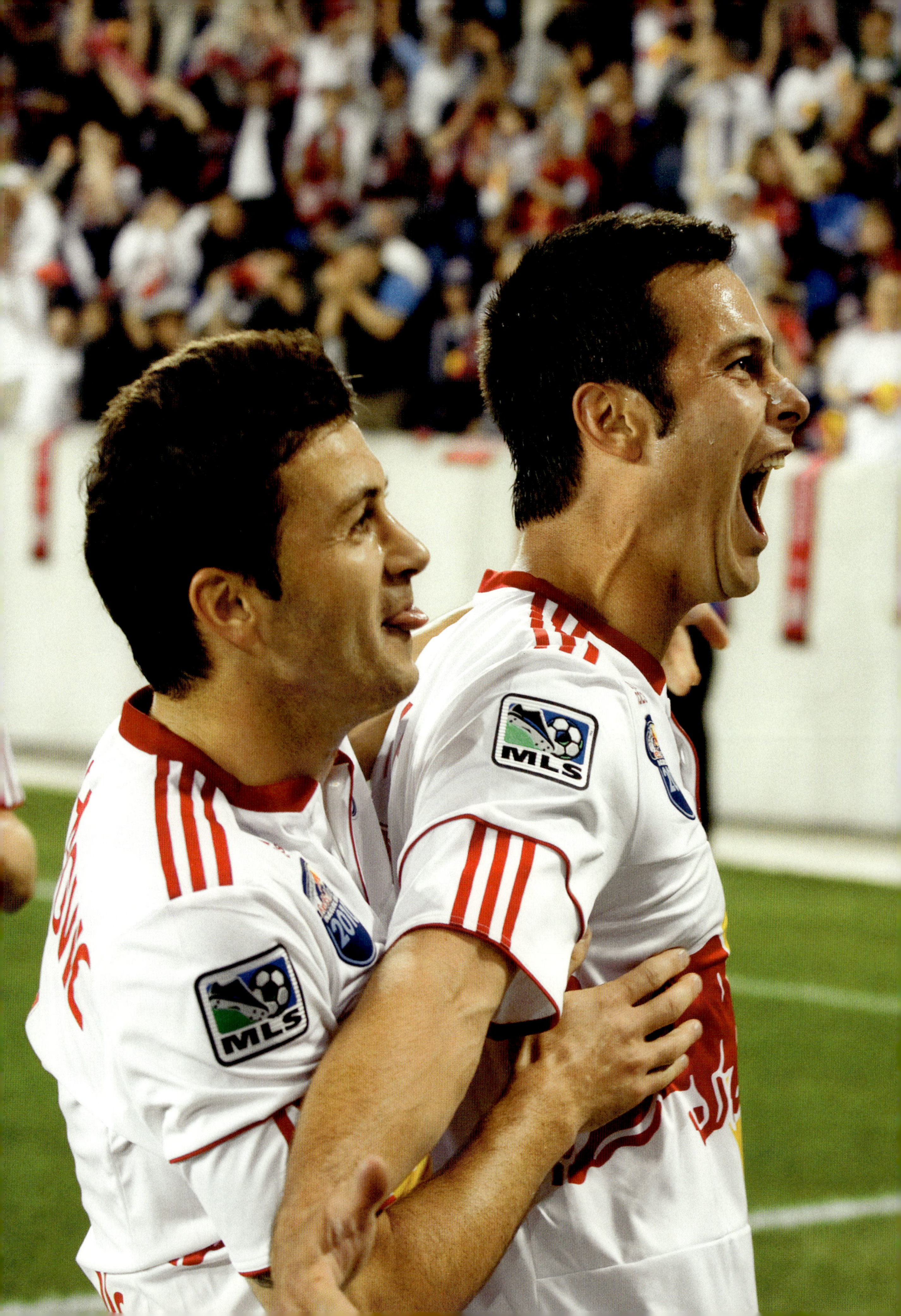
MLS
MLS

GROSSES BILD: Die Roten Bullen aus New York besiegen den FC Santos aus Brasilien, Pelés einstigen Klub, mit 3:1. **LINKS:** In den USA ist alles ein bisserl größer – auch die Torte. **MITTE LINKS:** ausverkauft. **MITTE RECHTS:** die Skyline hinter der Arena. **UNTEN:** die Red Bulls Fans.

JANKO: **DOPPELPACK**

2:0

DIE LIGA 28. RUNDE (2.4.2010)

SCHIEDSRICHTER THOMAS EINWALLER
RED BULL ARENA, 10.588 ZUSCHAUER

MIT FERSE UND MIT KOPF.

Das „Rückspiel" gegen Mattersburg kann nur anders verlaufen als der 6:1-Triumph eine Woche zuvor. In der Arena des Meisters treten die Burgenländer wie erwartet als Abwehrmauer auf. Naumoski holt sich schon in der 5. Minute die Gelbe Karte nach einer groben Attacke gegen Schwegler. Den Freistoß legt Leitgeb auf Cziommer ab, der aber verzieht. Dann foult Pauschenwein den durchgebrochenen Švento im Strafraum – doch der Elferpfiff bleibt aus. Das Spiel der Salzburger kommt nicht richtig auf Touren, der letzte Pass kommt nicht an. Nach der Pause läuft es besser. Janko übernimmt eine Flanke von Tchoyi mit rechts, aber Keeper Bliem lenkt zur Ecke. Auch Cziommer kann einen guten Schuss ansetzen. Bliem bändigt auch diesen. In der 61. Minute schließlich die hochverdiente Führung: Janko befördert eine Cziommer-Maßflanke per Kopf unhaltbar ins lange Eck. Die Mattersburger stehen jedoch weiterhin gut in der Defensive, geben den Hausherren wenig Raum zum Kombinieren. Teilweise verfahren sie dabei zu hart, kassieren sieben Gelbe Karten (eine davon Gelb-Rot). Zwei Minuten vor Schluss dann die Entscheidung: Cziommer schlägt einen Freistoß in den Strafraum, der Ball rutscht Bliem aus den Händen – Janko ist dank seines Vollstrecker-Instinkts sofort zur Stelle, bugsiert den Ball mit der Ferse und viel Ballgefühl zum Endstand über die Linie.

DIE SPIELDATEN

RBS		MAT
2	Tore	0
15	Torschüsse	6
8	Eckbälle	4
18	Fouls	26
1	Gelbe Karten	6
0	Gelb-Rote Karten	1
64	Ballbesitz (%)	36
55	gew. Zweikämpfe (%)	45

RED BULL SALZBURG

Die Aufstellung: Eddie Gustafsson, Rabiu Afolabi, Christian Schwegler, Barry Opdam, Andreas Ulmer, Somen Tchoyi, Franz Schiemer, Dušan Švento, Simon Cziommer, Christoph Leitgeb, Marc Janko

Die meisten Torschüsse: Marc Janko (5)
Die meisten Ballkontakte: Christian Schwegler (107)
Der Zweikampfstärkste: Christian Schwegler (79 %)

DER SPIELFILM

05' Naumoski
45' Afolabi
55' Opdam
55' Pokrivač
61' 1:0 Janko
64' Naumoski
64' Atan
70' Doleschal
74' Farkas
77' Schmidt
80' Pauschenwein
81' Farkas
86' Tchoyi
86' Vladavić
89' 2:0 Janko
89' Bliem
89' Janko
89' Aschauer

SV MATTERSBURG

Die Aufstellung: Stefan Bliem, Nedejko Malić, Patrick Farkas, Lukas Rath, Peter Chrappan, Anton Pauschenwein, Manuel Seidl, Dominik Doleschal, Markus Schmidt, Ilčo Naumoski, Robert Waltner

Die meisten Torschüsse: N. Malić, L. Rath (2)
Die meisten Ballkontakte: Lukas Rath (49)
Der Zweikampfstärkste: Rober Waltner (59 %)

2. APRIL WAS SONST NOCH GESCHAH

Die New York Red Bulls legen einen tollen Start in die neue MLS-Saison hin. Nach einem Heimsieg gegen Chicago schlagen sie am zweiten Spieltag in Seattle einen weiteren Titelanwärter mit 1:0. ● Ex-Formel-1-Pilot David Coulthard bestätigt, dass er künftig im Deutschen Tourenwagen Masters (DTM) für Mercedes antreten wird. ● Die Finalserie in der Eishockey-Liga zwischen den Salzburger Red Bulls und den Black Wings Linz entwickelt sich zum Thriller. Im siebten Spiel gewinnen die Roten Bullen schließlich in der Verlängerung und holen sich den Meisterpokal.

DAS DUELL

AM FUSSBALLPLATZ MACHEN FRANKY SCHIEMER UND
CHRISTOPH LEITGEB EINE TOLLE FIGUR, SCHRAUBEN
SICH IN DIE HÖHE, UM JEDEN BALL ZU ERWISCHEN.
DOCH WIE GUT – UND VOR ALLEM WIE SCHNELL –
SCHRAUBEN DIE HEIMWERKER EIN REGAL ZUSAMMEN?
DIE NAGEL-, PARDON, SCHRAUBENPROBE.

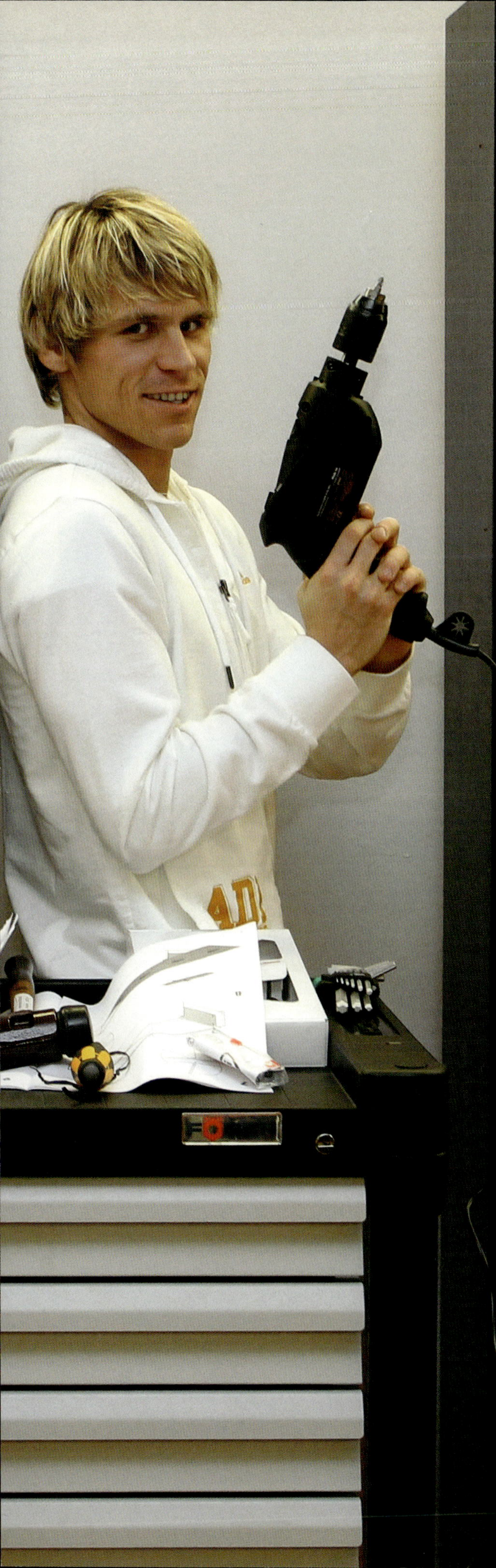

DER PROFI. Franky Schiemer schraubt schon seit Kindertagen und weiß den Förch-Bohrer gezielt einzusetzen. Nach anfänglicher Planlosigkeit hat er den schwedischen Allrounder „Billy" ähnlich gut im Griff wie die Stürmer von Lazio Rom in der Europa League. Schiemer gewinnt das Heimwerkerduell locker und hilft Teamkollege Leitgeb schließlich noch mannschaftsdienlich im Finish.

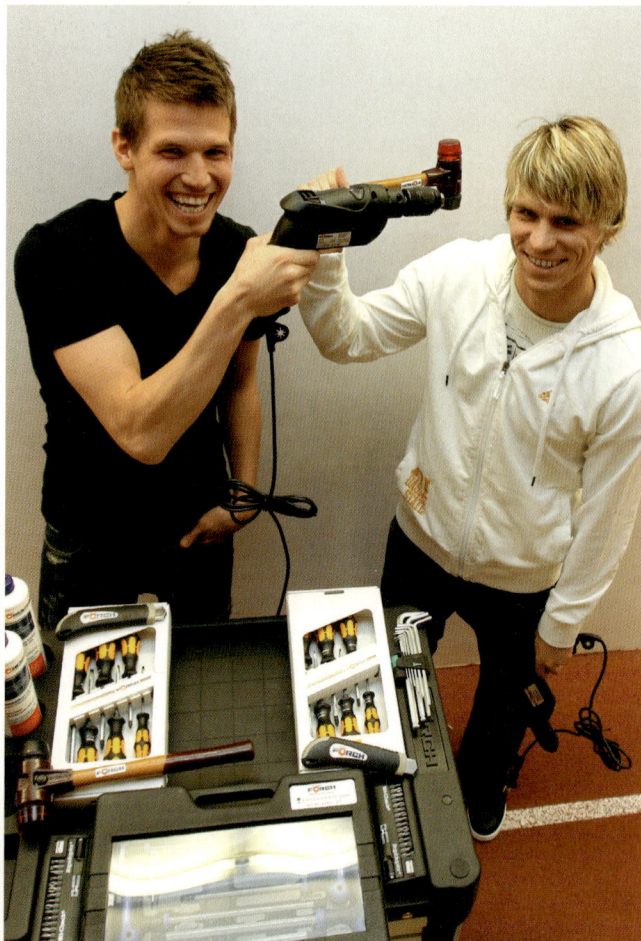

DAS NACHWUCHSTALENT. Christoph Leitgeb hat in seinem bisherigen Leben noch nie ein Regal zusammengeschraubt. „Das macht bei uns zu Hause meine Freundin", sagt er. Seine Premiere in der Champions League der Heimwerker ist daher in der Anfangsphase von Nervosität geprägt. Der rechte Flügel wird zum Linken, und „Billy" wehrt sich eisern gegen Leitis Abschlussversuche. Doch dank der Hilfe von Eisenzange Schiemer steht auch Leitis Regal am Ende wie eine perfekte Freistoßmauer.

OBEN: **KÄRNTEN MAUERT ...**
UNTEN: **... UND VERLIERT.**

0:2

DIE LIGA 29. RUNDE (10. 4. 2010)

SCHIEDSRICHTER OLIVER DRACHTA
HYPO GROUP ARENA, 4300 ZUSCHAUER

TREFFEN IN LETZTER MINUTE.

Der krisengeschüttelte SK Austria Kärnten hat zuletzt mit starken Leistungen, etwa dem Cup-Viertelfinalsieg gegen Rapid, aufhorchen lassen. Auch gegen den Tabellenführer beginnen die Klagenfurter mit viel Elan. Red Bull-Goalie Gustafsson muss nach drei Minuten einen Schuss von Kaufmann bändigen. Eine Viertelstunde später Glück für den Goalie: Afolabi kann Kaufmann nicht halten, Gustafsson eilt zu weit heraus, doch der Kärntner Stürmer verzieht – das Tor wäre leer gewesen. Langsam erwachen die Salzburger, in der 34. Minute prüft Cziommer erstmals ernsthaft den Kärntner Torhüter Schranz. Als alle schon auf den Pausenpfiff warten, flankt Leitgeb noch einmal zur Mitte, Schiemer verlängert mit der Ferse, und Cziommers präziser Kopfball landet im Netz. Mit dem Vorsprung werden die bislang etwas zurückhaltend agierenden Salzburger nach der Pause stärker. Cziommer mit einem strammen Linksschuss und Švento mit einem Hammer ins Außennetz signalisieren, dass die Roten Bullen den Sieg fixieren wollen. In der 80. Minute spielt Tchoyi ideal auf Leitgeb, der setzt Janko ein – doch der Schuss prallt an die Stange. Knapp vor Schluss dann doch noch das zweite Tor: Tchoyi setzt wieder zu einem seiner unwiderstehlichen Soli an und schließt von der Torraumecke ab. Der 2:0-Sieg ist das 18. Ligaspiel der Roten Bullen in Folge ohne Niederlage.

SK AUSTRIA KÄRNTEN

Die Aufstellung: Andreas Schranz, Marco Salvatore, Oliver Pusztai, Luka Elsner, Daniel Gramann, Michael Sollbauer, Leonhard Kaufmann, Thomas Hinum, Matthias Dollinger, Stefan Hierländer, Peter Pucker

Die meisten Torschüsse:
Leonhard Kaufmann, Stefan Hierländer, Peter Pucker (4)
Die meisten Ballkontakte:
Matthias Dollinger (61)
Der Zweikampfstärkste:
Luka Elsner (58 %)

DIE SPIELDATEN

KÄR		RBS
0	Tore	2
21	Torschüsse	22
4	Eckbälle	8
19	Fouls	15
2	Gelbe Karten	3
42	Ballbesitz (%)	58
49	gew. Zweikämpfe (%)	51

DER SPIELFILM

41' 🟨 Dudić
45' ⚽ 0:1 Cziommer
52' 🟨 Švento
60' ← Dudić
60' → Opdam
67' 🟨 Sollbauer
71' 🟨 Leitgeb
75' ← Hinum
75' → Pink
82' ← Pucker
82' → Kröpfl
88' ⚽ 0:2 Tchoyi
89' ← Švento
89' → Wallner
89' ← Cziommer
89' → Zickler
90' 🟨 Salvatore

RED BULL SALZBURG

Die Aufstellung: Eddie Gustafsson, Milan Dudić, Rabiu Afolabi, Christian Schwegler, Franz Schiemer, Andreas Ulmer, Somen Tchoyi, Dušan Švento, Simon Cziommer, Christoph Leitgeb, Marc Janko

Die meisten Torschüsse:
Christoph Leitgeb (5)
Die meisten Ballkontakte:
Simon Cziommer (97)
Die Zweikampfstärksten:
Rabiu Afolabi, Franz Schiemer, Simon Cziommer (60 %)

---

10. APRIL WAS SONST NOCH GESCHAH

Der Franzose Jean-Louis Etienne hat als erster Mensch allein in einem Ballon Nordpol, Arktis und Polarmeer überquert. Er ist auf Svalbard/Spitzbergen gestartet und nach 3130 Kilometer langem Flug in Sibirien gelandet. ● In der nordamerikanischen Eishockey-Liga schießt Thomas Vanek beim 5:2-Sieg seiner Buffalo Sabres gegen Ottawa vier Tore – erstmals in seiner Karriere. ● Real Madrid verliert den „Clásico" zu Hause gegen den FC Barcelona mit 0:2. Die Königlichen rangieren nun drei Punkte hinter den Katalanen und könnten die Saison ganz ohne Titel beenden.

OBEN: **CZIOMMER – BALLETT ZUM 1:0**
LINKS: **WALLNER BEREITET DAS 2:0 VOR – EIN EIGENTOR.**
RECHTS: **SCHIEMER – AM HÄUFIGSTEN AM BALL**

2:0

DIE LIGA 30. RUNDE (14.4.2010)

SCHIEDSRICHTER MARKUS HAMETER
RED BULL ARENA, 8829 ZUSCHAUER

FÜHRUNG SOUVERÄN AUSGEBAUT.

Nach Rapids torlosem Unentschieden gegen den LASK hat Red Bull Salzburg die Chance, die Tabellenführung weiter auszubauen – gegen Ried soll sie genützt werden. Nach 40 Sekunden die erste Chance der Hausherren: Doch Wallner verpasst eine Schwegler-Flanke mit dem Kopf um Zentimeter. In Minute 13 gehen die Roten Bullen sehenswert in Führung: Opdam auf Wallner, der hebt den Ball ideal in den Lauf von Cziommer, und die Kugel landet unhaltbar im rechten oberen Eck. Die Roten Bullen drücken weiter. Tchoyi bekommt für ein tolles Solo in der 34. Minute Sonderapplaus. Beim nächsten Angriff kombiniert Tchoyi wunderschön mit Wallner und Švento. Da springt selbst Trainer Stevens begeistert von der Bank auf. Švento schießt knapp drüber. Danach hat Wallner zwei gute Gelegenheiten, wird aber von der Rieder Abwehr gestoppt. Kurz nach der Pause fruchtet der Salzburger Druck: Leitgeb und Wallner spielen die gegnerische Verteidigung aus. Hadžić will noch retten, doch der Ball springt von seinem Fuß ins Tor. 2:0. Salzburg beginnt nun das Ergebnis zu verwalten, zieht sich stärker zurück. Ried kommt dadurch zu einigen Möglichkeiten, etwa durch Brenner oder Hackmair. Die Roten Bullen bringen den Vorsprung aber souverän über die Zeit. Seit 19 Runden sind sie damit ungeschlagen. Der Titel rückt angesichts der acht Punkte Vorsprung auf Rapid immer näher.

DIE SPIELDATEN

RBS		SVR
2	Tore	0
13	Torschüsse	16
4	Eckbälle	5
19	Fouls	17
1	Gelbe Karten	3
55	Ballbesitz (%)	45
50	gew. Zweikämpfe (%)	50

RED BULL SALZBURG

Die Aufstellung: Eddie Gustafsson, Rabiu Afolabi, Christian Schwegler, Barry Opdam, Franz Schiemer, Andreas Ulmer, Somen Tchoyi, Dušan Švento, Simon Cziommer, Christoph Leitgeb, Roman Wallner

Die meisten Torschüsse:
D. Švento, S. Cziommer (3)
Die meisten Ballkontakte:
Franz Schiemer (89)
Der Zweikampfstärkste:
Christian Schwegler (69%)

DER SPIELFILM

13' ⚽ 1:0 Cziommer
27' 🟨 Burgstaller
28' 🟨 Brenner
32' 🟨 Leitgeb
49' ⚽ 2:0 Hadžić (ET)
58' 🟨 Hadžić
61' ← Sturm
61' → Hammerer
74' ← Mader
74' → Hackmair
75' ← Wallner
75' → Janko
80' ← Cziommer
80' → Pokrivač
81' ← Nuhiu
81' → Carril-Regueiro
86' ← Tchoyi
86' → Augustinussen

SV JOSKO RIED

Die Aufstellung: Thomas Gebauer, Martin Stocklasa, Thomas Schrammel, Thomas Burgstaller, Florian Sturm, Stefan Lexa, Florian Mader, Ewald Brenner, Anel Hadžić, Nacho Rodríguez, Atdhe Nuhiu

Die meisten Torschüsse:
N. Rodríguez, A. Nuhiu (4)
Die meisten Ballkontakte:
Thomas Schrammel (66)
Der Zweikampfstärkste:
Martin Stocklasa (73%)

---

14. APRIL WAS SONST NOCH GESCHAH
Vermessungen an der TU Wien ergeben, dass sich die Erde seit dem schweren Erdbeben am 27. Februar 2010 in Chile um 0,3 Mikrosekunden langsamer dreht. • Ein Jubiläum der besonderen Art: In Wien wird das millionste Auto abgeschleppt, seit die zuständige Magistratsabteilung vor 35 Jahren mit dem Abschleppen falsch geparkter Autos begonnen hat. • Der gerade noch 15-jährige Michael Gregoritsch, Sohn des Kapfenberg-Trainers Werner Gregoritsch, wird mit seinem Treffer zum 1:1 gegen Austria Wien zum jüngsten Torschützen der Bundesliga-Geschichte.

0:0

DIE LIGA 31. RUNDE (18.4.2010)

SCHIEDSRICHTER HARALD LECHNER
STADION DER STADT LINZ, 10.130 ZUSCHAUER

TORLOS, SINNLOS.

Auf der Linzer Gugl gibt der Ex-Red Bull-Stürmer Mayrleb nach einer Viertelstunde den ersten Warnschuss an die Querlatte ab. Kurz danach dribbelt sich Tchoyi durch die Abwehr, lupft den Ball zum freien Leitgeb. Dessen Schuss wird von LASK-Goalie Čavlina abgeblockt. Der nächste Ex-Salzburger: Aufhauser. Sein scharfer Kopfball wird von Cziommer auf der Torlinie abgewehrt. Kurz vor der Pause legt Tchoyi für Wallner auf – der Schuss aus vollem Lauf trifft nur den Linzer Keeper. Es folgt der erschütternde Tiefpunkt der Saison: Der erst 20-jährige Lukas Kragl jagt übermotiviert einem Steilpass hinterher; obwohl Gustafsson den Ball bereits aus der Gefahrenzone geschlagen hat, stürmt Kragl weiter heran, zieht nicht zurück und springt mit gestrecktem Bein voran gegen den Unterschenkel von Gustafsson. Schien- und Wadenbein werden mehrfach gebrochen, Gustafsson wird per Helikopter vom Spielfeld ins Krankenhaus transportiert. Ganz Fußball-Österreich bangt um Gesundheit und Karriere des besten Torhüters der Liga. Kragl sieht für sein Foul nur die Gelbe Karte. Die Spieler beider Teams haben in der zweiten Hälfte nur noch wenig Lust auf Fußball. Leitgeb läuft in der 58. Minute nach Tchoyi-Laufpass allein auf Čavlina – der später auch ausgewechselt werden muss – zu, vergibt aber den Matchball. Das torlose Unentschieden bleibt nebensächlich.

DIE SPIELDATEN

LSK	Tore	RBS
0	Tore	0
14	Torschüsse	20
7	Eckbälle	6
14	Fouls	17
2	Gelbe Karten	5
48	Ballbesitz (%)	52
48	gew. Zweikämpfe (%)	52

LASK LINZ

Die Aufstellung: Silvije Čavlina, Wolfgang Bubenik, Mark Prettenthaler, Pablo Chinchilla, Florian Metz, René Aufhauser, Christoph Saurer, Thomas Piermayr, Justice Majavbi, Christian Mayrleb, Lukas Kragl

Die meisten Torschüsse: R. Aufhauser, Chr. Mayrleb (4)
Die meisten Ballkontakte: Christoph Saurer (65)
Der Zweikampfstärkste: René Aufhauser (65 %)

RED BULL SALZBURG

Die Aufstellung: Eddie Gustafsson, Rabiu Afolabi, Christian Schwegler, Barry Opdam, Franz Schiemer, Andreas Ulmer, Somen Tchoyi, Dušan Švento, Simon Cziommer, Christoph Leitgeb, Roman Wallner

Die meisten Torschüsse: Somen Tchoyi (5)
Die meisten Ballkontakte: Barry Opdam (65)
Der Zweikampfstärkste: Barry Opdam (63 %)

DER SPIELFILM

02' ■	Majabvi	61' ‹	Wallner
40' ■	Cziommer	61' ›	Janko
40' ‹	Cziommer	63' ■	Schwegler
40' ›	Prager	67' ‹	Čavlina
43' ■	Kragl	67' ›	Zaglmair
43' ■	Leitgeb	70' ‹	Cziommer
45' ‹	Gustafsson	70' ›	Pokrivač
45' ›	Arzberger	78' ■	Schiemer
47' ■	Afolabi	82' ‹	Mayrleb
		82' ›	Panis

---

18. APRIL WAS SONST NOCH GESCHAH
China und Nepal legen ihren Streit über die Höhe des Mount Everest, der im Grenzgebiet der beiden Staaten liegt, bei. Offiziell misst der Berg nun mit Schneedecke 8848 und ohne 8844 Meter. ● Hannes Arch gewinnt das Red Bull Air Race im australischen Perth. Es ist der erste Saisonsieg des Champions von 2008. ● Die Aschewolke des isländischen Vulkans Eyjafjallajökull bringt den Luftverkehr über Europa zum Erliegen. Die FC-Barcelona- und Olympique-Lyon-Spieler besteigen Autobusse, um zu ihrem Champions-League-Hinspiel nach Mailand bzw. München zu reisen.

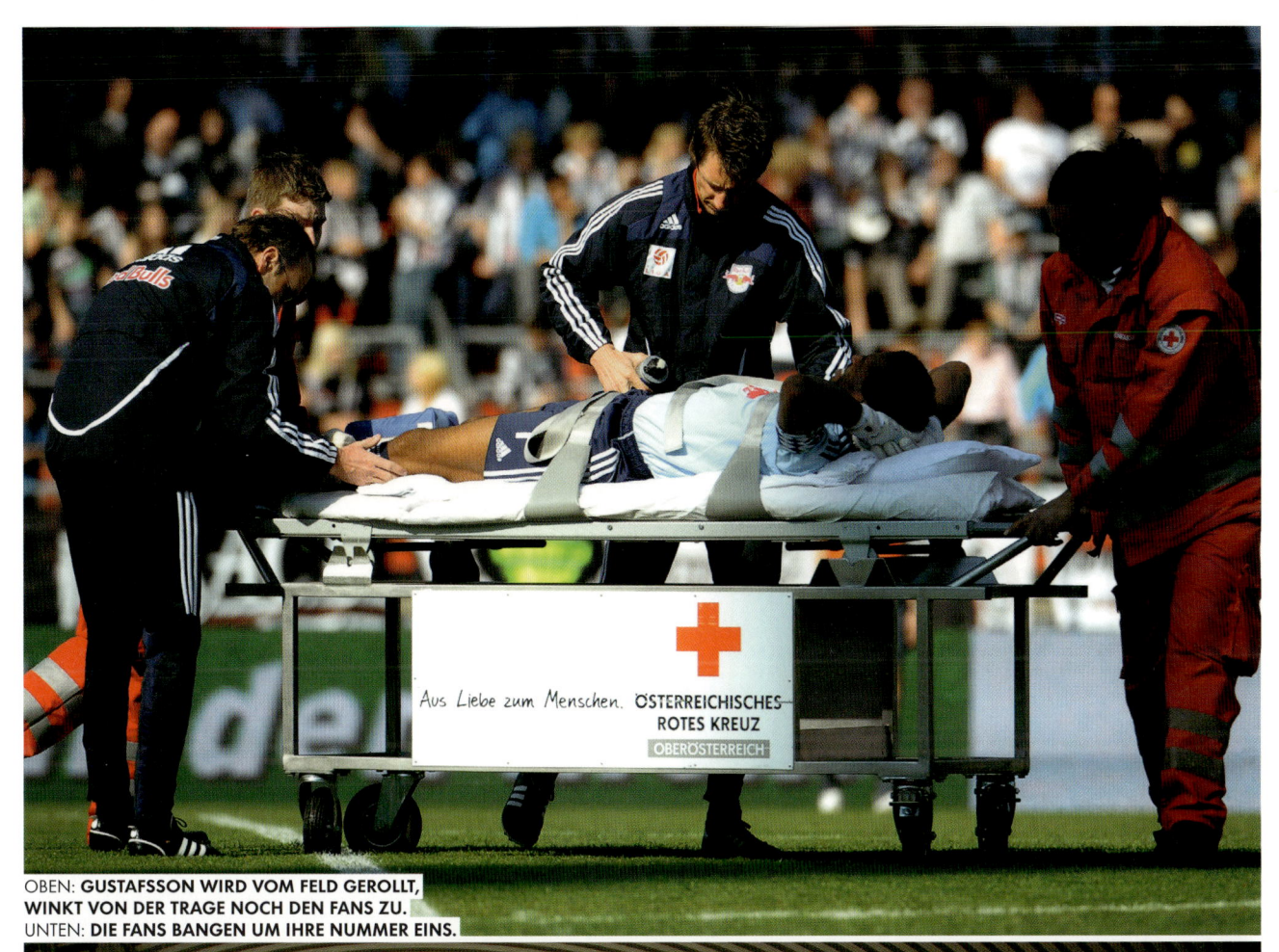

OBEN: **GUSTAFSSON WIRD VOM FELD GEROLLT, WINKT VON DER TRAGE NOCH DEN FANS ZU.**
UNTEN: **DIE FANS BANGEN UM IHRE NUMMER EINS.**

1:1

DIE LIGA 32. RUNDE (23.4.2010)

SCHIEDSRICHTER THOMAS EINWALLER
RED BULL ARENA, 25.819 ZUSCHAUER

DAS 6-PUNKTE-SPIEL.

Fast 26.000 Zuschauer spenden vor Anpfiff des Spiels dem Überraschungsgast des Abends minutenlangen Applaus: Der schwerverletzte Gustafsson hat die erste einer Serie von Operationen hinter sich gebracht und kommt, um seine Mannschaft zu unterstützen. Auf dem Feld spornen sich Meister und Vizemeister zum wohl besten Ligaspiel des Jahres an. Janko mit einem Kopfball und Tchoyi mit einem satten 10-Meter-Schuss haben die ersten Chancen des Spiels – und Salzburg Glück: Der Elfer-Pfiff nach Opdams Foul an Jelavić bleibt aus. Rapid kommt jetzt erst richtig ins Spiel. Drazan knallt aus 18 Metern an die Latte, Jelavić setzt einen Kopfball knapp neben den Kasten. Auf der anderen Seite „vernascht" Tchoyi zwei Rapidler, scheitert aber an Hedl. Nach der Pause drücken die Salzburger, aber die Wiener gehen in Führung. In Minute 57 überläuft Jelavić links Afolabi, passt flach zur Mitte. Hofmann befördert den Ball im Rutschen über die Linie. Die Roten Bullen antworten mit rollenden Angriffen. Janko versucht es mit einem akrobatischen Seitfallzieher – drüber. Die 83. Minute, mitten in der Rapid-Viertelstunde: Ein Schwegler-Einwurf senkt sich in den Torraum, Afolabi springt am höchsten: der Ausgleich. Der 6-Punkte-Vorsprung der Roten Bullen in der Tabelle hält auch nach dem direkten Aufeinandertreffen mit dem gefährlichsten Verfolger.

RED BULL SALZBURG

Die Aufstellung: Heinz Arzberger, Rabiu Afolabi, Christian Schwegler, Barry Opdam, Franz Schiemer, Andreas Ulmer, Nikola Pokrivač, Somen Tchoyi, Dušan Švento, Simon Ziommer, Marc Janko

Die meisten Torschüsse:
Somen Tchoyi (5)
Die meisten Ballkontakte:
Rabiu Afolabi (87)
Der Zweikampfstärkste:
Christian Schwegler (74%)

DIE SPIELDATEN

RBS		SCR
1	Tore	1
20	Torschüsse	12
7	Eckbälle	1
19	Fouls	19
2	Gelbe Karten	4
56	Ballbesitz (%)	44
49	gew. Zweikämpfe (%)	51

DER SPIELFILM

38' 🟨 Thonhofer	78' ← Švento
47' 🟨 Heikkinen	78' → Vladavić
53' 🟨 Schwegler	83' ⚽ 1:1 Afolabi
54' 🟨 Eder	83' ← Hofmann
57' ⚽ 0:1 Hofmann	83' → Patocka
60' ← Kavlak	86' ← Janko
60' → Pehlivan	86' ← Tchoyi
67' ← Drazan	86' → Augustinussen
67' → Trimmel	88' 🟨 Dober

SK RAPID WIEN

Die Aufstellung: Raimund Hedl, Christian Thonhofer, Hannes Eder, Ragnvald Soma, Andreas Dober, Markus Heikkinen, Steffen Hofmann, Veli Kavlak, Christopher Drazan, Branko Bošković, Nikica Jelavić

Die meisten Torschüsse:
Veli Kavlak (3)
Die meisten Ballkontakte:
Christian Thonhofer (63)
Der Zweikampfstärkste:
Christopher Trimmel (70%)

---

23. APRIL WAS SONST NOCH GESCHAH

Karl der Große war wirklich groß. Schweizer Wissenschafter haben errechnet, dass der König des Frankenreichs (768 bis 814) etwa 1,84 Meter maß. Unter seinen frühmittelalterlich kleinwüchsigen Zeitgenossen war er damit geradezu ein Riese. ● Der Salzburger Ludwig Paischer holt bei der Judo-EM in Wien die Silbermedaille in der Klasse bis 60 kg. ● Der Oscar-nominierte Film „Das weiße Band" räumt beim Deutschen Filmpreis in Berlin ab. Das Schwarzweiß-Drama des Wiener Regisseurs Michael Haneke wird in 10 von 16 Kategorien mit der „Lola" ausgezeichnet.

LINKS: **AFOLABI ZUM 1:1 –
DIESMAL ZÄHLT DAS TOR.**
RECHTS: **DER TELLER ZUM GREIFEN**
UNTEN: **DIE ROTEN BULLEN
DANKEN DEN FANS.**

4:2

Red Bull Salzburg — SC Wiener Neustadt

DIE LIGA 33. RUNDE (1. 5. 2010)

SCHIEDSRICHTER ALEXANDER HARKAM
RED BULL ARENA, 11.168 ZUSCHAUER

VIER TORE IM 4-MINUTEN-TAKT.

Die Erinnerungen an das 1:1 gegen Wiener Neustadt vor wenigen Wochen sind noch frisch, die Salzburger gewarnt. Trotzdem: Nach nur zwei Spielminuten steht es 1:0 für frech spielende Niederösterreicher. Wolf schickt Grünwald mit einem Zuckerpass, der schlenzt den Ball über Arzberger. Für die Roten Bullen ist das der Startschuss: Cziommer mit einem Volley-Kracher aus 18 Metern und Leitgeb mit einem Freistoß kündigen noch Besseres an. In der 11. Minute geht es los: Cziommer wird im Strafraum von Reiter gelegt, Janko verwandelt den Elfer. Kurz danach ist Dudić mit einem Kopfball-Aufsetzer nach Leitgeb-Ecke erfolgreich. In der 23. Minute ein Traumtor der Roten Bullen: Leitgeb schupft den Ball ideal in den Lauf von Švento, Pass zur Mitte, Janko via Ferse durch die Beine von Keeper Fornezzi zum 3:1. Und wieder nur wenige Minuten später: Ecke Leitgeb, Afolabi mit dem Kopf – 4:1. Vier Salzburger Tore in 16 Minuten, Weltklasse! Nach der Pause geht es munter weiter: Ulmer mit einem mächtigen Schuss, Janko mit einem scharfen Kopfball, Švento mit einem Flachschuss. Die Neustädter werden zu Statisten degradiert. Zählbares gibt es aber nicht mehr für die Salzburger Gastgeber. Das einzige Tor in der zweiten Hälfte machen dann sogar die Gäste. Mit dem Schlusspfiff nickt Kurtisi eine Flanke von rechts ins Tor. 4:2. Das Ergebnis schmeichelt den Niederösterreichern.

DIE SPIELDATEN

RBS		SCM
4	Tore	2
19	Torschüsse	10
11	Eckbälle	3
11	Fouls	13
1	Gelbe Karten	2
59	Ballbesitz (%)	41
59	gew. Zweikämpfe (%)	41

RED BULL SALZBURG

Die Aufstellung: Heinz Arzberger, Milan Dudić, Rabiu Afolabi, Barry Opdam, Franz Schiemer, Andreas Ulmer, Somen Tchoyi, Dušan Švento, Simon Cziommer, Christoph Leitgeb, Marc Janko

Die meisten Torschüsse: Mark Janko (6)
Die meisten Ballkontakte: Barry Opdam (112)
Der Zweikampfstärkste: Andreas Ulmer (77 %)

SC WR. NEUSTADT

Die Aufstellung: Sašo Fornezzi, Pavel Koštál, Ronald Gercaliu, Wolfgang Klapf, Mario Reiter, Christian Ramsebner, Michael Stanislaw, Daniel Dunst, Alexander Grünwald, Patrick Wolf, Mensur Kurtisi

Die meisten Torschüsse: Mensur Kurtisi (4)
Die meisten Ballkontakte: Wolfgang Klapf (58)
Der Zweikampfstärkste: Ronald Gercaliu (80 %)

DER SPIELFILM

- 02' ⚽ 0:1 Grünwald
- 11' ⚽ 1:1 Janko
- 20' ⚽ 2:1 Dudić
- 23' ⚽ 3:1 Janko
- 27' ⚽ 4:1 Afolabi
- 46' ← Reiter
- 46' → Burgstaller
- 60' ← Dunst
- 60' → Haselberger
- 66' ← Švento
- 66' → Vladavić
- 70' 🟨 Haselberger
- 71' 🟨 Dudić
- 72' ← Cziommer
- 72' → Pokrivač
- 78' ← Wolf
- 78' → Besenlehner
- 82' ← Tchoyi
- 82' → Ngwat-Mahop
- 85' 🟨 Gercaliu
- 92' ⚽ 4:2 Kurtisi

1. MAI WAS SONST NOCH GESCHAH

Tag 1 der Expo in Schanghai, der größten Weltausstellung aller Zeiten: In den hundert Pavillons werden bis Ende Oktober 20.000 Veranstaltungen stattfinden und 70 Millionen Besucher erwartet. ● Die Südkoreanerin Oh Eun-Sun hat den Gipfel der Annapurna in Nepal erreicht. Sie ist damit die erste Frau, der die Besteigung aller vierzehn Achttausender gelungen ist. ● Bayern München hat nach einem 3:1-Sieg gegen Bochum am 33. und vorletzten Spieltag den deutschen Fußballmeistertitel in der Tasche, weil Schalke 04 zur gleichen Zeit daheim gegen Bremen 0:2 verliert.

OBEN: **CZIOMMER, DER BOMBER**
LINKS: **MAHOP ZURÜCK AUF DEM FELD**
RECHTS: **DUDIĆ MACHT SEINE ARBEIT – TOR ZUM 2:1**

OBEN: **HART UMKÄMPFT**
UNTEN: **ŠVENTO – TOTAL ENTTÄUSCHT**

2:0

DIE LIGA 34. RUNDE (4.5.2010)

SCHIEDSRICHTER ROBERT SCHÖRGENHOFER
FRANZ-FEKETE-STADION, 2537 ZUSCHAUER

EINE SERIE ENDET, DAS ZITTERN BEGINNT.

Alle drei bisherigen Saisonspiele gegen Kapfenberg haben die Roten Bullen ohne Gegentor gewonnen. Zu Hause sind die Falken aber stets ein gefährlicher Gegner. Nach 11 Minuten steht es tatsächlich 1:0 für die Steirer. Alar flankt, Pavlov legt mit dem Kopf auf, Sencar staubt ab. Vorbei an Schiemer und Schwegler. Schockzustand bei den Salzburgern. Erst in der 37. Minute eine sehenswerte Aktion: Janko löst sich an der Strafraumgrenze geschickt, wird aber von Schönberger – noch knapp außerhalb des Sechzehners – umgerissen. Der Steirer fliegt wegen Torraubes vom Platz. Janko hämmert den Freistoß um Zentimeter am Tor vorbei. Drei Minuten später das nächste Kapfenberger Foul – diesmal im Strafraum an Švento. Elfmeter. Die Chance zum Ausgleich. Das Tor ist ein Muss. Janko schießt. Zu schwach. Wolf hält. Nach der Pause ziehen die Salzburger ein Powerplay auf, setzen die Steirer unter Druck. Vor allem Cziommer nimmt das Gehäuse der Kapfenberger mächtig unter Beschuss. Doch alle Versuche landen neben dem Tor oder bei Wolf. In Minute 71 kommt es noch schlimmer: Schiemer und Ulmer können vor dem eigenen Tor Alar nicht vom Ball trennen. Alar schießt, Arzberger wehrt ab, Alar schießt nach – 2:0. Salzburg hat 27 Torschüsse abgegeben. Keiner davon landete im Netz. Es ist die erste Bundesliga-Niederlage der Salzburger seit dem 17. Oktober 2009 und nach 22 Spielen.

DIE SPIELDATEN

KSV		RBS
2	Tore	0
11	Torschüsse	27
2	Eckbälle	6
14	Fouls	16
3	Gelbe Karten	0
1	Rote Karten	0
37	Ballbesitz (%)	63
51	gew. Zweikämpfe (%)	49

KSV SUPERFUND

Die Aufstellung: Raphael Wolf, Gerald Gansterer, Milan Fukal, Thomas Schönberger, Markus Felfernig, Lukas Stadler, Boris Hüttenbrenner, Manuel Schmid, David Sencar, Deni Alar, Srđan Pavlov

Die meisten Torschüsse: Deni Alar (3)
Die meisten Ballkontakte: Raphael Wolf (51)
Der Zweikampfstärkste: Manuel Schmid (67 %)

RED BULL SALZBURG

Die Aufstellung: Heinz Arzberger, Rabiu Afolabi, Christian Schwegler, Barry Opdam, Franz Schiemer, Andreas Ulmer, Somen Tchoyi, Dušan Švento, Simon Cziommer, Christoph Leitgeb, Marc Janko

Die meisten Torschüsse: Simon Cziommer (7)
Die meisten Ballkontakte: Franz Schiemer (101)
Der Zweikampfstärkste: Franz Schiemer (71 %)

DER SPIELFILM

06' ■	Gansterer	62' ‹	Opdam
11' ⚽	1:0 Sencar	62' ›	Wallner
21' ■	Sencar	71' ⚽	2:0 Alar
29' ■	Felfernig	72' ‹	Janko
37' ■	Schönberger	72' ›	Zickler
46' ‹	Stadler	79' ‹	Tchoyi
46' ›	Gollner	79' ›	Vladavić
46' ‹	Pavlov	86' ‹	Alar
46' ›	Siegl	86' ›	Tieber

4. MAI WAS SONST NOCH GESCHAH

Weltrekord bei Sotheby's in New York: Pablo Picassos Gemälde „Nu au plateau de sculpteur" wird für 106,4 Millionen Dollar versteigert. ● Der 18-jährige japanische Golf-Profi Ryo Ishikawa spielt beim Turnier in Nagoya (JAP) eine fehlerlose Schlussrunde mit 58 Schlägen und verbessert damit den inoffiziellen Weltrekord um einen Schlag. ● Fußball-Weltenbummler Alfred Riedl wird vom indonesischen Verband als neuer Nationaltrainer vorgestellt. Der 60-jährige Wiener war schon in neun Ländern Nationaltrainer, u. a. in Österreich, Ägypten, Marokko und Vietnam.

OBEN: **DANKE, OPDAM! DANKE, ZICO!**
IHR LETZTES SPIEL IN SALZBURG
UNTEN: **BLUMEN STATT TELLER – NOCH**

0:1

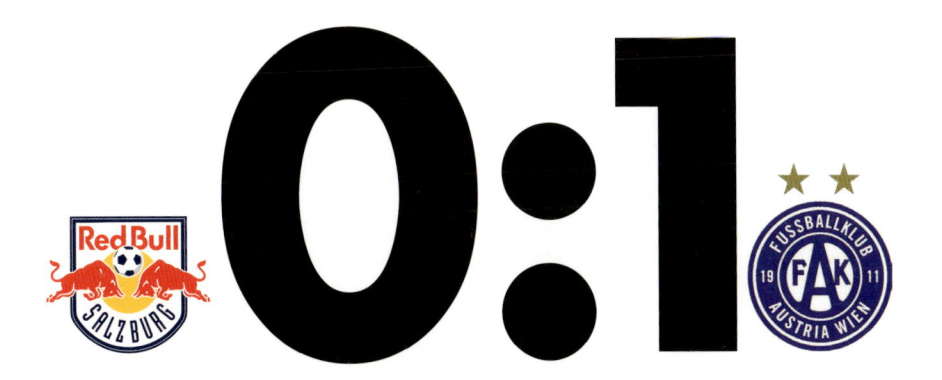

DIE LIGA 35. RUNDE (9.5.2010)

SCHIEDSRICHTER DIETMAR DRABEK
RED BULL ARENA, 20.806 ZUSCHAUER

DAS ABERKANNTE TITEL-TOR.

Mit Austria Wien kommt der überraschenderweise größte Rivale um den Meisterteller nach Salzburg. Und die Wiener haben den besseren Start, doch Liendl scheitert nach 13 Minuten. Nun übernehmen die Roten Bullen. Tchoyi, Schiemer und Janko vergeben per Kopf. Kurz vor der Pause die Chance für die Austria: Linz will es besonders schön machen, doch sein Fersler nach Liendl-Pass fällt zu schwach aus. Hälfte 2: Tchoyi setzt in Minute 57 zu einem atemberaubenden Solo an. Der Ball rollt um Zentimeter am langen Eck vorbei. Red Bull Salzburg nach wie vor überlegen, mittlerweile ist auch Zickler in seinem letzten Spiel in Salzburg auf dem Feld, aber die Austria wieder mit dem Konter: Schumacher köpft an die Latte, Liendls Nachschuss wird abgefälscht. Das Spiel wird immer dramatischer. 90 Minuten sind bereits gespielt. Sekagya foult Hattenberger am Strafraumrand. Freistoß. Liedl will schießen, Junuzović auch. Die Wiener spielen „Schnick-Schnack-Schnuck". Junuzović gewinnt, zirkelt den Ball aus 18 Metern ins Tor. Das Spiel ist nicht vorbei, die Bullen stürmen: Freistoß von Opdam in der 94. Minute, tief in den Strafraum. Tchoyi passiv im Abseits, doch Afolabi steigt hoch. Ausgleich. Das Stadion steht kopf, die Meisterfeier beginnt. Aber der Treffer zählt nicht. Der Linienrichter hat die Fahne oben – und damit die Titelentscheidung auf die letzte Runde vertagt.

DIE SPIELDATEN

RBS		FAK
0	Tore	1
27	Torschüsse	8
16	Eckbälle	5
16	Fouls	18
4	Gelbe Karten	2
53	Ballbesitz (%)	47
52	gew. Zweikämpfe (%)	48

RED BULL SALZBURG

Die Aufstellung: Heinz Arzberger, Rabiu Afolabi, Christian Schwegler, Barry Opdam, Franz Schiemer, Andreas Ulmer, Somen Tchoyi, Dušan Švento, Simon Cziommer, Christoph Leitgeb, Marc Janko

Die meisten Torschüsse: Simon Cziommer (7)
Die meisten Ballkontakte: Franz Schiemer (78)
Der Zweikampfstärkste: Franz Schiemer (70%)

DER SPIELFILM

56'	Janko	79'	Schwegler
63'	Opdam	83' ←	Baumgartlinger
65' ←	Linz	83' →	Hattenberger
65' →	Schumacher	84'	Zickler
74'	Schumacher	85'	Hattenberger
76' ←	Klein	86' ←	Cziommer
76' →	Diabang	86' →	Sekagya
77' ←	Janko	89' ←	Švento
77' →	Zickler	89' →	Vladavić
		91' ⚽	0:1 Junuzović

FK AUSTRIA WIEN

Die Aufstellung: Heinz Lindner, Aleksandar Dragović, Manuel Ortlechner, Markus Suttner, Joachim Standfest, Florian Klein, Zlatko Junuzović, Michael Liendl, Julian Baumgartlinger, Tomáš Jun, Roland Linz

Die meisten Torschüsse: Junuzović, Liendl, Linz, Schumacher (4)
Die meisten Ballkontakte: Michael Liendl (73)
Der Zweikampfstärkste: Markus Suttner (59%)

---

9. MAI WAS SONST NOCH GESCHAH
Red Bull-Pilot Mark Webber feiert beim F1-Grand-Prix von Spanien einen Start-Ziel-Sieg. Er gewinnt vor Fernando Alonso (Ferrari) und Teamkollege Sebastian Vettel. ● Das Urgestein des Rieder Fußballs, Herwig Drechsel, bestreitet sein letztes Bundesligaspiel. Nach 359 Spielen und 88 Toren geht seine Karriere mit einem 3:1-Sieg über Kärnten zu Ende. ● Der Eyjafjallajökull spuckt wieder Asche. Am Sonntagnachmittag mussten die österreichischen Flughäfen erneut wegen der Aktivität des isländischen Vulkans mit dem unaussprechlichen Namen dichtmachen.

0:2

DIE LIGA 36. RUNDE (13.5.2010)

SCHIEDSRICHTER THOMAS GANGL
UPC-ARENA, 15.141 ZUSCHAUER

SALZBURG IST MEISTER.
Nach zwei Salzburger Niederlagen in Folge fällt die Entscheidung um den Meistertitel erst in dieser, der letzten Runde. Rapid und Austria haben noch Chancen, aber die Roten Bullen es selbst in der Hand. Ein Sieg gegen Sturm reicht zum Titel aus eigener Kraft. Trainer Stevens gibt Wallner, dem gebürtigen Grazer, gegenüber Janko den Vorzug im Angriff. Und beweist ein goldenes Händchen. Doch zunächst stürmt Sturm: In der 8. Minute leistet sich Sekagya bei einer Hereingabe von Sturm-Verteidiger Ehrenreich einen kleinen Schnitzer. Haas kommt im Strafraum gefährlich an den Ball, Afolabi bessert aber aus.
Dann die Roten Bullen in Minute 14: Ulmer spielt Wallner im Strafraum an. Wallner dreht sich um seinen Bewacher, spitzelt den Ball Richtung Tor. Gratzei kann abwehren. Jedoch zu kurz. Cziommer staubt ab. 1:0. Salzburg setzt sofort nach: Leitgeb wird knapp vor dem Strafraum gelegt. Freistoß. Wallner tritt an. Cziommer öffnet ein Loch in der Mauer. Gratzei kann den satten Schuss nur noch ins Tor ablenken. Die Entscheidung. Sturm hat in der zweiten Halbzeit noch eine Chance auf den Anschlusstreffer, aber die Roten Bullen haben das Spiel unter Kontrolle. Austria siegt in Wien 2:0 gegen Ried, Rapid auswärts 3:1 gegen Mattersburg. Die Resultate sind nur noch Kosmetik. Die Titelverteidigung ist geschafft. Red Bull Salzburg ist – und bleibt – Meister.

DIE SPIELDATEN

STU		RBS
0	Tore	2
6	Torschüsse	10
5	Eckbälle	2
23	Fouls	18
4	Gelbe Karten	2
52	Ballbesitz (%)	48
47	gew. Zweikämpfe (%)	53

DER SPIELFILM

14' ⚽	0:1 Cziommer	74' ←	Bukva
15' 🟨	Feldhofer	74' →	Kienast
16' ⚽	0:2 Wallner	74' ←	Haas
25' 🟨	Bukva	74' →	Hassler
54' 🟨	Ehrenreich	81' ←	Klem
60' 🟨	Schiemer	81' →	Weber
63' 🟨	Hlinka	81' ←	Wallner
69' ←	Tchoyi	81' →	Vladavić
69' →	Janko	89' ←	Švento
71' 🟨	Sekagya	89' →	Opdam

SK STURM GRAZ

Die Aufstellung: Christian Gratzei, Ferdinand Feldhofer, Christian Prawda, Martin Ehrenreich, Gordon Schildenfeld, Peter Hlinka, Haris Bukva, Samir Muratović, Christian Klem, Daniel Beichler, Mario Haas

Die meisten Torschüsse:
Mario Haas (3)
Die meisten Ballkontakte:
Christian Prawda (74)
Der Zweikampfstärkste:
Peter Hlinka (77 %)

RED BULL SALZBURG

Die Aufstellung: Heinz Arzberger, Rabiu Afolabi, Christian Schwegler, Franz Schiemer, Andreas Ulmer, Ibrahim Sekagya, Somen Tchoyi, Dušan Švento, Simon Cziommer, Christoph Leitgeb, Roman Wallner

Die meisten Torschüsse:
Roman Wallner (4)
Die meisten Ballkontakte:
Christian Schwegler (77)
Der Zweikampfstärkste:
Christian Schwegler (74 %)

---

13. MAI WAS SONST NOCH GESCHAH
Tausende Fans feiern in Madrid den Europa-League-Triumph von Atlético. Die Spanier haben sich am Vortag im Finale gegen Fulham mit 2:1 in der Verlängerung durchgesetzt. Das Siegtor erzielte Diego Forlán in der 116. Minute. ● Laut Wissenschaftsmagazin „Science" könnte ein Fünftel der Eidechsenarten in den nächsten 70 Jahren aussterben. Schuld ist der Klimawandel: Sie können nicht jagen, wenn es zu heiß ist. ● Starker Regen legt in Wien öffentliche Verkehrsmittel lahm. Binnen zwei Tagen fiel so viel Wasser vom Himmel wie sonst in einem ganzen Monat.

BILD: ÖSTERREICHISCHER MEISTER

WIR, DU, ER: MEISTER!

14. MAI 2010. DIE ROTEN BULLEN FEIERN DIE FANS,
DIE FANS FEIERN DIE ROTEN BULLEN,
UND ALLE FEIERN DEN TITEL.

SALZBURG IM HOCH:
Janko dirigiert auf dem Residenzplatz den Jubel tausender Fans.

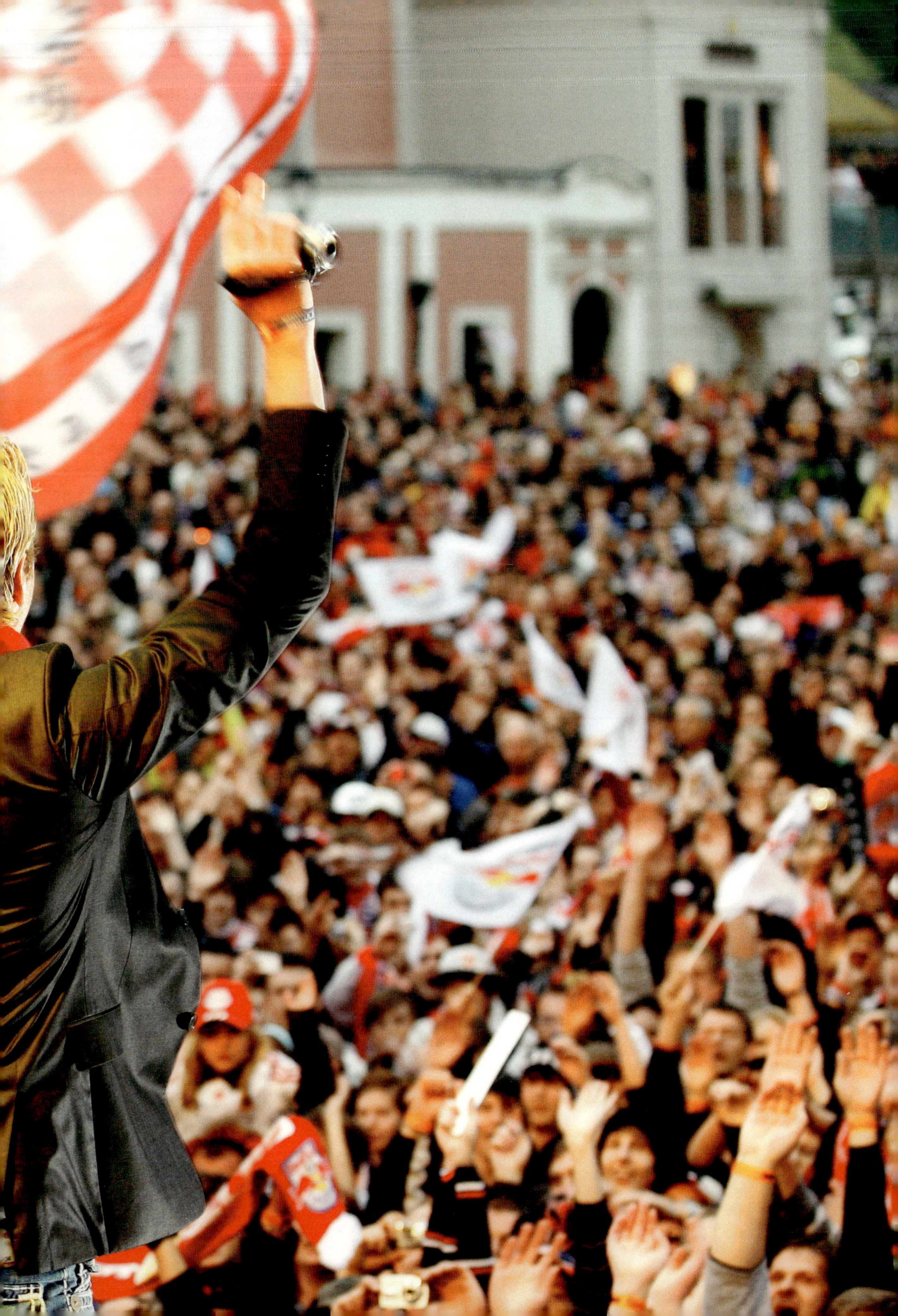

OBEN: Feiern auf einem Haufen. **UNTEN:** Feiern im Kreis – die Roten Bullen besiegen Sturm Graz mit 2:0 und verteidigen den Titel.

OBEN LINKS: Die Spieler verleihen Trainer Stevens Flügel. **OBEN RECHTS:** Stiegl-Dusche – das Salzburger Bier wurde eigens nach Graz mitgebracht. **MITTE:** Gruppenbild mit Teller. **UNTEN:** Singen mit Fans und Kapitän.

RECHTS: Gustafsson bringt den Meisterteller nach Salzburg. **MITTE LINKS:** Dudić, Pokrivač, Ulmer und Vladavić. **MITTE RECHTS:** Bewegt und stolz – Huub Stevens (mit Herbert Ilsanker) zeigt den Fans **(UNTEN)**, worauf es ankommt.

DIE NUMMER 1: Eddie Gustafsson, bester Torhüter der Liga, ein würdiger Kapitän und echter Sportsmann, hat großen Anteil am Meistertitel der Roten Bullen.

GROSSES BILD:
ausgelassene Freude
bei Ibrahim Sekagya

OBEN LINKS: Kamerakind Marc testet die Wasserfestigkeit seiner Handy-Cam. Die Anzüge heißen übrigens DryKorn, bleiben aber trotzdem nicht trocken. **MITTE LINKS:** große Prominenz – Bullidi-bumm mit Fans. **OBEN RECHTS:** Schiemer tanzt fürs Publikum – da können sich dann auch die Kollegen **(UNTEN)** nicht mehr halten.

"VERSCHLUCK, DICH NICHT!"

Bulls' CORNER RESTAURANT·BAR — TÄGLICH VON 8 BIS 23 UHR GEÖFFNET. AN HEIMSPIELTAGEN GESCHLOSSEN.

3

DIE SPIELER

DER SPORTDIREKTOR

BALSAM FÜR UNSERE FUSSBALLERSEELE

DIETMAR BEIERSDORFER – EINST ABWEHR-RAUBEIN, HEUTE FUSSBALL-SIR – ÜBER WANDLUNGEN AUF DEM SPIELFELD UND IM LEBEN, DIE PROFESSIONALISIERUNG DER BRANCHE UND DEN GERUCH DES RASENS.

Wie sieht Ihre Bilanz nach dieser Saison aus?
Ich würde diese Saison unter den Titel „Erfolgreicher Schritt in die richtige Richtung" stellen. Sportlich haben wir den Titel verteidigt und in der Europa League auf uns aufmerksam gemacht. Personell mit der Weiterverpflichtung unseres Cheftrainers Huub Stevens und Entscheidungen im Managementbereich maßgebliche Kontinuität eingeleitet, die für uns einen kritischen Erfolgsfaktor darstellt.

Sie waren in Ihrer aktiven Karriere ein gestandener Verteidiger. Wie war der Wechsel vom Raubein zum Fußball-Gentleman möglich?
Ein harter Verteidiger zu sein war für mich die einzige Chance, den Sprung in den Profifußball zu schaffen. Dieser sportliche Pragmatismus stellt allerdings nur einen Aspekt von mir dar.

Ist der Profifußball eine gute Schule für das Businessleben?
Es gibt viele Sportler, deren Erfahrungen im Profisport sich auf ihr späteres Berufsleben positiv auswirken. Es ist wohl die Fähigkeit, sich – auch und gerade unter Druck – auf einen bestimmten Zeitpunkt fokussieren und Entscheidungen treffen zu können, jedoch auch die richtige Mischung aus nötiger Lockerheit und geforderter Konzentration zu finden.

Welche Tipps haben Sie für Fußballer, die ihre Karriere beenden? Nicht jeder kann ja Sportdirektor werden.
Das Abschiednehmen vom Profisport will gelernt sein. Man sollte sich schon während seiner Sportlerlaufbahn die Möglichkeit erarbeiten, nach Karriereende einen Schritt zurücktreten und eine kreative Schaffenspause einlegen zu können, um den nötigen Abstand vom Leistungssport zu finden. Immerhin sucht man als Profisportler ständig den Konkurrenzkampf – die Gefahr, dass der neue Beruf den eigenen hohen Ansprüchen nicht genügt, ist sehr groß. Daher sollte man eine Berufsplanung besser mittelfristig strategisch als kurzfristig wirtschaftlich anlegen.

Wie stehen Sie zu Spielerberatern und Managern? Ist es gut, dass den Spielern heutzutage alles abgenommen wird?
Sie sind ein Teil des Fußballgeschäfts geworden und haben in den letzten Jahren zunehmenden Einfluss auf dieses Geschäft erlangt. Doch auch sämtliche Spielerberater dieser Welt werden den Aktiven deren Entscheidungen auf dem Platz nicht abnehmen können – wenn er ein Guter seiner Zunft ist, dann weiß er das.

Durch Sie ist mit dem Naturrasen wieder Leben in die Red Bull Arena gekommen. War Ihnen das natürliche Grün ein großes Anliegen?
Die Diskussion, wieder auf Naturrasen umzusteigen, wurde schon vor meinem Arbeitsantritt bei Red Bull geführt. Ich habe sie schlussendlich nur positiv unterstützt und damit zur Realisierung beigetragen. Der Geruch des Rasens ist Balsam für unsere Fußballerseele.

Sie sind ein sehr kontrollierter und bedachter Mensch. Was lockt Sie aus der Reserve?
Offensichtliche, systemische und schwer veränderbare Ungerechtigkeiten.

Woher nehmen Sie die Inspiration für Ihren Job? Haben Sie Vorbilder?
Die Vielfältigkeit und Herausforderung meines Jobs ist meine Inspiration. Sie ist damit zu vergleichen, als würde ein Zehnjähriger zu Weihnachten eine mehrspurige Carrera-Bahn geschenkt bekommen.

Wie gerne hätten Sie mit Red Bull Salzburg das Europa-League-Finale in Hamburg gespielt?
Sehr gerne.

Ein Vergleich mit der Formel 1: Vor dreißig Jahren durfte nahezu jeder in die Boxengasse, und es wurden dort feuchtfröhliche Grillpartys gefeiert. Nun ist alles professionell und nahezu steril. Hat sich der Profifußball auch so entwickelt?
Die Professionalisierung und Medialisierung im Sport haben nicht nur in der Formel 1 Einzug gehalten – natürlich geht es auch im Fußball heutzutage mehr als noch vor ein paar Jahren um Geld, Aufsehen, Öffentlichkeit und Image. Auch der öffentliche Fokus auf die Spieler und deren Umfeld ist wesentlich höher, die Freiheiten und damit auch Individualitäten sind oftmals eingeschränkt. Deshalb hat die Suche nach Typen, welche Ausstrahlung und Charisma besitzen, einen noch höheren Stellenwert als früher.

Ist der Kunstrasen stellvertretend für die Künstlichkeit in der Branche?

»MEIN JOB IST EINE INSPIRATION WIE EINE MEHRSPURIGE CARRERA-BAHN, DIE EIN ZEHNJÄHRIGER ZU WEIHNACHTEN GESCHENKT BEKOMMT.«

Nicht zwingend, da durchaus auch praktische und wirtschaftliche Komponenten eine Rolle spielen oder spielten.

St. Pauli ist zurück in der Bundesliga. Was halten Sie als ehemaliger HSV-Spieler und -Sportdirektor vom Weg des Stadtrivalen?
Ich freue mich für den FC St. Pauli. Er hat in den letzten Jahren eine tolle Entwicklung hinter sich gebracht. Ich selbst habe als HSV-Sportdirektor in St. Pauli gewohnt und dort meine Frau kennengelernt. Mein damaliger Aufsichtsratsvorsitzender beim HSV fragte mich: „Dietmar, meinen Sie nicht, es ist besser, wenn Sie mal den Stadtteil wechseln?" Ich bin dort wohnen geblieben.

Welchen Eindruck haben Sie von der österreichischen Liga?
Die Österreichische Bundesliga hat sich in den letzten Jahren entwickelt, trotzdem besteht immer noch ein starkes Gefälle unter den Teams – sowohl infrastrukturell, organisatorisch als auch sportlich. Vordergründige Siege für die kleinen Vereine oder Landesverbände hinsichtlich der Zweiten Liga, in welcher Amateurteams *(zweite Mannschaften von Bundesligaklubs; Anm.)* nicht mehr spielberechtigt sind, werden sich als kontraproduktiv herausstellen. Denn das Wachstumspotenzial der kleineren Klubs ist nur dann zum Leben zu erwecken, wenn die großen das Tempo vorgeben und die Liga als Ganzes aufwerten. Dies sollte vor allem in den entscheidungsbefugten Gremien stärker bedacht werden.

Wie sehen die Pläne und Ziele von Red Bull Salzburg für die nächste Saison aus?
Wir werden uns in allen Bereichen, ob Profis oder Nachwuchs, personell und strukturell zu verbessern und bestmöglich auf die anstehenden Herausforderungen – national wie international – vorzubereiten versuchen. Unser Ziel ist es, alle Spieler bei uns weiterzuentwickeln, den Titel wiederum zu verteidigen, aber natürlich auch mit Leidenschaft und Konsequenz die Champions-League-Gruppenphase zu erreichen. Mit viel Arbeit und etwas Glück.

DER TRAINER

DAS HAUPTZIEL BLEIBT DIE MEISTERSCHAFT

HUUB STEVENS SPRICHT NACH SEINEM ERSTEN MEISTERTITEL ÜBER DAS SPANNENDE FINISH, DIE ÖSTERREICHISCHE LIGA UND WO ER MOTIVATION UND ANZÜGE FINDET.

Gratulation zum ersten Meistertitel in Österreich. Wie fällt Ihre sportliche Bilanz aus?
Ich denke, wir können nicht unzufrieden sein. Wir sind trotz verschiedenster negativer Einflüsse letztlich doch Meister geworden – und dies völlig verdient. Wir haben in der Europa League für Furore und Aufsehen gesorgt, haben sehr wichtige Punkte für Österreich geholt. Natürlich wollten wir mehr, haben uns aber im Auswärtsspiel gegen Standard Lüttich selbst besiegt.

Sie haben nun Ihre erste Saison hinter sich. Wie schätzen Sie die österreichische Liga ein?
Auf jeden Fall besser als ihr Ruf, mit vier sehr starken, nahezu gleichwertigen Teams. Die Spannung bis zum Ende der Meisterschaft hat auch gezeigt, welche Ausgeglichenheit in der Liga herrscht.

Im Meisterschaftsfinish ist es noch recht spannend geworden. Was waren die Gründe dafür, und wie haben Sie die Mannschaft nach Misserfolgen wiederaufgebaut?
Da gab es einige Gründe. Vielleicht dachten schon einige zu früh an den Titel, und dann lässt du automatisch ein paar Prozent nach. Dann gab es einige Entscheidungen am Spielfeld, die ich nicht mehr kommentieren möchte. Aber wir konnten mit dem Druck umgehen und haben es letztlich in Graz geschafft. Die Spieler haben die Niederlagen am Ende der Meisterschaft sehr gut weggesteckt, da brauchte es nicht allzu viel Motivation, um sie wiederaufzurichten. Jeder hat gewusst, dass er hundert Prozent geben muss, weil es um den Titel geht.

Wer motiviert Sie? Mit wem diskutieren Sie über Fußball? Wer gibt Ihnen die Kraft?
Da gibt es mehrere Bezugspersonen in meinem Umfeld, mit denen ich gerne über Fußball philosophiere. Alte Weggefährten, Freunde und Experten.

Wie bilden Sie sich als Trainer weiter?
Ich versuche täglich, etwas Neues zu lernen. Ich lebe Fußball und beschäftige mich natürlich sehr viel auch mit anderen Ligen, sehe viele DVDs, beobachte andere internationale Spiele.

Woher kommt die meiste Inspiration? Welche Ligen beobachten Sie genau?
Vor allem die Liga in den Niederlanden, aber natürlich auch in Deutschland, England und Spanien.

Wie kompliziert ist es heutzutage, Trainer zu sein? Muss man Statistik studieren, Ernährungsberater und Psychologe sein?
Von allem ein bisschen. Managementqualitäten sind ebenso gefragt wie Psychologie, Physiologie, Ernährungsberatung. Und es hilft auch, wenn er was von Fußball versteht. Aber genau dafür haben wir auch einen großen und sehr kompetenten Trainer- und Betreuerstab.

Man kennt Sie nahezu nur im Trainingsanzug. Wann trägt Huub Stevens einen eleganten Anzug? Würden Sie gerne mal mit Eddie Gustafsson als Modeberater shoppen gehen?
Der arme Eddie! Er würde wahrscheinlich dabei verzweifeln. Nein, ganz im Ernst. Ich will den Trainingsanzug am Platz, das passt zu mir, so bin ich eben. Aber im Anzug mache ich auch eine sehr gute Figur, fragen Sie meine Frau.

Welche Ziele haben Sie sich für die nächste Saison gesteckt? Was kann oder muss sich im Team noch verbessern?
Wir müssen noch mehr zu einer mannschaftlichen Geschlossenheit kommen, ich kenne jetzt die Spieler schon ein Jahr, und das sollte mir helfen. Ich habe immer betont, dass man zumindest ein Jahr benötigt, um alle genauer kennenzulernen, ihre Stärken und Schwächen, ihre Besonderheiten und Bedürfnisse. Das Hauptziel bleibt bei Red Bull Salzburg immer die Meisterschaft, der Titel muss verteidigt werden. Und international wollen wir den Eindruck aus der vergangenen Saison weiter verstärken, idealerweise in der Champions League.

»EIN TRAINER MUSS HEUTZUTAGE MANAGER, PSYCHOLOGE UND ERNÄHRUNGSBERATER SEIN – UND ES HILFT AUCH, WENN ER WAS VON FUSSBALL VERSTEHT.«

»IN DER SCHULE WAR ICH DER JUNGE, DER AM BESTEN MIT ALLEN MÄDCHEN AUSGEKOMMEN IST. ICH WAR DER FRAUENVERSTEHER«

DER KAPITÄN

WIR MÜSSEN IN DIE KÖNIGSKLASSE

EDDIE GUSTAFSSON HÄTTE BASKETBALL-PROFI IN DEN USA WERDEN KÖNNEN ODER LANDHOCKEY-NATIONALSPIELER IN SCHWEDEN. JETZT IST ER KAPITÄN VON RED BULL SALZBURG – UND WILL IN DIE CHAMPIONS LEAGUE.

Du bist gebürtiger Amerikaner, in Schweden aufgewachsen – wird man da normalerweise nicht Eishockeyspieler?
Ich habe als Kind sehr viele Sportarten ausprobiert: Judo, Tischtennis, Basketball habe ich geliebt. Eishockey war nie dabei. Landhockey hingegen habe ich sogar im Verein gespielt und stand vor dem Sprung in die Jugend-Nationalmannschaft. Meine wahre Leidenschaft war aber immer Fußball. Als ich im Alter von sechs Jahren nach Schweden gekommen bin, habe ich noch zwei Jahre als Feldspieler gekickt, dann begann meine Karriere als Goalie.

Deinen Söhnen rätst du ab, Torhüter zu werden. Siehst du die beiden eher beim Landhockey?
Nein, nein, die Jungs sind total fußballverrückt. William sagt immer, dass er nur Superstar werden will, weil er dann Autogramme schreiben kann, und Quincy steht schon jetzt immer im Tor.

Du bist ein sehr modebewusster Mensch. Wie wichtig sind Labels und Fashion für dich?
Es zählt einfach zu meinem Lifestyle, mich cool zu kleiden, und es ist auch eine Art Hobby, das meine Freundin und ich teilen. Aber mir ist nicht wichtig, ob die Kleidungsstücke luxuriös und teuer sind. Sie müssen sich gut anfühlen und eine gewisse Qualität haben.

Deinen Trainer Stevens kennt man nahezu nur im Trainingsanzug. Würdest du dich ihm als Modeberater zur Verfügung stellen?
Ich habe Huub schon ein paarmal im Anzug gesehen, und er hat für einen Mann seines Alters noch jede Menge Style. Aber so eine Shoppingtour mit ihm könnte schon sehr spaßig sein. Ich würde sicher ein cooles Outfit für ihn finden; ob es ihm dann auch gefällt, ist eine andere Frage.

Du bist bei Red Bull Salzburg sehr schnell zum Kapitän ernannt worden. Warst du auch in der Schule der Klassensprecher?
Ich habe zwar auch in der Schule schon sehr viel geredet, aber wollte diese Verantwortung nie übernehmen. Ich war der Junge in der Klasse, der am besten mit allen Mädchen ausgekommen ist. Ich war der Frauenversteher. Der Kapitän in Salzburg zu sein ist eine große Ehre für mich. Ich bin stolz, Red Bull repräsentieren zu dürfen und Teil dieses großartigen Teams zu sein. Wir sind zu einer großen Familie geworden, und dazu gehören auch das Betreuerteam, der Zeugwart, die Putzfrau. Und zu mir kann jeder kommen, wenn es ihm nicht gutgeht, egal ob auf dem Platz, im Job oder wenn es um private Dinge geht.

Du hast heuer vier Elfmeter gehalten. Was macht dich auf der Linie so stark?
Ich denke, das ist eine psychische Sache. Als Goalie kannst du nur gewinnen, weil der Druck beim Schützen liegt. In Schweden und Norwegen hatten die Elferschützen schon richtig Angst vor mir. Und ich denke, dass auch in Österreich Respekt herrscht, wenn sich die Jungs den Ball auf den Punkt legen.

Den Elfer in der Europa League in Lüttich konntest du leider nicht halten. War dieser Tag, von deiner Verletzung abgesehen, der schlimmste in der vergangenen Saison?
Es war mit Sicherheit das traurigste Erlebnis, und ich war richtig enttäuscht. Wir sind sehr schnell mit zwei Toren in Führung gegangen, haben das Match dann aber genauso schnell wieder verloren, ohne dass wir gewusst hätten, was wir falsch gemacht haben. Aber dieses Spiel hat uns alle stärker gemacht, und so etwas wird uns sicherlich nicht so schnell wieder passieren.

Welche Ziele hast du für die Zukunft?
So schnell wie möglich wieder fit zu werden. Ich spule derzeit acht Trainingseinheiten pro Woche ab, und die sind viel härter als das normale Training. Dann will ich in der Champions League spielen. Es klingt zwar sehr hoch gesteckt, aber das ist mein absoluter Wunsch und auch mein Ziel mit Red Bull Salzburg. Wir haben heuer gezeigt, was wir können, nun müssen wir in die Königsklasse.

» **LERNST** DU NICHT **JEDEN TAG,** IST ES EIN VER- LORENER TAG. «

TRAINER
HUUB STEVENS

KNALLHART sei er zu seinen Spielern, mürrisch im Umgang mit den Medien, zuweilen unnahbar. Der Trainer Huub Stevens ist umgeben von einer wahren Girlande an Klischees. Da den Menschen Huub Stevens kennenzulernen ist nicht einfach: „Ich versuche immer, mehr bei mir selbst zu sein, denn das gibt mir die notwendige Kraft, die tägliche Aufgabe zu erfüllen", sagt Stevens.
Spätestens um 7.30 Uhr in der Früh sitzt er an seinem Schreibtisch im Trainingszentrum Taxham, da kann das „Fernsehgucken" (natürlich Fußball) noch so lange gedauert haben. Da hat er Zeit, sich auf den Tag vorzubereiten, auf das Trainingsprogramm, den Ablauf, das Verhalten im Umfeld, die Organisation – ein Lieblingswort. „Die Organisation rund ums Team ist das Wichtigste, der Respekt gegenüber allen Mitarbeitern, dann wird es ein guter Tag." Und sein breites Lachen dröhnt durchs gläserne Haus, jeder kennt es, und jeder freut sich darüber. Auch das kleinste Rädchen im Getriebe – denn: „Ich sage auch zur Putzfrau guten Tag."

GEMÜTLICH. Längst hat er sich in Salzburg eingelebt, spricht vom „großen Dorf" im Vergleich etwa zu Berlin, Köln oder Hamburg, wo er gearbeitet hat; zu Gelsenkirchen lässt er keinen Vergleich zu, zuckt die Achseln – dort zählt nur Schalke, nicht die Stadt. „Berlin habe ich erst etwas kennengelernt, als ich aufgehört hatte", der Fußball sei eben ein 24-Stunden-Job. Jetzt, etwas älter geworden, sei das schon anders, da genießt er die Gemütlichkeit Salzburgs, hat viele liebenswerte Menschen kennengelernt, erfreut sich an gutem Essen (mehr Fisch als Fleisch) und einem Glas Wein. Und betont gleich die Gefahr der Gemütlichkeit: „Da muss man aufpassen, sonst ist man im Beruf zu wenig hellwach." Dass er sehr oft ohne Familie genießen muss, schmerzt. Ehefrau Toos kommt nur ab und zu nach Salzburg. Er will es auch nicht anders: „Der Fokus ist auf den Fußball gerichtet. Wäre sie hier, würde sie fast den ganzen Tag allein sein, das ist ja auch nicht schön."

WISSBEGIERIG. Private Kontakte sind knapp gehalten, ab und zu mit den Co-Trainern. Absolut keiner mit den Spielern: „Wir sind Tag für Tag viele Stunden zusammen, da muss es auch nicht noch privat sein." Mit dem einen oder anderen Trainer wird ab und zu telefoniert, Freundschaften gibt es auch hier keine. Früher, als junger Trainer, hatte er den einen oder anderen um Rat gefragt, jetzt weiß er selbst genug, seine Fortbildung erfolge fast ausschließlich via TV-Schirm: „Da lernst du jeden Tag etwas. Und lernst du nicht jeden Tag, ist es ein verlorener Tag."
Sportlich hält er sich fit, er läuft, geht in die klubeigene Kraftkammer, spielt Golf – und will das Skifahren lernen. Die ersten Stunden mit Hermann Maiers Vater in der Flachau haben es ihm angetan: „Das möchte ich wirklich noch lernen, es ist wirklich schön, so von oben nach unten zu kommen."

MEISTERMACHER. MIT SCHALKE 04 GEWANN STEVENS DEN UEFA-CUP GEGEN INTER, MIT RED BULL SALZBURG DIE MEISTERSCHAFT.

DIE DATEN

Geburtstag:	29. November 1953
Geburtsort:	Sittard, NED
Status:	verheiratet, ein Sohn, eine Tochter
Position:	Cheftrainer

PERSÖNLICHE FUSSBALL-STATISTIK

Spielte für: Fortuna Sittard (1970–1975), PSV Eindhoven (1975–1986); niederländische Nationalmannschaft (1979–1985)

Dirigierte: Roda JC Kerkrade (1993–1996; 2005–2007), Schalke 04 (1996–2002), Hertha BSC (2002/03), 1. FC Köln (2004/05), HSV (2007/08), PSV Eindhoven (2008/09)

ELFMETER KILLER

» MEINEN SÖHNEN WÜRDE ICH RATEN, **LIEBER STÜRMER** STATT TORMANN ZU WERDEN. «

1
EDDIE GUSTAFSSON

26.9.2009
VIERMAL muss der Kapitän der Roten Bullen in der Bundesliga-Saison 2009/10 gegen einen Elferschützen antreten. Viermal hält er. Den ersten am 26. September 2009 gegen Marc Sand (Austria Kärnten), den vierten gegen Klemen Lavrič (Sturm Graz, 24. März 2010). Dazwischen finden zwei Spieler von der Wiener Austria in Gustafsson ihren Meister: Mamadou Diabang am 17. Oktober 2009 und Roland Linz am 21. März 2010.

18.4.2010
DER TRAURIGE Höhepunkt der gesamten Saison. Im Spiel gegen den LASK schießt Gustafsson den Ball gerade aus der Gefahrenzone, als der 20-jährige Lukas Kragl in vollem Lauf heranrauscht – viel zu spät, um an den Ball zu kommen – und dem Schweden mit gestrecktem Bein gegen den Unterschenkel springt. Ein Horrorfoul. Die Diagnose: Schienbein- und mehrfacher Wadenbeinbruch. Die Fans befürchten schon ein mögliches Karriereende. Doch Gustafsson wird noch am selben Tag erfolgreich operiert. Wird aber sechs Monate nicht spielen können.

23.4.2010
BEIM SPITZENDUELL zwischen Rapid und Salzburg ist Eddie Gustafsson der am meisten umjubelte Salzburger – obwohl er gar nicht auf dem Platz steht. Schon fünf Tage nach seiner schweren Verletzung kommt der Kapitän in die Red Bull Arena und unterstützt seine Mannschaft. Er ist auf dem Weg der Besserung und wird wieder spielen können. Auf dem Feld wird er von Arzberger solide vertreten. Die Partie endet übrigens 1:1.

7.5.2010
EDDIE GUSTAFSSON ist der beste Torhüter der Bundesliga-Saison 2009/10. Anders als bei den Feldspielern, bei denen das Votum zugunsten Somen Tchoyis sehr knapp ausfiel, war Gustafssons Sieg eindeutig: Er bekam von den Coaches, Managern und Präsidenten der Liga 129 Punkte. Auf Platz 2 folgt Christian Gratzei von Sturm mit 55 Punkten. Gustafsson bedankt sich für die große Ehre und sagt: „Gerade in dieser für mich so schweren Zeit ist das ein zusätzlicher Ansporn. Vor allem die kompetente Zusammensetzung der Jury ist ein Zeichen des Respekts mir und meiner Leistung gegenüber."

AUSTRIANER SCHIESSEN GERN NACH LINKS. GUSTAFSSON HÄLT – HIER GEGEN DIABANG, SPÄTER AUCH GEGEN LINZ.

DIE SPIELERDATEN

Geburtstag:	31. Jänner 1977
Geburtsort:	Philadelphia, USA
Status:	verlobt, zwei Söhne
Position:	Tor

BUNDESLIGA-STATISTIK 2009/10

Spiele:	31
Minuten:	2.745
Torschüsse gehalten (%):	83,3
Schüsse aufs Tor:	126
Gehalten:	105
Gegentore:	21
Fouls begangen/erlitten:	1/5
Karten:	0 R, 0 G (keine einzige)

Spielte für: IFK Norrköping (1995–2002), Molde FK (2002–2005), Ham-Kam (Hamarkameratene) IF (2005/2006), Lyn Oslo (2006–2009)

DER YOUNGSTER

» VIELE LEUTE HABEN TALENT, ABER **EHRGEIZ** MACHT SIE BESONDERS.«

30 WOLFGANG SCHOBER

14.7.2009
SCHOBER BEGINNT seine zweite Saison im Profikader von Red Bull Salzburg. Vorerst sammelt er Spielpraxis in der Ersten Liga bei den Red Bull Juniors. Im ersten Spiel gegen die Titelfavoriten von Wacker Innsbruck hält er seine Mannschaft lange mit Glanzparaden im Spiel, muss sich aber am Ende zweimal geschlagen geben. Salzburg verliert 2:1. Trainer Niko Kovač ist trotzdem zufrieden: „Wir haben gegen einen Meisterschaftskandidaten gut gespielt. Leider sind wir nicht belohnt worden."

24.7.2009
DIE RED BULL JUNIORS müssen beim SKN St. Pölten antreten. Schober macht Platz für Teamkollege David Schartner. Die beiden werden sich das Tor der Red Bull Juniors in dieser Saison teilen.

18.4.2010
ERSATZMANN DES ERSATZMANNS. Die Verletzung von Gustafsson bringt Schober auf die Ersatzbank der Kampfmannschaft. Während der letzten fünf Bundesliga-Runden ist der Jung-Goalie stets bereit, gegebenenfalls Ersatzmann Arzberger zu ersetzen.

JUNIOR. SCHOBER MACHT SICH FIT FÜR SEINE ZEIT IM TOR DER ERSTEN MANNSCHAFT.

DIE SPIELERDATEN

Geburtstag:	6. Juli 1989
Geburtsort:	München, GER
Status:	ledig
Position:	Tor

ERSTE-LIGA-STATISTIK 2009/10

Spiele:	17 (für die Juniors)
Minuten:	1.530
Lange Pässe:	–
Torschüsse:	–
Gehalten:	–
Gegentore:	–
Fouls:	–
Karten:	0 R, 3 G
Spielte für:	FC Bayern München (in der Jugend: 2003–2007)

EIN MANN FÜR ALLE FÄLLE

» WENN DER EINSER AUSFÄLLT, BIN ICH ZUR STELLE. **DAFÜR BIN ICH DA.**«

33
HEINZ ARZBERGER

15.7.2009
HEINZ-DIETER Arzberger ist in der neuen Bundesliga-Saison mit seinen 37 Jahren der Älteste im Team der Roten Bullen und auch der Spieler, der schon am längsten in Salzburg unter Vertrag steht. Als er 1999 von St. Pölten nach Salzburg wechselte, war sein jetziger Teamkollege Franz Schiemer gerade mal 13 Jahre alt.

18.4.2010
ARZBERGER ÜBERNIMMT die wohl schwierigste Aufgabe aller Bullen in der gesamten Saison. Nach dem Horrorfoul an Gustafsson muss der Oldie den Kapitän und besten Torhüter der Liga ersetzen. „Ich habe das Foul gesehen, und mir war sofort klar, dass Eddie schwer verletzt ist und ich mich aufwärmen gehen muss. Aber dafür bin ich da, wenn der Einser ausfällt, bin ich zur Stelle", sagt er später über die Einwechslung.

1.5.2010
GLEICH DAS ERSTE Spiel nach Gustafssons Verletzung ist eines der wichtigsten überhaupt: Mit Rapid Wien ist der vermeintlich stärkste Konkurrent um den Meistertitel in der Red Bull Arena zu Gast. Arzberger steht im Rampenlicht gegen die torgefährlichste Offensivabteilung der Liga, und er absolviert die Aufgabe mit Bravour. Einmal muss er sich geschlagen geben – doch am Gegentor durch Steffen Hofmann trifft ihn keine Schuld. Am Ende trennen sich die beiden Titelkandidaten nach einer der besten Partien der Saison 1:1. „Dieses Spiel war Werbung für den Fußball. Es war wunderschön zu spielen. Ich habe mein Bestes gegeben", sagt Arzberger. Auch Gustafsson, der überraschende und umjubelte Zaungast, ist angesichts der Leistung seines Ersatzmanns beruhigt.

13.5.2010
SAISON VORBEI, Titelverteidigung geglückt. Arzberger hat in den letzten sechs Bundesliga-Runden sechs Tore kassiert, fünf verhindert. Seine Einsätze haben ihm neue Motivation geschenkt. Eigentlich wollte er nach der Saison ja aufhören, jetzt spielt er mit dem Gedanken weiterzumachen.

HEINZ-DIETER ARZBERGER: IMMER DA, WENN IHN DIE MANNSCHAFT BRAUCHT.

DIE SPIELERDATEN

Geburtstag:	27. August 1972
Geburtsort:	Wolfsberg, AUT
Status:	verheiratet, eine Tochter
Position:	Tor

BUNDESLIGA-STATISTIK 2009/10

Spiele: 6
Minuten: 495

Torschüsse gehalten (%): 45,5
Schüsse aufs Tor: 11
Gehalten: 5
Gegentore: 6
Karten: 0 R, 0 G

Spielte für: Sturm Graz (1995–1997), FCN St. Pölten (1997/98), seit 1999 in Salzburg

LAST MINUTE JOKER

» MANCHMAL STELLEN WIR UNS IM KREIS ZUSAMMEN UND **JONGLIEREN** MIT DEM **BALL.** WENN JEMAND EINEN FEHLER MACHT, GIBT ES SCHLÄGE. «

3 MILAN DUDIĆ

15.7.2009
ZWEI TORE wird Dudić in dieser Saison erzielen. Das erste ist gleich eines der wichtigsten überhaupt: Im Heimspiel der zweiten Champions-League-Qualifikationsrunde gegen die Bohemians aus Dublin macht Dudić das 1:0 in der 25. Minute. Die Ausgangslage für das Rückspiel ist aufgrund des 1:1-Ausgleichs der Iren schon schwierig genug. Ohne Dudićs Kopfballtor wäre der Aufstieg vielleicht nicht geglückt. So reicht in Dublin ein spätes 1:0.

13.9.2009
DUDIĆ RÄUMT seinen Stammplatz. Nach dem Ausscheiden in der Champions-League-Qualifikation holt Salzburg mit Rabiu Afolabi einen neuen Mann für die Innenverteidigung. In der siebenten Runde gegen Rapid Wien spielt Afolabi zum ersten Mal für Red Bull Salzburg – auf der Position von Dudić. Dudić muss vorerst auf die Ersatzbank, bleibt aber unverändert ein für Mannschaft und Stimmung gleichermaßen wichtiger Spieler.

28.2.2010
DIE ROTEN BULLEN besiegen Rapid im Hanappi-Stadion mit 1:0. Und nach dem Tor eine für die Mannschaft typische Szene: Der Torschütze – in diesem Fall Afolabi – stürmt zur Bank, um den Treffer mit Dudić zu feiern. Warum auch immer, aber das Mysterium ist Fakt: Am liebsten jubeln die Salzburger Spieler mit Milan.

1.5.2010
ERFOLG IM SPIEL gegen Wiener Neustadt. Dudić spielt erstmals wieder von Beginn an, ersetzt den verletzten Sekagya. In der 20. Minute gelingt ihm sein zweites Saisontor: Nach einer Flanke von Leitgeb vollendet Dudić per Kopf zum 2:1. Am Ende gewinnen die Roten Bullen mit 4:2.

DUDIĆ MIT GEBALLTER FAUST – UND KOPF: SCHIESST DAS ERSTE TOR IN DER CL-QUALI.

DIE SPIELERDATEN

Geburtstag:	1. November 1979
Geburtsort:	Kraljevo, SRB
Status:	verheiratet, ein Sohn
Position:	Verteidigung

BUNDESLIGA-STATISTIK 2009/10

Spiele: 13
Minuten: 857

Tore: 1
Torschüsse: 17
Assists: 2
Lange Pässe   gesamt: 45
                 angekommen: 53 %
Bodenduelle   gesamt: 105
                 gewonnen: 55,2 %
Kopfballduelle gesamt: 82
                 gewonnen: 53,7 %
Fouls begangen/erlitten: 29/7
Karten: 0 R, 5 G

Spielte für: FK Sloga Kraljevo (1997/98), FK Čukarički (1998–2002), Roter Stern Belgrad (2002–2006)

KOPFBALLGOTT

» FUSSBALL IST FÜR MICH **SPASS**, FREUNDSCHAFT UND **LEIDENSCHAFT**.«

5 RABIU AFOLABI

29. 8. 2009
RABIU AFOLABI kommt zurück nach Österreich. Nach der 3:0-Niederlage in der Champions-League-Qualifikation gegen Maccabi Haifa holt Red Bull Salzburg Afolabi als Verstärkung für die Innenverteidigung. Das wird sich bald bezahlt machen. Von jenen Spielen, bei denen das Trio Gustafsson-Sekagya-Afolabi auf dem Platz steht, werden die Salzburger in der Bundesliga kein einziges verlieren.

23. 9. 2009
ERSTES TOR im zweiten Spiel. Afolabi erzielt zu Hause gegen Sturm Graz den Treffer zum 1:1-Ausgleich in der 26. Minute – natürlich per Kopf, natürlich nach einer Standardsituation. Švento mit dem Eckball von links, Afolabi ist zur Stelle. Salzburg gewinnt das Spiel am Ende mit 4:2.

2. 12. 2009
EGAL OB BUNDESLIGA oder Europa League – Afolabi springt höher als aller anderen und trifft per Kopf. Lazio Rom ist das nächste Opfer. Minute 52: Leitgeb mit Freistoß von rechts, Afolabi mit dem Kopf, 1:0 für Salzburg. Tchoyi sollte später mit seinem Traumtor das Spiel mit 2:1 für die Roten Bullen entscheiden.

28. 2. 2010
ŠVENTO-AFOLABI, die Zweite. Auch gegen den Titelkonkurrenten Rapid Wien ist der Verteidiger erfolgreich, ja sogar spielentscheidend. Wieder Eckball von links, wieder Švento, wieder Afolabi per Kopf. Diesmal ist es ein Aufsetzer, doch mit dem gleichen Ergebnis: Tor für Red Bull Salzburg in der 67. Minute – es sollte das einzige dieses Spiels bleiben. Etwa zwei Monate später wird Afolabi endgültig zum Rapid-Schreck: Im Rückspiel erzielt er – natürlich wieder per Kopf – in der 83. Minute den 1:1-Ausgleich zum Endstand.

20. 4. 2010
SÜDAFRIKA RUFT? Rabiu Afolabi darf sich Hoffnungen auf eine WM-Teilnahme in Südafrika machen. Sein Name scheint im vorläufigen 44-Mann-Kader von Nigeria auf. Bis Anfang Juni muss der auf 23 Spieler verringert werden.

1. 5. 2010
ALLER GUTEN Dinge sind fünf. Mit seinem Treffer gegen Wiener Neustadt krönt sich Afolabi endgültig zum gefährlichsten Kopfballspieler der Roten Bullen. Fünf Tore für Afolabi, fünfmal per Kopf, fünfmal aus ruhenden Bällen. Vier davon in der Bundesliga – doch auch dort sollten es fünf sein. Denn jenes, das sein wichtigstes Kopfballtor geworden wäre – gegen Austria Wien zum 1:1 in der 94. Minute am 9. Mai 2010 –, wird nicht gegeben.

5-MAL DIE 5. AFOLABI KÖPFT FÜNF TORE, VIER IN DER LIGA, EINES GEGEN LAZIO ROM – SEIN WICHTIGSTES ZÄHLT NICHT.

DIE SPIELERDATEN

Geburtstag:	18. April 1980
Geburtsort:	Oshogbo, NIG
Status:	verheiratet, ein Sohn, eine Tochter
Position:	Verteidigung

BUNDESLIGA-STATISTIK 2009/10

Spiele: 29
Minuten: 2.545

Tore: 4
Torschüsse: 19
Assists: 1
Lange Pässe gesamt: 116
    angekommen: 43 %
Bodenduelle gesamt: 293
    gewonnen: 54,6 %
Kopfballduelle gesamt: 172
    gewonnen: 60,5 %
Fouls begangen/erlitten: 45/13
Karten: 0 R, 4 G

Spielte für: NEPA Lagos (Jugend bis 1997), Standard Lüttich (1997–2003), SSC Neapel (2000/01), Austria Wien (2003–2005), FC Sochaux (2005–2009)

WURFMASCHINE

» IN ÖSTERREICH WIRD KÖRPERBETONTER GESPIELT. DIE SCHWEIZ LEGT **MEHR** WERT AUF **TECHNIK**.«

6 CHRISTIAN SCHWEGLER

1.6.2009
DER YOUNG BOY KOMMT. Vom Schweizer Vizemeister, den Young Boys Bern, stößt Schwegler zu Red Bull Salzburg. Er soll die Position des rechten Verteidigers übernehmen, die vor ihm László Bodnár innehatte. Schwegler fühlt sich auf Anhieb wohl und ist von Beginn bis Ende der Saison Stammspieler. Zuvor hat Schwegler in der Deutschen Bundesliga für Arminia Bielefeld gespielt. Sein jüngerer Bruder Pirmin ist übrigens in Deutschland bei Eintracht Frankfurt unter Vertrag.

5.11.2009
SCHWEGLER ENTSCHEIDET das vierte Spiel der Europa-League-Gruppenphase. 90 Minuten lang wogt das Spiel in Sofia hin und her. Nach starkem Beginn der Roten Bullen kommen die Hausherren Mitte der ersten Hälfte besser in Schwung. In der zweiten Hälfte sind dann wieder die Salzburger stärker, vor allem nach dem Ausschluss von Lewski-Verteidiger Sarmov in der 62. Minute. Trotzdem: Bis zur 93. Minute steht es 0:0. Dann ein letzter, weiter Einwurf von Schwegler: Der Ball fliegt, fliegt, fliegt genau zu Schiemer, der den Ball mit dem Kopf unter die Latte wuchtet. Der vierte Sieg im vierten Spiel der Gruppenphase.

27.3.2010
MIT HAND – UND FUSS. Beim 6:1-Kantersieg im Mattersburger Pappelstadion mach Schwegler sein einziges Saisontor. Und beweist, dass er auch mit beiden Füßen torgefährlich sein kann: Zunächst wird sein Linksschuss aus 20 Metern abgeblockt, doch der Ball kommt zu ihm zurück. Diesmal mit dem rechten Fuß donnert er den Ball Richtung Tor. Der Schuss passt genau. 5:0 für Salzburg. Schon in der ersten Hälfte hat Schwegler mit einem schönen Solo den Elfmeter herausgeholt, der zum 2:0 führen sollte. Kurioserweise ist das schon das zweite Elfer-Foul am Schweizer Verteidiger in dieser Saison. Auch das erste geschah anlässlich eines Kantersiegs der Roten Bullen: beim 7:1 gegen Kärnten am 4. Oktober 2009.

23.4.2010
WIEDER RETTET ein weiter Schwegler-Einwurf die Roten Bullen. Im Spitzenduell gegen Rapid Wien gehen die Grün-Weißen durch ein Hofmann-Tor in der 57. Minute in Führung. Schwegler rettet dem Meister in der 83. Minute durch einen seiner berüchtigten Einwürfe das Remis. Afolabi erzielt per Kopf das Tor – das Unentschieden ist ein wichtiger Schritt zur Titelverteidigung.

TORGEFÄHRLICHE HÄNDE. GEGEN LEWSKI UND RAPID WIRFT SCHWEGLER DEN BALL BIS IN DEN STRAFRAUM. SCHIEMER UND AFOLABI KÖPFEN JEWEILS DAS TOR.

DIE SPIELERDATEN

Geburtstag:	6. Juni 1984
Geburtsort:	Ettiswil, SUI
Status:	vergeben
Position:	Verteidigung

BUNDESLIGA-STATISTIK 2009/10

Spiele:	35
Minuten:	3.116
Tore:	1
Torschüsse:	17
Assists:	3
Lange Pässe:	gesamt 147
	angekommen 41 %
Bodenduelle:	gesamt 512
	gewonnen 63,5 %
Kopfballduelle:	gesamt 110
	gewonnen 65,5 %
Fouls begangen/erlitten:	40/86
Karten:	0 R, 6 G

Spielte für: FC Luzern (2002–2005), Arminia Bielefeld (07/2005–01/2006), Young Boys Bern (01/2006–06/2009)

DER FLIEGENDE HOLLÄNDER

» ÖSTERREICH IST EINE SKINATION, DA MUSS DIE **BEGEISTERUNG** VOM BERG INS TAL RUTSCHEN. «

14 BARRY OPDAM

19.7.2009
OPDAM BEGINNT die Bundesliga-Saison als Ersatzspieler. Nachdem er sich in der Spielzeit 2008/09 neben Ibrahim Sekagya einen Stammplatz in der Innenverteidigung erarbeitet hat, muss er zunächst auf der Bank Platz nehmen. Im Lauf der Saison werden sich aber viele Einsätze für den niederländischen Routinier auftun.

31.10.2009
OPDAM WIRD in der 84. Minute gegen Mattersburg eingewechselt. Er übernimmt die defensive Mittelfeldposition von Franz Schiemer. Die beiden sollten diese Rolle über die gesamte Saison behalten. Schiemer als Stammspieler, Opdam als Ersatz.

21.11.2009
OPDAM DARF sich in seinem 29. Bundesliga-Spiel für die Roten Bullen über seinen ersten Treffer freuen. Opdam kommt in der 80. Minute beim Stand von 1:0 für Salzburg in Kapfenberg ins Spiel. Drei Minuten später kommt Kollege Zickler ebenfalls von der Bank. Weitere sieben Minuten später schlagen die beiden zu. Zickler zieht links in den Strafraum und flankt. Opdam stürmt heran und knallt den Ball via Querlatte ins Netz.

27.3.2010
OPDAM IST ZURÜCK auf seiner angestammten Position. Zur Halbzeit des 6:1-Kantersiegs in Mattersburg übernimmt er in Abwesenheit des verletzten Sekagya die Innenverteidiger-Position. Bis zur vorletzten Runde, in der Sekagya zurückkehrt, behält Opdam diese Rolle – mit perfektem taktischem Verständnis.

9.5.2010
OPDAM WIRD von den Fans in der Red Bull Arena herzlich verabschiedet, zusammen mit Alexander Zickler. Die Meisterfeier im eigenen Stadion ist beiden nicht vergönnt. Vier Tage später spielt Opdam in Graz sein letztes Spiel für Salzburg. Die Bilanz nach zwei Jahren: 48 Spiele, ein Tor, fünf Assists, sechs Gelbe Karten, keine Rote. Zwei Meistertitel. Danke, Barry!

DER FLIEGENDE HOLLÄNDER IN SEINER NATÜRLICHSTEN BEWEGUNG.

DIE SPIELERDATEN

Geburtstag:	27. Februar 1976
Geburtsort:	Leiden, NED
Status:	Lebensgemeinschaft
Position:	Verteidigung

BUNDESLIGA-STATISTIK 2009/10

Spiele: 23
Minuten: 1.385

Tore: 1
Torschüsse: 13
Assists: 2
Lange Pässe gesamt: 92
angekommen: 52 %
Bodenduelle gesamt: 277
gewonnen: 63,9 %
Kopfballduelle gesamt: 90
gewonnen: 61,1 %
Fouls begangen/erlitten: 29/25
Karten: 0 R, 2 G

Spielte für: FC Lisse (Jugend bis 1996), AZ Alkmaar (1996–2008)

MISTER EURO-LEAGUE

» ICH LEBE VON MEINER KÖRPERLICHEN **STÄRKE**, KONDITION UND **FITNESS**. «

15 FRANKY SCHIEMER

9.4.2009
NOCH VOR ENDE der Saison 2008/09 gibt Red Bull Salzburg die Verpflichtung von Austria-Verteidiger Franky Schiemer bekannt. Der Verteidiger war 2005 von Ried zur Wiener Austria gestoßen und hatte dort einen Meister- und einen Cup-Titel gewonnen. Es wird eine erfolgreiche Saison für ihn werden.

9.9.2009
ZUM SECHSTEN MAL läuft Schiemer im Trikot der österreichischen Nationalmannschaft auf und erzielt sein erstes Tor. Gegen Rumänien sorgt er in der 82. Minute nach einem Corner des eingewechselten Christopher Trimmel für den Ausgleich zum 1:1. Was auch der Endstand in diesem Spiel ist.

17.9.2009
ALS „SECHSER" debütiert Schiemer im ersten Europa-League-Gruppenspiel. Auswärts bei Lazio Rom lässt Trainer Stevens den gelernten Verteidiger vor der Viererkette als Staubsauger und Bindeglied zum Mittelfeld agieren. Ein genialer Schachzug. Schiemer fühlt sich in dieser Rolle sichtlich wohl. Lazio geht zwar in der 59. Minute in Führung, doch Schiemer besorgt den Ausgleich. Minute 83: Freistoß Cziommer, Verwirrung im Strafraum der Römer. Schiemer ist zur Stelle, zur richtigen Zeit am richtigen Ort, beweist Übersicht und hebt den Ball mit viel Gefühl über den Torhüter in den Kasten. Zehn Minuten später erzielt Marc Janko sogar noch das 2:1-Siegtor für die Roten Bullen. Ein gelungener Einstand für Schiemer auf seiner neuen Position, die er bis zum Ende der Saison behalten soll.

28.2.2010
SALZBURG GEWINNT auswärts gegen Rapid mit 1:0. Franky Schiemer sieht in der 57. Minute Gelb-Rot, verhilft seiner Mannschaft paradoxerweise aber genau damit zum Sieg. Sein Ausschluss wegen einer angeblichen Schwalbe erfolgt zu Unrecht und spornt die verbliebenen zehn Bullen zu einer hochmotivierten letzten halben Stunde an. Es ist Schiemers einziger Ausschluss der Saison. Allerdings ist er mit insgesamt elf Gelben Karten – Bundesliga und internationale Einsätze zusammengezählt – Spitzenreiter der Roten Bullen.

3.3.2010
SCHIEMER TRIFFT abermals für Österreich. Im Freundschaftsspiel gegen WM-Teilnehmer Dänemark dreht sich in der 12. Minute eine Freistoßflanke von Veli Kavlak gefährlich über den Strafraum. Paul Scharner kann noch keinen ordentlichen Schuss anbringen, aber Schiemer ist zur Stelle und macht das 1:0. Auch das zweite Tor kommt von einem Roten Bullen: Roman Wallner trifft in der 37. Minute per Kopf nach einem Corner von Fuchs. Österreich gewinnt 2:1.

FRANKY GOES TO ROME ... UND SCHIESST DAS ERSTE BULLEN-TOR IN DER EUROPA LEAGUE.

DIE SPIELERDATEN

Geburtstag:	21. März 1986
Geburtsort:	Haag am Hausruck, AUT
Status:	vergeben
Position:	Verteidigung

BUNDESLIGA-STATISTIK 2009/10

Spiele: 25
Minuten: 2.179

Tore: 2
Torschüsse: 27
Assists: 1
Lange Pässe   gesamt: 71
              angekommen: 38%
Bodenduelle   gesamt: 369
              gewonnen: 48,5%
Kopfballduelle gesamt: 293
              gewonnen: 64,2%
Fouls begangen/erlitten: 67/37
Karten: 1 G/R, 7 G

Spielte für:
SV Ried (07/2003–06/2005),
Austria Wien (07/2005–06/2009)

DAUER BRENNER

» ES IST **WICHTIG**, DASS IN EINER MANNSCHAFT AUCH **FREUNDSCHAFT** HERRSCHT.«

17 ANDREAS ULMER

17.9.2009
AM ERSTEN SIEG der Roten Bullen in der Europa League ist Ulmer maßgeblich beteiligt. Es steht 1:1. Eigentlich ist das Spiel schon vorbei. Ohnehin ein respektables Resultat für Salzburg. Doch in der dritten Minute der Nachspielzeit setzt sich Ulmer an der linken Seite durch und flankt zur Mitte. Der eigentliche Assist stammt aber von Lazio-Verteidiger Cribari: Was er mit dem Kopfball bezwecken wollte, fragt er sich wohl noch heute. Heraus kommt jedenfalls eine mustergültige Vorlage für Marc Janko, der routiniert zum 2:1 einschießt. Er kann nicht anders. Ohne Ulmers Einsatz wäre es aber erst gar nicht so weit gekommen. Für die Roten Bullen ist der Auftaktsieg ein gutes Omen: Sie beenden die Gruppenphase mit sechs Siegen in sechs Spielen.

13.2.2010
ANLÄSSLICH des Besuchs bei seinem Ex-Klub SV Ried bereitet Ulmer per Maßflanke in der 43. Minute das 2:0 durch Janko vor. Die Roten Bullen gewinnen 2:1. Es ist Ulmers fünfte Torvorlage der Saison. Fünf Tage später sollte beim unglücklichen 2:3 in Belgien gegen Standard Lüttich die sechste und letzte dazukommen. Auch wenn ihm von Februar bis Mai keine Vorlage mehr gelingt, ist Ulmer der beste Assist-Geber aus Salzburgs Defensivriege. Das weiß man auch in der Offensivabteilung zu schätzen: „Ulmer imponiert mir sehr", sagt etwa Somen Tchoyi. „Viele Leute sehen gar nicht, wie stark er ist. Aber er leistet so viel für die Mannschaft, er läuft bis zum Umfallen und ist ein wahrer Kämpfer."

14.4.2010
DAS AUFFÄLLIGE TATTOO auf seiner Brust erklärt Ulmer im „HEIMSPIEL"-Interview: „Es ist Spanisch und bedeutet: Im Namen des Vaters, des Sohnes und des Heiligen Geistes." Schon als Kind, sagt er, habe er viel gebetet. Das helfe ihm auch heute noch.

13.5.2010
ULMER BEENDET die Saison als Dauerbrenner der Salzburger. Als einziger Bulle stand er in allen 36 Bundesliga-Spielen auf dem Feld. Außerdem spielte er in drei von drei Cup-, acht von acht Europa-League- und fünf von sechs Champions-League-Quali-Spielen. In 51 dieser insgesamt 52 Spiele stand er von Beginn an auf dem Platz, in 49 über die gesamte Spielzeit. Seine insgesamt 4565 Pflichtspielminuten sind daher wenig überraschend unter allen Roten Bullen der Höchstwert.

DER UNAUFFÄLLIGE – REKORD: NIEMAND STEHT SO OFT UND SO LANGE AUF DEM SPIELFELD WIE ULMER.

DIE SPIELERDATEN
Geburtstag:	30. Oktober 1985
Geburtsort:	Linz, AUT
Status:	vergeben
Position:	Verteidigung

BUNDESLIGA-STATISTIK 2009/10
Spiele:	36
Minuten:	3.155
Tore:	0
Torschüsse:	20
Assists:	6
Lange Pässe gesamt:	154
angekommen:	36 %
Bodenduelle gesamt:	593
gewonnen:	52,3 %
Kopfballduelle gesamt:	127
gewonnen:	42,5 %
Fouls begangen/erlitten:	37/27
Karten:	0 R, 3 G

Spielte für: Austria Wien (2004–2008), SV Ried (2008)

THE WALL

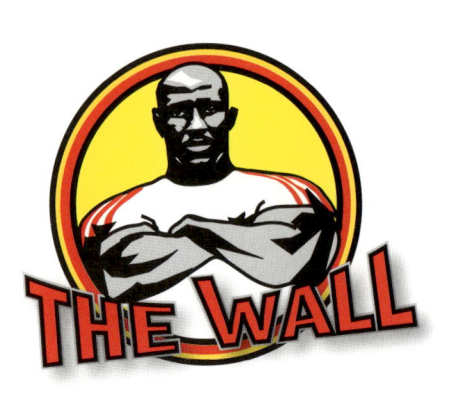

» ICH GEBE IMMER **100 PROZENT**, EGAL GEGEN WELCHE MANNSCHAFT.«

23
IBRAHIM SEKAGYA

15.8.2009
SEKAGYAS SAISONTOR. Im Cup-Spiel gegen Vorwärts Steyr erzielt Sekagya das fünfte von sieben Bullen-Toren: Nach einer Ježek-Ecke befördert er den Ball per Kopf in den Kasten. Steyr gelingt eine Minute vor Schluss noch der Ehrentreffer, Salzburg gewinnt 7:1.

25.8.2009
WEGEN EINER ENTZÜNDUNG an der großen Zehe verpasst Sekagya nach dem Hinspiel gegen Maccabi Haifa am 19. auch das Rückspiel am 25. August 2009. Ein fataler Ausfall. Ohne ihn ist die Abwehr der Roten Bullen mit den pfeilschnellen Israelis überfordert, kassiert insgesamt fünf Gegentore. Salzburg scheidet in der letzten K.-o.-Runde am Weg zur Champions League aus.

16.12.2009
DER ABWEHRCHEF der Roten Bullen verlängert seinen Vertrag bis 2013. Sekagya steht seit 2007 in den Diensten der Salzburger, hat sich als wahrer Glücksgriff erwiesen und zum Garanten für eine starke Defensive entwickelt.

13.3.2010
PECH FÜR SEKA. Ausgerechnet in seinem 90. Bundesliga-Spiel für Salzburg: Sekagya steigt in der ersten Hälfte gegen den Vorletzten der Tabelle, Kapfenberg, zum Kopfball hoch und wird von einem Gegner unterlaufen. Bei der unsanften Landung verdreht sich Sekagya das Knie. Meniskusverletzung und mehrere Wochen Pause, so lautet die ernüchternde Diagnose. Erst für die letzten beiden Bundesliga-Runden ist er wieder einsatzbereit.

DIE LEBENDE WAND. AN SEKAGYA GIBT ES FÜR STÜRMER KAUM EIN VORBEIKOMMEN.

DIE SPIELERDATEN

Geburtstag:	19. Dezember 1980
Geburtsort:	Kampala, UGA
Status:	verheiratet, zwei Söhne
Position:	Verteidigung

BUNDESLIGA-STATISTIK 2009/10

Spiele:	24
Minuten:	2.023
Tore:	0
Torschüsse:	22
Assists:	0
Lange Pässe gesamt:	158
angekommen:	34 %
Bodenduelle gesamt:	288
gewonnen:	62,5 %
Kopfballduelle gesamt:	126
gewonnen:	68,3 %
Fouls begangen/erlitten:	30/18
Karten:	0 R, 5 G

Spielte für: Kampala City (1998–2001), Atlético de Rafaela (2001/2002), Ferro Carril Oeste (2002–2005), Arsenal de Sarandí FC (2005–2007)

DANISH DYNAMITE

» AB DEM ZEITPUNKT, WO ICH **GEHEN KONNTE,** HABE ICH FUSSBALL GESPIELT.«

8
THOMAS AUGUSTINUSSEN

9.4.2009
DER ERSTE DÄNE. Red Bull Salzburg gibt die Verpflichtung des 28-jährigen zentralen Mittelfeldspielers Thomas Augustinussen bekannt. Bisher war der 1,92-Meter-Hüne beim dänischen Meister Aalborg BK unter Vertrag, trug dort sogar die Kapitänsschleife. Er wurde mit seinem Team zweimal Dänischer Meister und schied zuletzt erst im Achtelfinale des UEFA-Cups gegen Manchester City im Elfmeterschießen aus. Bis 2012 läuft sein neuer Vertrag bei den Bullen.

19.7.2009
AUGUSTINUSSEN STEHT zum ersten Mal für die Roten Bullen auf dem Rasen. Im Bundesliga-Auftaktspiel gegen Austria Wien kann er die vollen 90 Minuten absolvieren. Er macht gute Figur in der Rolle des „Sechsers", sowohl in der Defensive als auch in der Offensive. Vorne scheitert er einmal knapp mit einem Kopfball. Insgesamt ein gelungener Einstand. In den folgenden Partien wird Augustinussen diesen Eindruck untermauern.

29.8.2009
IN DEN ERSTEN Runden hat sich Augustinussen kaum etwas zu Schulden kommen lassen. Trotzdem ist das Spiel in der sechsten Runde gegen Kapfenberg das letzte Bundesliga-Spiel, in dem er von Beginn an dabei ist. Grund ist der allmähliche Aufstieg von Franky Schiemer, der sich auf Augustinussens Position im defensiven Mittelfeld zunehmend besser zurechtfindet und immer besser spielt.

17.12.2009
AUGUSTINUSSEN BEWEIST, dass er da ist, wenn er gebraucht wird. Zwar musste er in den vergangenen Monaten auf der Bank Platz nehmen. Er bleibt aber mental stets bei der Sache. Im letzten Europa-League-Gruppenspiel sind Schiemer und Pokrivač von Gelbsperren bedroht und Tchoyi auf WM-Quali-Urlaub. Im Mittelfeld ergibt sich also eine Möglichkeit für Augustinussen. Er liefert ein tadelloses Spiel ab, Salzburg gewinnt 1:0.

ALLROUNDER. AUGUSTINUSSEN AGIERT DEFENSIV UND OFFENSIV VORBILDLICH.

DIE SPIELERDATEN

Geburtstag:	20. März 1981
Geburtsort:	Svendborg, DEN
Status:	vergeben, eine Tochter
Position:	Mittelfeld

BUNDESLIGA-STATISTIK 2009/10

Spiele:	12
Minuten:	487
Tore:	0
Torschüsse:	6
Assists:	0
Lange Pässe gesamt:	19
angekommen:	63 %
Bodenduelle gesamt:	–
gewonnen:	– %
Kopfballduelle gesamt:	–
gewonnen:	– %
Fouls begangen/erlitten:	21/7
Karten:	0 R, 1 G
Spielte für:	Aalborg BK (von der Jugend bis 06/2009)

DER BALLKÜNSTLER

» ES GIBT NICHTS SCHÖNERES, ALS DEN **TÖDLICHEN PASS** ZU SPIELEN.«

10 NIKOLA POKRIVAČ

24. 8. 2009
ETWAS MEHR als einen Monat nach Saisonbeginn holen sich die Roten Bullen Verstärkung fürs Mittelfeld. Nikola Pokrivač, bis dahin beim AS Monaco unter Vertrag, kommt. Er ist seit 2008 Mitglied der kroatischen Nationalmannschaft und kommt in fünf von zehn WM-Qualifikationsspielen seines Teams zum Einsatz. Kroatien schafft in der schweren Gruppe mit England und der Ukraine die Qualifikation für Südafrika nicht und wird letztendlich nur Dritter.

29. 8. 2009
IN SEINEM ERSTEN SPIEL für Salzburg erzielt Pokrivač auch gleich sein erstes Tor: Fünf Tage nach seiner Verpflichtung wird Pokrivač beim Stand von 3:0 für die Roten Bullen gegen Kapfenberg eingewechselt. Sechs Minuten später steht es 4:0: Kapfenberg verliert in der eigenen Hälfte den Ball, Zickler zieht in den Strafraum. Pokrivač ist zur Stelle und versenkt seinen abgefälschten Pass zur Mitte mit dem Kopf im Tor.

4. 10. 2009
POKRIVAČ DRÜCKT dem höchsten Sieg der Roten Bullen in dieser Saison seinen Stempel auf. Das 2:0 gegen den SK Kärnten erzielt er nach Doppelpass mit Marc Janko in der 34. Minute selbst. Sieben Minuten und ein Kärnten-Tor später revanchiert er sich mit einem Stanglpass bei dem Stürmer und legt ihm das 3:1 auf. Nach der Pause ist Pokrivač auch noch am 4:1 beteiligt: Sein weiter Pass über die gesamte Kärntner Abwehr setzt Švento schön in Szene, der hebt den Ball zur Mitte, wo Janko vollendet. Die Roten Bullen gewinnen das Spiel mit 7:1. „Es gibt nichts Schöneres, als den tödlichen Pass zu spielen", sagt Pokrivač ein paar Tage später im „HEIMSPIEL"-Interview vor der Europa-League-Partie gegen Lewski Sofia.

8. 11. 2009
IN EINER REGENSCHLACHT gegen Wiener Neustadt liefert Pokrivač eines seiner besten Spiele und sein schönstes Saisontor ab. Nach dem enttäuschenden 1:1-Pausenstand nimmt er sich in Minute 54 ein Herz und zieht aus 20 Metern ab. Traumschuss, es steht 2:1. Drei Minuten später legt Pokrivač Leitgeb einen ebenso schönen Weitschuss auf. Auch dieser landet im Netz. Beide waren bitter nötig: Wiener Neustadt gelingt noch der Anschlusstreffer, die Bullen können das 3:2 aber retten.

ALLES IM BLICK. POKRIVAČ HAT DAS AUGE FÜR DEN BALL UND DEN FREIEN MANN.

DIE SPIELERDATEN

Geburtstag:	26. November 1985
Geburtsort:	Čakovec, CRO
Status:	vergeben
Position:	Mittelfeld

BUNDESLIGA-STATISTIK 2009/10

Spiele: 22
Minuten: 1.472

Tore: 4
Torschüsse: 36
Assists: 3
Lange Pässe gesamt: 92
angekommen: 38 %
Bodenduelle gesamt: 404
gewonnen: 49,3 %
Kopfballduelle gesamt: 63
gewonnen: 39,7 %
Fouls begangen/erlitten: 36/28
Karten: 1 G/R, 4 G

Spielte für: NK Varteks Varždin (2002–2006), Dinamo Zagreb (2006/2007), AS Monaco (2008/2009)

FLÜGEL SPITZE

» BEI MENSCHEN IST MIR AM WICHTIGSTEN, DASS SIE **SPASS VERSTEHEN** UND HARMONISCH SIND. «

11 PATRIK JEŽEK

22.7.2009
TOR NACH EUROPA. In Dublin müssen die Roten Bullen in der CL-Quali gegen die Bohemians gewinnen. Für diesen Sieg sorgt Patrik Ježek. Bei einem langen Pass von Schiemer aus der eigenen Hälfte leistet sich die Dubliner Abwehr einen fatalen Fehler. Ježek kommt im Strafraum völlig ungehindert an den Ball und köpft ihn über Torhüter Murphy hinweg ins Tor. Die Roten Bullen gewinnen 1:0 und stehen in der dritten Qualifikationsrunde.

8.8.2009
REKORD-BULLE. Im Auswärtsspiel gegen Mattersburg kommt Ježek für die letzte Viertelstunde ins Spiel. Er bestreitet damit sein insgesamt 200. Spiel für Red Bull Salzburg: 106 Bundesliga-, 22 Europacup- oder Cup- sowie 72 Freundschaftsspiele.

11.1.2010
AUF ZUR ADMIRA. Nach der Winterpause wird Ježeks Abschied bekanntgegeben. Der Routinier hat seinen Platz in der Mittelfeld-Rotation im Laufe der Saison verloren. Dennoch kann Ježek auf eine schöne Zeit mit den Roten Bullen zurückblicken. Zwei seiner vier österreichischen Meistertitel hat er als Salzburger gewonnen – sein Rekord für das schnellste Bundesliga-Tor der Geschichte (nach zehn Sekunden gegen Altach am 11. Juli 2007) wird ihn auf ewig mit den Roten Bullen verbinden. Ab dem Frühjahr spielt Ježek in der Ersten Liga für Admira Wacker Mödling.

SPIELER MIT WITZ. JEŽEK VERSTEHT NUR AUF DEM SPIELFELD KEINEN SPASS.

DIE SPIELERDATEN

Geburtstag:	28. Dezember 1976
Geburtsort:	Pilsen, CZE
Status:	verheiratet, zwei Töchter
Position:	Mittelfeld

BUNDESLIGA-STATISTIK 2009/10

Spiele: 6
Minuten: 165

Tore: –
Torschüsse: –
Assists: –
Lange Pässe gesamt: –
 angekommen: – %
Bodenduelle gesamt: –
 gewonnen: – %
Kopfballduelle gesamt: –
 gewonnen: – %
Fouls begangen/erlitten: –/–
Karten: 0 R, 0 G

Spielte für: Viktoria Pilsen (bis 1997), FC Tirol (1998–2000, 2001/2002), Austria Wien (2000/2001), Karlsruher SC (2002/2003), Sparta Prag (2003), Pasching (2004/2005)

DER MIT DEM BALL TANZT

» ICH, **DER BESTE?** KANN ICH KAUM GLAUBEN. «

13 SOMEN TCHOYI

2.12.2009
TCHOYI SPIELT Lazio schwindlig. Im Heimspiel der Europa-League-Gruppenphase gegen die Römer kann Salzburg den Aufstieg fixieren. Dazu würde unter Umständen sogar schon ein Unentschieden reichen. Doch Tchoyi will mehr: Es steht 1:1, als er in der 78. Minute von Leitgeb mit einem haargenauen langen Pass ideal bedient wird und nur noch einen Gegenspieler vor sich hat – Cribari. Ein gefundenes Fressen für den Ballkünstler der Roten Bullen. Haken nach links, Cribari steigt aus, Haken nach rechts und der gefühlvolle Heber über den Lazio-Goalie hinweg: Tor. Und eines der schönsten der Saison noch dazu. Red Bull Salzburg ist Gruppensieger.

27.3.2010
EINES DER KURIOSESTEN Tore der Saison schießt Tchoyi in Mattersburg: Die Roten Bullen führen im Pappelstadion bereits mit 3:0, als Opdam in die Tiefe des Feldes spielt und Tchoyi damit nach vorne schickt. Der läuft und läuft und läuft, bis der Angriff vermeintlich an der Toroutlinie zu Ende ist. Doch Tchoyi schiebt den Ball aus unmöglichem Winkel in Richtung Tor. Ein Geniestreich, denn die Kugel rollt exakt am Mattersburger Torwart vorbei und ins Netz. Red Bull Salzburg gewinnt am Ende mit 6:1. Tchoyis „Billardstoß" wird zum Tor der 27. Runde gewählt.

7.5.2010
TCHOYI IST DER BESTE Bundesliga-Spieler des Jahres. So haben die Trainer, Manager und Präsidenten der Liga in ihrer Wahl entschieden. Das Ergebnis war so knapp wie schon lange nicht mehr. Tchoyi bekam 38 Punkte, Rapids Steffen Hofmann 36 und Austrias Milenko Aćimovič 35. „Zuerst dachte ich an einen Scherz, ich wollte es gar nicht glauben", zeigte sich Tchoyi bescheiden. „Das ist eine ganz besondere Auszeichnung für mich und ein großes Kompliment an die ganze Mannschaft."

11.5.2010
KAMERUN FÄHRT nach Südafrika. Doch trotz spektakulärer Leistungen für die Roten Bullen scheint Tchoyi im vorläufigen Kader seiner Nationalmannschaft für die WM 2010 nicht auf. „Ich bin wahnsinnig aufgeregt, weil es eine Premiere für mich ist, aber auch weil diese Qualifikation extrem wichtig für mein Land ist", hatte Tchoyi sich noch im Dezember im „HEIMSPIEL"-Interview gefreut.

BITTE ZUM TANZ. TCHOYI ZEIGT IN WIEN SEINE VERSION EINES WALZERS.

DIE SPIELERDATEN

Geburtstag:	29. Jänner 1983
Geburtsort:	Douala, CMR
Status:	vergeben
Position:	Mittelfeld

BUNDESLIGA-STATISTIK 2009/10

Spiele: 36
Minuten: 2.827

Tore: 8
Torschüsse: 71
Assists: 12
Lange Pässe   gesamt: 66
   angekommen: 32 %
Bodenduelle   gesamt: 765
   gewonnen: 44,3 %
Kopfballduelle   gesamt: 95
   gewonnen: 44,2 %
Fouls begangen/erlitten: 46/63
Karten: 0 R, 2 G

Spielte für: Union Sportive Douala (2002–2004), Odd Grenland (2004–2006), Stabæk IF (2006–2008)

DER EISERNE KAREL

» MEINE FAMILIE IST MEIN **GRÖSSTER RÜCKHALT**.«

16 KAREL PITÁK

31.10.2009
PITÁKS VERLETZUNGSPAUSE ist endlich zu Ende. Vor mehr als einem halben Jahr, am 11. April 2009, hat er sich im Spiel gegen Kapfenberg das Kreuzband gerissen. Bis dahin hatte Piták eine hervorragende Saison gespielt. Jetzt ist er wieder zurück, wenn auch vorerst noch in der Ersten Liga. Beim Spiel der Red Bull Juniors gegen St. Pölten wird er in der 64. Minute bei einem 1:3-Rückstand eingewechselt und bereitet in der 90. Minute das Tor zum 3:3-Endstand vor. Christoph Kröpfl ist der Schütze. Piták kommt noch zu fünf weiteren Einsätzen für die Red Bull Juniors.

27.3.2010
DIE RÜCKKEHR. Piták ist zurück in der Bundesliga. Beim 6:1 in Mattersburg ersetzt er in der 77. Minute Simon Cziommer. Um sich einen Platz in der Mittelfeld-Rotation von Huub Stevens zu erarbeiten, kommt sein Comeback allerdings schon zu spät. Für die kommende Saison ist Piták aber wieder voll fit und ebenso motiviert.

16.4.2010
TORSCHÜTZE KAREL. Piták wärmt sich bei den Red Bull Juniors für die nächste Saison auf. Beim Spiel gegen Austria Lustenau erzielt er sein erstes Tor – den Endstand zum 3:0 in der 82. Minute. Also auch Tore schießen kann er, der Karel. Ein gutes Zeichen für die Zukunft.

EISERNER WILLE. KAREL PITÁK KÄMPFT SICH NACH SEINEM KREUZBANDRISS ZURÜCK.

DIE SPIELERDATEN

Geburtstag:	28. Jänner 1980
Geburtsort:	Hradec Králové, CZE
Status:	verheiratet, zwei Söhne
Position:	Mittelfeld

BUNDESLIGA-STATISTIK 2009/10

Spiele: 1
Minuten: 15

Tore: 0
Torschüsse: 0
Assists: 0
Lange Pässe   gesamt: –
                angekommen: –%
Bodenduelle   gesamt: –
                gewonnen: –%
Kopfballduelle gesamt: –
                gewonnen: –%
Fouls begangen/erlitten: 1/1
Karten: 0 R, 0 G

Spielte für:
SK Hradec Králové (1999–2001),
Slavia Prag (2001–2006)

FLÜGEL FLITZER

» HUUB SCHÄTZT DISZIPLIN UND VOLLEN EINSATZ – **SETZT** ABER AUCH **AUF SPASS.** «

18 DUŠAN ŠVENTO

16.6.2009
RED BULL SALZBURG verpflichtet Dušan Švento, der bis dahin beim tschechischen Meister Slavia Prag unter Vertrag stand.

4.8.2009
VOR DREI TAGEN ist Švento 24 geworden. Er macht sich selbst ein verspätetes Geschenk: In der 33. Minute des Rückspiels gegen Dinamo Zagreb – Salzburg muss nach dem 1:1 zu Hause zumindest ein Tor machen – tritt er zu einem Freistoß auf der rechten Seite an. Er dreht den Ball mit viel Effet über den Strafraum, vorbei an Freund und Feind. Direkt neben dem überraschten Torhüter der Kroaten schlägt die Kugel auf dem Boden auf – und springt ins Tor. Švento darf über sein erstes Pflichtspieltor für die Roten Bullen jubeln – und noch dazu über ein sehr wichtiges.

14.10.2009
ŠVENTO WIRD im letzten Spiel der Slowakei gegen Polen in Gruppe 3 der WM-Qualifikation in der 75. Minute eingewechselt. Er darf sich mit seinem Team über die WM-Teilnahme freuen, die Slowakei gewinnt mit einem 1:0 gegen Polen ihre Gruppe. Švento steht im vorläufigen 29-Mann-Kader, im Panini-Sticker-Album wurde er allerdings vergessen.

22.10.2009
IM HEIMSPIEL gegen Sofia in der Europa-League-Gruppenphase macht Švento mit den Lewski-Verteidigern beinahe, was er will. Das 1:0 in der Nachspielzeit der ersten Hälfte hat er sich redlich verdient. Nach einer schönen Körpertäuschung schießt er aus rund 18 Metern und trifft haargenau ins lange Eck. Trotz drückender Überlegenheit der Roten Bullen gelingt kein weiteres Tor. Die Salzburger dürfen sich bei ihrem Flügelflitzer für den Sieg bedanken.

21.2.2010
DOPPELPACK. Gegen den LASK macht Švento seinen ersten und einzigen Doppelpack der Saison. In Minute 25 schießt er nach einem Linzer Abwehrfehler unwiderstehlich volley vom Sechzehner und lässt Keeper Macho keine Chance. Der Treffer wird später zum Tor der Runde gewählt. In der 54. Minute setzt Švento bei einem Konter noch einen drauf. Die Roten Bullen gewinnen 3:0.

JENSEITS, NICHT ABSEITS: ŠVENTO NUTZT DAS GESAMTE SPIELFELD – UND MEHR.

DIE SPIELERDATEN

Geburtstag:	1. August 1985
Geburtsort:	Ružomberok, SVK
Status:	vergeben
Position:	Mittelfeld

BUNDESLIGA-STATISTIK 2009/10

Spiele:	35
Minuten:	2.869
Tore:	5
Torschüsse:	45
Assists:	9
Lange Pässe gesamt:	30
angekommen:	37 %
Bodenduelle: gesamt:	605
gewonnen:	45,3 %
Kopfballduelle: gesamt:	84
gewonnen:	29,8 %
Fouls begangen/erlitten:	24/55
Karten:	0 R, 4 G

Spielte für: MFK Ružomberok (Jugend bis 2005), Slavia Prag (2005–2009)

ARBEITS TIER

» MIT **DISZIPLIN** UND **EINSATZ** WIRST DU BEI HUUB NIE PROBLEME HABEN. «

19 SIMON CZIOMMER

4.8.2009
GEGEN DINAMO in der dritten Champions-League-Qualifikationsrunde kommt Cziommer elf Minuten vor Schluss ins Spiel. Gedacht als frische Kraft für die bevorstehende Verlängerung. Doch Cziommer wird die Arbeitszeit verkürzen. Sein Weitschuss in der 83. Minute führt zum entscheidenden Treffer. Cziommers Schuss knallt zwar noch an die Stange, Nelisse reagiert aber sofort und hämmert den Appraller volley zum 2:1-Siegtor ins Netz.

17.12.2009
IN VILLARREAL ist der Aufstieg der Roten Bullen in die K.-o.-Phase der Europa League schon vor dem letzten Gruppenspiel gewiss, aber gewinnen wollen sie trotzdem. Cziommer sorgt schon in der siebenten Minute dafür: Mit einer der schönsten Vorlagen der ganzen Saison überhebt Cziommer die spanische Abwehr und setzt Švento in Szene. Der macht aus spitzem Winkel das alles entscheidende Tor des Spiels. Salzburg beendet die Gruppenphase mit sechs Siegen aus sechs Spielen.

24.3.2010
CZIOMMER SPIELT in der 26. Bundesliga-Runde gegen Sturm Graz zum ersten Mal seit der sechsten Runde wieder von Beginn an. Bis zum Ende der Saison bleibt das auch so. Über die ganze Saison gesehen, wurde Cziommer von allen Salzburgern am häufigsten ein- oder ausgewechselt. In zwölf Partien kam er als Joker, in zehn machte er vor Ende der 90 Minuten für jemand anderen Platz.

14.4.2010
DAS TOR in der 13. Minute des Heimspiels gegen Ried wird zum schönsten Treffer der 30. Bundesliga-Runde gekürt. Cziommer nimmt sich den Ball nach einer Wallner-Vorlage in vollem Lauf mit. Er lässt ihn einmal aufspringen und donnert den Ball in Bedrängnis unter die Latte. Unglaubliche Technik.

13.5.2010
CZIOMMER MACHT das vielleicht wichtigste Tor der gesamten Saison. Durch die Salzburger Niederlagen in den Runden 34 und 35 ist die Titelentscheidung auf die letzte Runde und das Spiel gegen Sturm Graz vertagt. Dort lässt sie nicht lange auf sich warten: In der 14. Minute scheitert Wallner noch an Torhüter Gratzei. Cziommer ist jedoch aufmerksam und staubt zum 1:0 ab. Damit ist die anfängliche Nervosität der Salzburger gebrochen. Zwei Minuten später stellt Wallner auf 2:0. Red Bull Salzburg ist Meister.

CZIOMMERS TUGENDEN: POWER UND AUSDAUER. DIE ARBEIT IST NUR EIN SPIEL.

DIE SPIELERDATEN

Geburtstag:	6. November 1980
Geburtsort:	Nordhorn, GER
Status:	verheiratet, eine Tochter
Position:	Mittelfeld

BUNDESLIGA-STATISTIK 2009/10

Spiele: 26
Minuten: 1.277

Tore: 6
Torschüsse: 69
Assists: 3
Lange Pässe gesamt: 60
  angekommen: 65 %
Bodenduelle gesamt: 352
  gewonnen: 54,3 %
Kopfballduelle gesamt: 60
  gewonnen: 43,3 %
Fouls begangen/erlitten: 41/26
Karten: 0 R, 4 G

Spielte für: Twente Enschede (1999–2003, leihweise 2004/05), Schalke 04 (2003/2004), Roda Kerkrade (2006), AZ Alkmaar (2006–2008), FC Utrecht (2008/09)

DER UNBERECHENBARE

» ALS FUSSBALLER HAT MAN **KEIN LEICHTES LEBEN,** WEIL MAN OFT DEN VEREIN UND DAS LAND WECHSELT. DA IST ES GUT, EINE FRAU ZU HABEN, DIE TROTZDEM ZU EINEM STEHT. WIE MEINE. «

22
SAŠA ILIĆ

15.7.2009
DIE 63. MINUTE. Ilić kommt gegen die Bohemians in der 63. Minute ins Spiel. Die Dubliner haben gerade den Ausgleich in der Red Bull Arena erzielt. Ilić soll das Spiel noch herumreißen, müht sich redlich, aber vergeblich. Es bleibt beim 1:1. Im Rückspiel wird Ilić von Beginn an spielen, aber ausgewechselt – ebenfalls in Minute 63.

19.7.2009
ILIĆ BESTREITET im Auftaktspiel gegen die Wiener Austria sein erstes, einziges und letztes Bundesliga-Spiel der Saison 2009/10. Er wird von Huub Stevens im Mittelfeld aufgeboten, muss aber nach 60 Minuten für Alexander Zickler Platz machen. Der erzielt zehn Minuten später den Ausgleich zum 1:1. Die Roten Bullen gewinnen durch ein Tor von Tchoyi schließlich 2:1.

25.8.2009
IM RÜCKSPIEL gegen Maccabi Haifa betritt Ilić zum letzten Mal im Trikot der Roten Bullen ein Fußballfeld. Bei der 0:3-Niederlage in Tel Aviv erlebt Ilić die letzten 20 Champions-League-Minuten der Salzburger in dieser Saison mit. Bis zur Winterpause ist er noch Teil des Teams, kehrt dann zurück in seine Heimat, wo er in der Frühjahrssaison wieder für Partizan Belgrad spielt.

DER PARTIZAN DER BULLEN. ILIĆ SPIELT WIE EIN BLITZ. UNBERECHENBAR UND UNNAHBAR.

DIE SPIELERDATEN
Geburtstag: 30. Dezember 1977
Geburtsort: Požarevac, SRB
Status: verheiratet, ein Sohn
Position: Mittelfeld

BUNDESLIGA-STATISTIK 2009/10
Spiele: 1
Minuten: 60

Tore: –
Torschüsse: –
Assists: –
Lange Pässe gesamt: –
angekommen: – %
Bodenduelle gesamt: –
gewonnen: – %
Kopfballduelle gesamt: –
gewonnen: – %
Fouls begangen/erlitten: –/–
Karten: 0 R, 0 G

Spielte für: Partizan Belgrad (1998–2005), Celta Vigo (leihweise 2004), Galatasaray (2005–2007), AE Larisa (leihweise 2009)

DER MITTELFELD-MOTOR

» AUF DER **PLAYSTATION** STELLE ICH AUCH DEN CHRISTOPH LEITGEB AUF – WENN ER GUT IN FORM IST. «

24
CHRISTOPH LEITGEB

4.10.2009
SALZBURGER TORREIGEN. Beim 7:1 gegen Kärnten erzielt Leitgeb in der dritten Minute das erste Tor und eröffnet damit den Salzburger Torreigen. Nachdem zwei Kärntner Verteidiger den Ball nicht kontrollieren können, steht Leitgeb plötzlich völlig frei und zieht aus 20 Metern ab. Sein Schuss setzt zweimal am Boden auf und fliegt am Keeper vorbei ins Tor. Ein besonderes Jubiläum für Leitgeb: Er trifft in seinem 100. Spiel für die Roten Bullen.

24.3.2010
GEGEN STURM trifft Leitgeb sehenswert. Tchoyi kommt nach einem Abwehrfehler der Grazer an der rechten Seite an den Ball und prescht nach vorne. Kurz vor dem Strafraum spielt er zur Mitte, wo Leitgeb viel Platz hat und mit einem satten 18-Meter-Kracher Torhüter Gratzei keine Chance lässt. Es sollte leider Leitgebs letzter Saisontreffer bleiben. Seine Wette mit Barry Opdam und Simon Cziommer, dass er mindestens zehn machen würde, verliert er.

12.4.2010
LEITGEB BLEIBT den Roten Bullen noch einige Zeit erhalten. Der Mittelfeldmotor unterschreibt zwei Tage vor seinem 25. Geburtstag eine Vertragsverlängerung bis 2013. Trainer Stevens ist zufrieden: „Es war eine vernünftige Entscheidung, noch einige Jahre hierzubleiben. Leitgeb muss und kann noch weitere Schritte machen. Er hat enorme Qualitäten, kann sich aber noch weiter steigern."

13.5.2010
DIE SAISON IST VORBEI, Salzburg hat den Titel erfolgreich verteidigt und Leitgeb seinen Teil dazu beigetragen, sich 2009/2010 endgültig als Stammspieler und Leistungsträger in der Mannschaft etabliert. Seine Statistiken unterstreichen das: Seine 4083 Spielminuten sind die fünftmeisten des Teams (nach Ulmer, Schwegler, Švento, Gustafsson). Nur Švento und er standen in allen vierzehn Europacup-Spielen (sechs CL-Qualifikation, acht Europa League) auf dem Platz. Zusammen mit seinen fünf Toren und elf Vorlagen (davon drei international) macht ihn das zu einer der stärksten Komponenten des Teams.

STARK AM BALL. LÄUFT LEITI, LÄUFT AUCH DER MOTOR IM SPIEL DER ROTEN BULLEN.

DIE SPIELERDATEN

Geburtstag:	14. April 1985
Geburtsort:	Graz, AUT
Status:	vergeben
Position:	Mittelfeld

BUNDESLIGA-STATISTIK 2009/10

Spiele:	33
Minuten:	2.784
Tore:	5
Torschüsse:	61
Assists:	9
Lange Pässe gesamt:	57
angekommen:	63 %
Bodenduelle gesamt:	693
gewonnen:	51,1 %
Kopfballduelle gesamt:	63
gewonnen:	36,5 %
Fouls begangen/erlitten:	33/74
Karten:	0 R, 5 G

Spielte für: Sturm Graz (Jugend bis 2007)

MITTELFELD RAKETE

» AM BALKAN **SPIELT JEDES KIND** STUNDENLANG DEM BALL – AUF DER STRASSE, AUF PLÄTZEN, ZU HAUSE.«

25
ADMIR VLADAVIĆ

25.7.2009
IM AUSWÄRTSSPIEL gegen Ried feiert der bosnische Nationalspieler Admir Vladavić sein Bundesliga-Debüt. Er steht in der Startformation von Huub Stevens und spielt die 90 Minuten durch. Die ganze Saison über wird er noch viermal von Beginn an spielen, meistens – insgesamt zwölfmal – wird er als Joker kommen.

4.10.2009
VLADAVIĆ ERZIELT beim 7:1 in Mattersburg sein erstes Saisontor. Nachdem Schwegler im Strafraum gelegt wird, tritt Vladavić zum Elfmeter an. Die logische Wahl des Schützen wäre eigentlich Janko, der in diesem Spiel bereits drei Tore geschossen hat und noch ein viertes schießen wird. „Er hat mich gebeten, den Elfer schießen zu dürfen, weil er ein Erfolgserlebnis braucht", erklärt Janko später. Vladavić trifft jedenfalls souverän zum 6:1. Sein einziger Treffer der Saison.

14.10.2009
MIT DEM NATIONALTEAM von Bosnien-Herzegowina bestreitet Vladavić das letzte Gruppenspiel der WM-Qualifikation. Beim 2:5 gegen den überlegenen Gruppensieger Spanien wird er in der 67. Minute eingewechselt. Das Ergebnis ist irrelevant – schon zuvor hat sich das Team den zweiten Platz in der Gruppe und damit die Teilnahme an der Relegation gesichert. Die Bosnier haben allerdings Pech: Mit Portugal wird ihnen der vermutlich stärkste Gruppenzweite zugelost. Mit zwei 1:0-Niederlagen scheiden sie denkbar knapp aus dem Bewerb aus.

NICHT ZU HALTEN. VLADAVIĆ BRINGT SPEED UND SCHWUNG VON DER BANK INS SPIEL.

DIE SPIELERDATEN

Geburtstag:	29. Juni 1982
Geburtsort:	Ljubinje, BIH
Status:	verheiratet
Position:	Mittelfeld

BUNDESLIGA-STATISTIK 2009/10

Spiele: 15
Minuten: 394

Tore: 1
Torschüsse: 15
Assists: 0
Lange Pässe gesamt: 7
angekommen: 71 %
Bodenduelle gesamt: –
gewonnen: – %
Kopfballduelle gesamt: –
gewonnen: – %
Fouls begangen/erlitten: 8/9
Karten: 0 R, 0 G

Spielte für: Velež Mostar (2000–2005), Željezničar Sarajevo (2005–2007), MŠK Žilina (2007–2009)

BEISSER IM MITTELFELD

» TALENT KANN MAN HABEN ODER NICHT. **WICHTIGER** IST DER **WILLE**. «

28 RENÉ AUFHAUSER

20.9.2009
AUFHAUSER HÄLT die Roten Bullen im ÖFB-Cup am Leben. Gegen den Westligisten SV Grödig schont Trainer Stevens nach dem Europa-League-Triumph gegen Lazio Rom einige Akteure. Aufhauser hingegen muss, darf spielen, übernimmt sogar die Kapitänsschleife. Am Ende erzielt er auch das einzige Tor des Spiels. In der 34. Minute verwertet er ein Cziommer-Zuspiel souverän zum 1:0. Die Salzburger müssen sich diesen Sieg im Cup erkämpfen. Aufhauser nach dem Spiel: „Wir haben uns das Leben selbst schwergemacht, weil wir nach dem 1:0 nicht energisch genug auf die Vorentscheidung gedrängt haben."

28.10.2009
GEGEN DEN LASK bestreitet Aufhauser sein einziges Bundesliga-Spiel dieser Saison von Beginn an. Insgesamt ist es sein sechstes in dieser Spielzeit und sein vorletztes als Roter Bulle. Zusammen mit einigen anderen früheren Leistungsträgern fällt Aufhauser in der Winterpause der notwendigen Verjüngungskur des Kaders zum Opfer. Einen Vorgeschmack kann er an diesem Tag seinem neuen Arbeitgeber schon geben: Es ist der LASK.

18.4.2010
BESONDERS ENGAGIERT spielt Aufhauser beim Spiel der Salzburger in Linz – allerdings in Schwarz-Weiß. Als neuer LASK-Motor sorgt Aufhauser für Gefahr vor Gustafssons Tor – bis zum bösen Foul von Kragl am Bullen-Tormann. Danach ist auch für Aufhauser das Spiel zweitrangig.

MIT HERZ UND BISS. AUF AUFHAUSER IST VERLASS. EINSATZ UND WILLE STIMMEN IMMER.

DIE SPIELERDATEN

Geburtstag: 21. Juni 1976
Geburtsort: Voitsberg, AUT
Status: verheiratet, zwei Söhne
Position: Mittelfeld

BUNDESLIGA-STATISTIK 2009/10

Spiele: 20 (7 für Red Bull Salzburg)
Minuten: 1.249 (243)

Tore: 2 (für LASK)
Torschüsse: 20
Assists: –
Lange Pässe   gesamt: 39
               angekommen: 38 %
Bodenduelle   gesamt: –
               gewonnen: – %
Kopfballduelle gesamt: –
               gewonnen: – %
Fouls begangen/erlitten: –/–
Karten: 0 R, 1 G

Spielte für: ASK Köflach (1993–1995), ASK Voitsberg (1995–1997), Salzburg (1997–2001), GAK (2001–2005)

JUNIOR

» MEIN EHRGEIZ HAT MICH BISLANG IN MEINER KARRIERE **AM WEITESTEN** GEBRACHT. «

2 CHRISTOPH KRÖPFL

14.7.2009
SEIN ERSTES SPIEL für Salzburg bestreitet Kröpfl für die Red Bull Juniors. Der 19-jährige Stürmer ist im Sommer von Sturm Graz gekommen. Gleich im ersten Saisonspiel der Juniors gegen den FC Wacker Innsbruck steht er über die vollen 90 Minuten auf dem Feld. Kröpfl wird in der Saison 2009/10 in allen 33 Spielen der Red Bull Juniors in der Startformation stehen, fünf Tore schießen, 14 vorbereiten.

15.8.2009
KRÖPFL KOMMT zu seinem ersten Einsatz in der A-Mannschaft. Im Cup gegen Vorwärts Steyr darf er ab der 57. Minute erstmals an der Seite der Stars der Roten Bullen spielen. Salzburg gewinnt 7:1.

11.12.2009
KRÖPFL DARF auch in der Bundesliga für Salzburg debütieren. Beim knappen 1:0-Heimsieg der Salzburger über Tabellenschlusslicht Kärnten soll der Youngster in der letzten halben Stunde frischen Schwung nach vorne bringen. Dem Jung-Stürmer gelingen einige schöne Aktionen auf der rechten Seite, für das spielentscheidende Tor sorgen die Kärntner aber selbst: Eine Minute vor Ende der regulären Spielzeit lenkt Sollbauer eine Ulmer-Flanke ins eigene Tor. Ein waschechtes Bundesliga-Debüt war es übrigens nicht: Kröpfl durfte in den letzten beiden Spielzeiten jeweils dreimal für Sturm Graz Bundesliga-Rasen betreten.

11.1.2010
A-TEAM. Kröpfl wird in den A-Kader von Red Bull Salzburg aufgenommen. Er spielt zwar weiterhin für die Red Bull Juniors, trainiert aber jetzt mit den „Großen".

JUNG-STÜRMER UND ALTMEISTER. KRÖPFL HOLT SICH TIPPS BEI TRAINER STEVENS.

DIE SPIELERDATEN

Geburtstag:	4. Mai 1990
Geburtsort:	Graz, AUT
Status:	ledig
Position:	Sturm

ERSTE-LIGA-STATISTIK 2009/10

Spiele:	31 (Red Bull Juniors)
Minuten:	2.747
Tore:	5
Torschüsse:	–
Assists:	14
Lange Pässe	gesamt: –
	angekommen: –%
Bodenduelle	gesamt: –
	gewonnen: –%
Kopfballduelle	gesamt: –
	gewonnen: –%
Fouls begangen/erlitten:	–/–
Karten:	0 R, 2 G
Spielte für:	Sturm Graz (Jugend bis 2009)

ZICO

» ICH HABE NOCH KEINE AHNUNG, OB DAS **DASEIN ALS TRAINER** WIRKLICH ETWAS FÜR MICH IST.«

7 ALEXANDER ZICKLER

19. 7. 2009
ZICKLER DRÜCKT dem Bundesliga-Saisonauftakt seinen Stempel auf. Im „Supercup"-Spiel in der ersten Runde zwischen Meister und Cupsieger kommt Zico in der 61. Minute als Joker ins Spiel. Salzburg liegt da schon mit 0:1 gegen die Austria zurück. Mit seinem motivierten Auftreten dreht Zickler das Spiel: Neun Minuten nach seiner Einwechslung steht er nach einem Leitgeb-Freistoß mitten in der verwirrten Abwehr der Austria goldrichtig, hält drauf – Ausgleich. In der 90. Minute stellt Tchoyi auf 2:1. Gelungener Auftakt zur Titelverteidigung.

29. 7. 2009
AUCH INTERNATIONAL trifft der Altmeister. Im Heimspiel gegen Dinamo Zagreb spielt Zickler von Beginn an und bedankt sich bei Trainer Stevens mit einem Tor. Kurz vor der Pause bringt Zico die Roten Bullen mit einem satten Rechtsschuss nach Pass von Tchoyi in Führung. Dinamo gelingt der Ausgleich zum 1:1, die Roten Bullen schaffen aber im Rückspiel mit einem 2:1 den Aufstieg. Zickler sagt danach: „Trotz zweier Meistertitel, trotz schöner Siege und Spiele – der Sieg in Zagreb war der wichtigste Erfolg der Roten Bullen der letzten Jahre."

19. 8. 2009
WIEDER ZICO. Im Hinspiel gegen Maccabi Haifa bekommt Zickler den Vorzug gegenüber Janko. Zur Halbzeit liegt Salzburg 0:1 zurück. Zickler will sich damit nicht abfinden, gleicht in der 57. Minute aus. Nelisse verlängert einen weiten Ausschuss von Keeper Gustafsson, Zickler zündet den Turbo, ist schneller am Ball als beide Maccabi-Verteidiger und schiebt den Ball am Torhüter vorbei ins Netz. Es ist Zicklers 100. Tor im Trikot der Roten Bullen. Leider geht das Spiel mit 1:2 verloren. Salzburg scheidet nach dem 0:3 im Rückspiel aus.

9. 5. 2010
LETZTES HEIMSPIEL für die Roten Bullen. Zusammen mit Barry Opdam wird Alexander Zickler von den Fans mit einem riesigen Plakat verabschiedet. „Zico" wird den Roten Bullen erhalten bleiben – in welcher Form, ist noch nicht klar. Seine eindrucksvolle Bilanz als Aktiver: 137 Bundesliga-Spiele, 56 Bundesliga-Tore, zweimal Torschützenkönig, zweimal Spieler des Jahres, dreimal Meister.

KING ZICO. ZWEIMAL TORSCHÜTZENKÖNIG, DREIMAL MEISTER – ZICKLER BLEIBT AUCH IN ZUKUNFT EIN ROTER BULLE.

DIE SPIELERDATEN

Geburtstag:	28. Februar 1974
Geburtsort:	Bad Salzungen, GER
Status:	verheiratet, zwei Söhne, eine Tochter
Position:	Sturm

BUNDESLIGA-STATISTIK 2009/10

Spiele:	24
Minuten:	851
Tore:	4
Torschüsse:	44
Assists:	2
Lange Pässe gesamt:	9
angekommen:	71 %
Bodenduelle gesamt:	147
gewonnen:	39,5 %
Kopfballduelle gesamt:	106
gewonnen:	49,1 %
Fouls begangen/erlitten:	24/12
Karten:	0 R, 4 G

Spielte für: Dynamo Dresden (Jugend bis 1993), Bayern München (1993–2005)

STRAFRAUM MEDUSA

» ICH BIN EIN SEHR **GLÄUBIGER MENSCH.** MEIN LIEBLINGSBUCH IST DIE BIBEL. «

9 ROBIN NELISSE

4.8.2009
NELISSE SCHIESST die Roten Bullen in die K.-o.-Runde der Champions League. Das Rückspiel gegen Dinamo in Zagreb ist eines von nur sechs Spielen in dieser Saison, in denen Nelisse von Beginn an spielt. Trotzdem ist er voll da: In der 83. Minute nimmt er den Abpraller eines Cziommer-Weitschusses von der Stange volley. Der Schuss aus etwa zwölf Meter Entfernung passt genau. Die Roten Bullen gewinnen 2:1 und sind weiter.

8.8.2009
DAS EINZIGE Bundesliga-Tor 2009/10 erzielt Nelisse im Pappelstadion gegen Mattersburg. In der 39. Minute setzt sich Tchoyi auf der rechten Seite durch und hebt den Ball in den Strafraum zu Nelisse. Der beweist wieder seine technischen Fähigkeiten, nimmt den Ball mit der Brust an und schießt sofort aus der Drehung. Ein Mattersburger Verteidiger fälscht den Schuss noch ab und macht ihn unhaltbar. 1:0 für Red Bull Salzburg. Nach einer turbulenten zweiten Hälfte gewinnen die Roten Bullen 3:2.

15.8.2009
ZWEI TREFFER gelingen Nelisse im Erstrundenspiel des ÖFB-Cups gegen Vorwärts Steyr. Nelisse spielt 70 Minuten lang und macht beim 7:1-Sieg der Salzburger die Tore vier und sechs. In der 47. Minute ist Rakić auf der linken Seite schneller als die Vorwärts-Verteidiger, scheitert aber am Torhüter der Steyrer. Nelisse nimmt den Abstauber aus vollem Lauf und schießt zum 4:0 ein – nicht sein erstes Abstauber-Tor der Spitzenklasse in dieser Saison. 20 Minuten und ein Tor später ist Nelisse bei einer Vorlage von Ježek erneut zur Stelle.

TOOOR! KEINER JUBELT WIE NELISSE. UND KEINER SCHIESST VOLLEY SCHÖNERE TORE.

DIE SPIELERDATEN

Geburtstag: 25. Jänner 1978
Geburtsort: Rotterdam, NED
Status: Lebensgemeinschaft, eine Tochter
Position: Sturm

BUNDESLIGA-STATISTIK 2009/10

Spiele: 8
Minuten: 175

Tore: 1
Torschüsse: 8
Assists: 0
Lange Pässe gesamt: 1
angekommen: 100 %
Bodenduelle gesamt: –
gewonnen: – %
Kopfballduelle gesamt: –
gewonnen: – %
Fouls begangen/erlitten: 1/6
Karten: 0 R, 1 G

Spielte für: Feyenoord Rotterdam (1997–1999), Cambuur Leeuwarden (1999/2000), AZ Alkmaar (2000–2005), FC Utrecht (2005–2008)

DAS WIESEL

» FÜR MICH IST DAS NOCH MAL **EINE CHANCE**, DASS ICH MICH WEITERENTWICKLE.«

11 ROMAN WALLNER

23.1.2010
RED BULL SALZBURG gibt die Verpflichtung von Roman Wallner bekannt. Der 27-jährige Stürmer hat bis dahin beim LASK eine bärenstarke erste Saisonhälfte gespielt und führt die Torschützenliste mit 14 Treffern an, hat außerdem elf weitere Tore der Linzer vorbereitet. „Für mich und in meinem jetzigen Alter ist das noch mal eine Chance, dass ich mich weiterentwickle", sagt der 27-fache Nationalspieler über seinen Transfer nach Salzburg.

21.2.2010
WALLNERS ERSTES TOR für die Roten Bullen gelingt ihm ausgerechnet gegen seinen Ex-Klub, den LASK. Der Linzer Mark Prettenthaler hat sich in der neunten Minute offenbar noch nicht ganz daran gewöhnt, dass Wallner nun nicht mehr Mit-, sondern Gegenspieler ist, und legt ihm mit einem unglaublichen Abwehrfehler den Treffer zum 1:0 auf. Wallner braucht den Ball nur abgeklärt am Linzer Tormann vorbei ins lange Eck zu schieben.

13.5.2010
IN DER LETZTEN RUNDE der Meisterschaft avanciert Wallner zum Matchwinner und Meistermacher der Roten Bullen. In der 14. Minute wird Wallner von Ulmer im Strafraum in Szene gesetzt. Wallner entwischt seinen Bewachern, spitzelt den Ball Richtung Tor, bringt Gratzei in arge Bedrängnis, dessen Abwehr nur kurz ausfällt. Cziommer ist zur Stelle und staubt zum 1:0 ab. Zwei Minuten später fixiert Wallner selbst den Titel: Nach einem Foul an Leitgeb an der Strafraumgrenze schießt Wallner den Freistoß. Sein satter Schuss wird zwar von Gratzei abgelenkt – jedoch ins Tor. Wallner darf sich nach 2006 (damals mit Austria Wien) über seinen zweiten österreichischen Meistertitel freuen. Im Rennen um den Titel des Torschützenkönigs zieht er mit 19 Treffern gegen Steffen Hofmanns 20 knapp den Kürzeren.

15.5.2010
WALLNER BLEIBT. Mit ausgezeichneten Leistungen im Frühjahr hat sich Wallner die Vertragsverlängerung verdient. Er bleibt den Roten Bullen bis 2012 erhalten.

FLINK UND MANNSCHAFTSDIENLICH.
WALLNER SCHIESST DIE ROTEN BULLEN ZUM TITEL.

DIE SPIELERDATEN

Geburtstag:	4. Februar 1982
Geburtsort:	Graz, AUT
Status:	vergeben, eine Tochter
Position:	Sturm

BUNDESLIGA-STATISTIK 2009/10

Spiele:	31 (14 für Red Bull Salzburg)
Minuten:	2.253 (822)
Tore:	19
Torschüsse:	65
Assists:	14
Lange Pässe gesamt:	15
angekommen:	27%
Bodenduelle gesamt:	224
gewonnen:	42,9%
Kopfballduelle gesamt:	37
gewonnen:	27%
Fouls begangen/erlitten:	38/22
Karten:	1G/R, 6 G

Spielte für: Sturm Graz (1998/1999), Rapid Wien (1999–2004), Hannover 96 (2004–2006), Admira Wacker Mödling (leihweise 2005), Austria Wien (2006/2007), FC Falkirk (2007), Hamilton Academical (leihweise 2007), Apollon Kalamarias (2008), Škoda Xanthi (2008), LASK Linz (2009/2010)

VOLLSTRECKER

» ICH GEBE MICH **NIE** MIT ERREICHTEN DINGEN **ZUFRIEDEN**. «

21 MARC JANKO

23.9.2009
JANKO ZAUBERT gegen Sturm. Nachdem er schon das 3:2-Führungstor erzielt hat, macht Janko kurz nach der Pause das Traumtor: Leitgeb spielt Janko in Bedrängnis an, doch Janko weiß sich zu befreien: Er tippt den Ball mit dem linken Fuß an, übernimmt mit dem rechten, spielt ihn an dem Verteidiger vorbei und schießt zum 4:2 ein.

1.10.2009
ZWEITES SPIEL der Europa-League-Gruppenphase, zu Hause gegen Villarreal, 21. Minute: Leitgeb zirkelt einen Freistoß über den Strafraum. Janko ist wie aus dem Nichts plötzlich da und spitzelt den Ball ins Tor. Die Red Bull Arena tobt. Nach dem unerwarteten Auswärtssieg gegen Lazio führt man nun auch gegen den Spitzenklub aus Spanien. Der Auftakt zur höchst erfolgreichen Gruppenphase, die man ohne Punkteverlust beenden wird.

6.10.2009
JANKO SCHIESST beim höchsten Saisonsieg der Salzburger drei Tore binnen neun Minuten und vier in einem Spiel. Der Topscorer der Salzburger erzielt das 3:1 nach Vorlage von Pokrivač in der 41., das 4:1 nach Vorlage von Švento in der 48. und das 5:1 mit einem sehenswerten Schuss vom Sechzehner in der 51. Minute. Hattrick. Jankos vierter Treffer gelingt nach einem wunderschönen Pass von Leitgeb in der 79. Minute.

1.5.2010
EINER DER SCHÖNSTEN Treffer der Saison ist Jankos Tor zum 3:1 gegen Wiener Neustadt: Leitgeb überhebt an der Seitenlinie einen Verteidiger und setzt Švento ein. Der zieht in den Strafraum und legt Janko einen technisch perfekten Fersler auf, der durch die Beine des Neustädter Keepers ins Tor kullert. Salzburg gewinnt 4:2. Es ist Jankos viertes „Tor der Runde" nach jenen aus den Runden 8, 10 und 24.

13.5.2010
JANKO BEENDET die Saison als Dritter in der Torschützenliste der Bundesliga, hat insgesamt 18 Tore erzielt, davon eines aus einem Elfmeter. Torschützenkönig 2009/10 wird der Rapidler Steffen Hofmann (20) vor Jankos Teamkollege Roman Wallner (19).

BULLEADOR. JANKO SCHOSS AUCH 2009/10 DIE MEISTEN TORE FÜR DIE ROTEN BULLEN.

DIE SPIELERDATEN

Geburtstag:	25. Juni 1983
Geburtsort:	Wien, AUT
Status:	vergeben
Position:	Sturm

BUNDESLIGA-STATISTIK 2009/10

Spiele:	34
Minuten:	2.562
Tore:	18
Torschüsse:	107
Assists:	9
Lange Pässe gesamt:	3
angekommen:	67 %
Bodenduelle gesamt:	387
gewonnen:	47,5 %
Kopfballduelle gesamt:	305
gewonnen:	49,2 %
Fouls begangen/erlitten:	53/58
Karten:	0 R, 7 G

Spielte für: VfB Admira Wacker Mödling (Jugend bis 2005)

JUNIOR

» MEIN ZIEL IST DIE **PREMIER LEAGUE** IN ENGLAND.«

26 ALEXANDER ASCHAUER

21.8.2009
ASCHAUER BEGINNT seine zweite Saison in Salzburg mit dem U19-Match von AKA Red Bull Salzburg bei der Fußballakademie Linz. Er wird in dieser Saison zunächst hauptsächlich für das U19-Team spielen, sich dann sukzessive nach oben arbeiten. Das Auftaktspiel in Linz geht übrigens 2:4 verloren.

23.10.2009
BEIM 2:1-AUSWÄRTSSIEG der Red Bull Juniors darf Aschauer zum ersten Mal in dieser Saison in der Ersten Liga spielen – vorerst für fünf Minuten. Zehn weitere Einsätze werden folgen, davon drei von Beginn an.

11.1.2010
BEIM NEUJAHRSEMPFANG von Trainer Stevens wird bekanntgegeben, dass Alexander Aschauer zusammen mit Christoph Kröpfl ab sofort zum Kader des A-Teams der Roten Bullen gehört. Aschauer ist damit der mit Abstand jüngste Rote Bulle. Er war gerade mal sieben Jahre alt, als der älteste, Heinz-Dieter Arzberger, nach Salzburg wechselte.

2.4.2010
ASCHAUER KOMMT in der Saison 2009/10 sogar noch zu seinem ersten Bundesliga-Einsatz. Beim 2:0-Heimsieg gegen Mattersburg kommt er in der 92. Minute für Marc Janko ins Spiel. Immerhin, eine Bundesliga-Minute ist eine Bundesliga-Minute. Und viele weitere sollen folgen.

DER TEAM-TEENIE. ASCHAUER IST MIT ABSTAND DER JÜNGSTE DER ROTEN BULLEN.

DIE SPIELERDATEN

Geburtstag:	14. März 1992
Geburtsort:	Wien, AUT
Status:	ledig
Position:	Sturm

BUNDESLIGA-STATISTIK 2009/10

Spiele: 11 (für die Juniors)
Minuten: 421

Tore: 0
Torschüsse: –
Assists: –
Pässe: –
Bodenduelle: –
Kopfballduelle: –
Fouls begangen/erlitten: –/–
Karten: 0 R, 0 G

Spielte für: Austria Wien Amateure (2008)

Strafraum ROCKER

» NICHT SPIELEN ZU KÖNNEN **TAT MEHR WEH** ALS DIE VERLETZUNG SELBST. «

29 LOUIS NGWAT-MAHOP

19.7.2009
VIEL ERWARTEN dürfen sich die Salzburger von Louis Clement Ngwat-Mahop. Die Vorbereitung war gut, und vielversprechend war der Beginn im Spiel gegen die Bohemians Dublin in der Champions-League-Quali. Mahop soll auf den Fortschritt der letzten Jahre (2007/08: zwölf, 2008/09: 36 Einsätze) aufbauen. Doch dann die Hiobsbotschaft im ersten Meisterschaftsspiel gegen Austria Wien: Mahop verletzt sich in Minute 40 bei einem Sprint am Oberschenkel. Nach ersten Schätzungen muss er drei bis vier Wochen pausieren. Die tatsächliche Diagnose ist wesentlich schlimmer: Muskelriss, Ausfall für mindestens drei Monate.

6.4.2010
MAHOP IST ZURÜCK. Allerdings läuft er nicht für die Bundesliga-Mannschaft auf, sondern zunächst für die Red Bull Juniors in der Ersten Liga. Dort macht er aber eine gute Figur gegen die Austria Amateure, spielt 90 Minuten durch und erzielt beim 2:0 seiner Mannschaft in der 31. Minute das 1:0. Ein Kopfballtor nach Vorarbeit eines weiteren Genesenen aus der A-Mannschaft: Karel Piták. Mahop wird in fünf Erste-Liga-Spielen insgesamt vier Tore machen.

1.5.2010
MAHOP FEIERT sein Bundesliga-Comeback. Beim 4:2-Erfolg gegen Wiener Neustadt ersetzt er neun Minuten vor Schluss Landsmann Somen Tchoyi im Mittelfeld. Es wird sein letzter Einsatz in dieser Spielzeit bleiben. Wenn die Saison 2010/11 verletzungsfrei verläuft, ist vom jungen Offensivtalent der Roten Bullen einiges zu erwarten.

OFFENSIV-TALENT. MAHOP WILL 2010/11 DEN RHYTHMUS IM STRAFRAUM VORGEBEN.

DIE SPIELERDATEN

Geburtstag:	16. September 1987
Geburtsort:	Yaoundé, CMR
Status:	verheiratet, ein Sohn
Position:	Sturm

BUNDESLIGA-STATISTIK 2009/10

Spiele: 2
Minuten: 48

Tore: 0
Torschüsse: 0
Assists: 0
Lange Pässe: –
Bodenduelle: –
Kopfballduelle: –
Fouls begangen/erlitten: 2/1
Karten: 0 R, 0 G

Spielte für: Dragon Club de Yaoundé (Jugend bis 2006), Bayern München Amateure (2006/2007), Bayern München (2007)

CO-TRAINER
EDDY ACHTERBERG

Geburtstag: 21. Februar 1947
Geburtsort: Utrecht, NED
Status: verheiratet
Position: Co-Trainer

Spielte für: FC Utrecht (1964–1967), Twente Enschede (1967–1977), FC Groningen (1977/1978)

Trainierte: Twente Enschede (1988–1993; 2000–2003), Roda JC Kerkrade (1993–1998), Schalke 04 (1998–2000; 2003–2005; Scout bis 2009)

ASSISTENT DES SPORTDIREKTORS
THOMAS LINKE

Geburtstag: 26. Dezember 1969
Geburtsort: Sömmerda, GER
Status: verheiratet, ein Sohn
Position: Assistent des Sportdirektors

Spielte für: FC Rot-Weiß Erfurt (1988–1992), Schalke 04 (1992–1998), Bayern München (1998–2005), Red Bull Salzburg (2005–2007), Bayern München II (2007/08); deutsche Nationalmannschaft (1997–2004)

CO-TRAINER
TON LOKHOFF

Geburtstag:	25. Dezember 1959
Geburtsort:	Breda, NED
Status:	verheiratet
Position:	Co-Trainer

Spielte für: NAC Breda (1978–1982), PSV Eindhoven (1982–1986), Olympique Nimes (1986–1988), Feyenoord (1988–1991), NAC Breda (1991–1996); niederländische Nationalmannschaft (1984/1985)

Trainierte: NAC Breda (1997–2005), Excelsior Rotterdam (2006–2009)

TORWARTTRAINER
HERBERT ILSANKER

Geburtstag:	24. Mai 1967
Geburtsort:	Hallein, AUT
Status:	verheiratet, zwei Söhne
Position:	Torwarttrainer

Spielte für: SK Hallein (Jugend bis 1993), Austria Salzburg (1993–1998), 1. FSV Mainz 05 (1998–2001)

KONDITIONSTRAINER
WALTER GFRERER

Geburtstag:	13. Jänner 1973
Geburtsort:	Tamsweg, AUT
Status:	Freundin, zwei Kinder
Position:	Konditionstrainer

VIDEOANALYTIKER
RICHARD KITZBICHLER

Geburtstag:	12. Jänner 1974
Geburtsort:	Wörgl, AUT
Status:	verheiratet
Position:	Videoanalytiker

Spielte für: FC Tirol (1992–1994; 1995–1997), SC Kundl (1994/95), SV Salzburg (1997–2002), HSV (2002/03), Austria Wien (2003–2005), Melbourne Victory (2005/06), Red Bull Juniors (2006–2009)

REHA-TRAINER
MARTIN HETTEGGER

Geburtstag: 24. November 1974
Geburtsort: Hallein, AUT
Status: ledig
Position: Reha-Trainer

PHYSIOTHERAPEUT
PATRICK ROTTENHOFER

Geburtstag: 14. April 1978
Geburtsort: Schwarzach bei St. Veit, AUT
Status: verheiratet
Position: Physiotherapeut

PHYSIOTHERAPEUT
ANDREAS BIRITZ

Geburtstag:	17. April 1986
Geburtsort:	Wien, AUT
Status:	ledig
Position:	Physiotherapeut

Spielte für: ASK Oberwaltersdorf, ASK Bad Vöslau, BNZ St. Pölten, ASV Spratzern, SV Zwentendorf, ASK Loosdorf

MASSEUR
WOLFGANG SCHWERTL

Geburtstag:	14. Mai 1970
Geburtsort:	Salzburg, AUT
Status:	verheiratet
Position:	Masseur

ZEUGWART
HELMUT VAN DE VORLE

Geburtstag: 8. Oktober 1963
Geburtsort: Kaldenkirchen, GER
Status: verheiratet
Position: Zeugwart

ZEUGWART
THOMAS STRASSER

Geburtstag: 31. Mai 1969
Geburtsort: Salzburg, AUT
Status: verheiratet
Position: Zeugwart

» WAS HEISST HIER, ICH BIN ZU DICK? ICH ESSE DOCH NUR VON **GOLDENEN TELLERN.**«

BULLIDIBUMM

15. 7. 2009
VOR DEM SPIEL. Bullidibumm holt den Ball aus der Kabine, schüttelt allen Roten Bullen und Bohemians-Spielern die Hand. Die Saison 2009/10 ist eröffnet.

15. 7. 2009
NACH DEM SPIEL. Bullidibumm klopft allen Roten Bullen auf die Schulter, empfiehlt den Bohemians-Spielern ein Irish Pub in Salzburg und jammert still in sich hinein: „Hätt ich ihnen das Pub doch vor dem Spiel empfohlen!"

17. 9. 2009
VOR DEM FERNSEHER. Bullidibumm kaut Fingernägel. In Rom steht es gerade 1:1. Bullidibumm tippt eine SMS an Trainer Stevens, wichtige taktische Anweisungen, die Finger sind zu groß für die Tastatur, die SMS dauert ewig – TOOOR! Janko macht das 2:1. Das Handy fliegt vor Freude in die Luft, landet unglücklich auf dem Boden – es wird die ganze Saison ausfallen. Egal! Gewonnen!

24. 12. 2009
VOR DEM LEEREN TOR. Weihnachten. Bullidibumm ist allein in der Red Bull Arena. Noch nie war es so still in der Welt. Eine Träne fällt auf den Kunstrasen.

10. 2. 2010
VOR EINEM RÄTSEL. Die Roten Bullen sind zurück – und schon wieder weg. In Graz spielen sie gegen Sturm. Bullidibumm wundert sich: Der Schnee auf seinem Fernseher ist echt.

18. 2. 2010
VOR EINEM SIEG. Marc hat gerade zwei Tore in Belgien geschossen. Bullidibumm hüpft vor Freude, der Fernseher hüpft mit, kippt um. Saisonausfall Nr. 2. Macht nichts! Was soll jetzt noch passieren?

9. 5. 2010
NACH DEM FEIERN. Rabiu hat in der vierten Minute nach der letzten Minute das 1:1 geköpfelt. Alle Roten Bullen freuen sich. Bullidibumm will aufs Feld laufen, feiern – da sticht ihm ein schwarzer Mann eine Fahne in die Nase. Das tut weh!

13. 5. 2010
VOR DEM FEIERN. Wieder Graz. Doch Bullidibumm hat gelernt, fährt diesmal mit, ruft dem Roman noch etwas von der Linie zu. Die Roten Bullen gewinnen.

ERFOLGSTRIO. TRAINER HUUB, DIREKTOR DIETMAR UND DER WICHTIGSTE VON ALLEN.

DIE SPIELERDATEN	
Geburtstag:	1. April (Jahr hab ich vergessen)
Geburtsort:	Salzburg, AUT
Status:	verliebt (in den Fußball)
Position:	Spiel-, Pardon, Spaßmacher
Spielte für:	Red Bull Salzburg für immer!

FAMILY DAY

BULLSHOP

GEÖFFNET: MO–FR 9.00–18.00 UHR, SA 9.00–14.00 UHR
BEI SPIELEN AM SO: 2 STUNDEN VOR BIS 1 STUNDE NACH DEM SPIEL
WWW.REDBULLSHOP.COM | **HIER IST IMMER FAMILY DAY.**

4

DIE TEAMS

RED BULL

JUNIORS

RED BULL JUNIORS

TOR
Wolfgang SCHOBER	06.07.1989
David SCHARTNER	07.09.1988
Matthew O'CONNOR	19.05.1991

VERTEIDIGUNG
Stefan LAINER	27.02.1992
Martin HINTEREGGER	07.09.1992
Maximilian KARNER	03.01.1990
Sebastian RADAKOVICS	20.11.1990
Nenad JOVANOVIC	09.11.1979
Dominik HACKINGER	19.11.1988
Jan Marc RIEGLER	18.04.1988

MITTELFELD
Harry PICHLER	18.06.1987
Stefan SCHWAB	27.09.1990
Marin MATOS	26.01.1989
Stefan ILSANKER	18.05.1989
Patrick SEEGER	25.08.1986
Pascal STÖGER	07.07.1990
Marco MEILINGER	03.08.1991
Georg TEIGL	09.02.1991
Daniel OFFENBACHER	18.02.1992
Marcel HOLZMANN	03.09.1990
Philipp ZULECHNER	12.04.1990
Christoph MATTES	08.02.1988

STURM
Jonathan RAFAEL DA SILVA	15.09.1991
Issiaka OUÉDRAOGO	19.08.1988
Romario LUIZ DA SILVA	03.03.1990

CHEFTRAINER
Niko KOVAČ	15.10.1971

CO-TRAINER
Gerald BAUMGARTNER	14.11.1964

TORWARTTRAINER
Franz ALMER	23.09.1970

KONDITIONSTRAINER
Klaus LUISSER	16.05.1977

BETREUER
Herbert RINGER	Physiotherapeut
Srdjan KOCIC	Masseur
Bernhard SEYWALD	Zeugwart

LIGASPIELE 2009/10

Datum	Spiel	Ergebnis
28.05.2010	Red Bull Juniors – FC Wacker Innsbruck	0:2 (0:0)
21.05.2010	SCR Altach – Red Bull Juniors	2:0 (0:0)
14.05.2010	Red Bull Juniors – FC Pax Gratkorn	1:2 (0:1)
07.05.2010	FC Lustenau 1907 – Red Bull Juniors	0:2 (0:0)
04.05.2010	TSV Hartberg – Red Bull Juniors	2:1 (1:1)
30.04.2010	Red Bull Juniors – First Vienna FC 1894	5:1 (2:1)
23.04.2010	FC Dornbirn 1913 – Red Bull Juniors	0:2 (0:2)
16.04.2010	Red Bull Juniors – SC Austria Lustenau	3:0 (0:0)
09.04.2010	SKN St. Pölten – Red Bull Juniors	2:0 (0:0)
06.04.2010	Red Bull Juniors – FK Austria Amateure	2:0 (1:0)
26.03.2010	FC Admira – Red Bull Juniors	1:0 (1:0)
23.03.2010	SCR Altach – Red Bull Juniors	3:1 (2:0)
19.03.2010	Red Bull Juniors – SC Austria Lustenau	4:0 (2:0)
12.03.2010	TSV Hartberg – Red Bull Juniors	2:1 (0:1)
05.03.2010	Red Bull Juniors – FK Austria Amateure	1:1 (0:1)
26.02.2010	FC Dornbirn 1913 – Red Bull Juniors	0:1 (0:0)
27.11.2009	Red Bull Juniors – First Vienna FC 1894	2:1 (1:1)
06.11.2009	FC Lustenau 1907 – Red Bull Juniors	0:2 (0:0)
03.11.2009	FC Admira – Red Bull Juniors	3:0 (1:0)
30.10.2009	Red Bull Juniors – SKN St. Pölten	3:3 (0:1)
23.10.2009	FC Pax Gratkorn – Red Bull Juniors	1:2 (0:2)
16.10.2009	Red Bull Juniors – FC Wacker Innsbruck	2:2 (1:0)
02.10.2009	Red Bull Juniors – SCR Altach	1:2 (1:2)
25.09.2009	SC Austria Lustenau – Red Bull Juniors	2:1 (0:0)
22.09.2009	Red Bull Juniors – TSV Hartberg	7:0 (4:0)
11.09.2009	FK Austria Amateure – Red Bull Juniors	1:0 (0:0)
28.08.2009	First Vienna FC 1894 – Red Bull Juniors	1:2 (1:1)
21.08.2009	Red Bull Juniors – FC Dornbirn 1913	4:2 (2:0)
07.08.2009	Red Bull Juniors – FC Lustenau 1907	1:3 (1:2)
31.07.2009	Red Bull Juniors – FC Admira	1:3 (1:1)
24.07.2009	SKN St. Pölten – Red Bull Juniors	2:2 (2:1)
17.07.2009	Red Bull Juniors – FC Pax Gratkorn	3:3 (0:2)
14.07.2009	FC Wacker Innsbruck – Red Bull Juniors	2:1 (1:1)

ENDSTAND ERSTE LIGA 2009/10

	SP	S	U	N	TORE	TD	P
1. FC Wacker Innsbruck	33	21	6	6	67:26	+41	69
2. FC Admira	33	20	7	6	68:22	+46	67
3. SCR Altach	33	20	6	7	60:27	+33	66
4. SKN St. Pölten	33	14	9	10	44:42	+2	51
5. SC Austria Lustenau	33	15	5	13	43:46	–3	50
6. Red Bull Juniors	33	13	5	15	58:49	+9	44
7. FC Pax Gratkorn	33	11	10	12	57:51	+6	43
8. FC Lustenau 1907	33	12	5	16	42:52	–10	41
9. TSV Hartberg	33	11	5	17	36:68	–32	38
10. FK Austria Amateure	33	9	8	16	42:57	–15	35
11. First Vienna FC 1894	33	8	6	19	37:57	–20	30
12. FC Dornbirn 1913	33	6	4	23	24:81	–57	22

AKA19

TOR
Thomas DÄHNE 04.01.1994 /
Matthew O'CONNOR 19.05.1991

VERTEIDIGUNG
Stefan LAINER 27.08.1992 / Roland HARTL 10.08.1991 / Florian HOFMANN 14.08.1991 / Hannes GANGHOFER 09.03.1991 / Martin HINTEREGGER 07.09.1992

MITTELFELD
Daniel OFFENBACHER 18.02.1992 / Alex KOBER 30.01.1991 / Matthias ÖTTL 10.02.1992 / Lukas GUNZINAM 09.12.1992 / Stipe VUCUR 22.05.1992 / Emre UYGUR 26.02.1993 / René ZIA 09.09.1991 / Yasin GÜRCAN 24.11.1992

STURM
Alexander ASCHAUER 14.03.1992 /
Simon HANDLE 25.01.1993 /
Michael HAUSER 01.07.1992

TRAINER
Henrik PEDERSEN 02.01.1978 /
Gerhard STRUBER 24.01.1977

TORMANNTRAINER
Franz ALMER 23.09.1970

KONDITIONSTRAINER
Klaus LUISSER 16.05.1977

REHA-TRAINERIN
Sigrid PICHLER 13.11.1973

BETREUER
Klaus GINTHER (Personality Coach) 31.01.1964 / Christian BANHARDT (Physiotherapeut) 19.03.1987 / Hakan EFE (Zeugwart) 22.01.1978

SPIELE 2009/10

12.06.2010 AKA Sturm Graz – AKA Red Bull U19
29.05.2010 AKA Red Bull U19 – BNZ Burgenland
16.05.2010 AKA Vorarlberg – AKA Red Bull U19 1:2 (0:0)
08.05.2010 AKA Red Bull U19 – FSA Austria 1:1 (0:1)
01.05.2010 AKA Rapid Wien – AKA Red Bull U19 1:4 (1:1)
24.04.2010 BNZ Tirol – AKA Red Bull U19 2:3 (1:1)
17.04.2010 AKA Red Bull U19 – AKA OÖ West 5:0 (2:0)
10.04.2010 AKA St Pölten – AKA Red Bull U19 0:1 (0:1)
27.03.2010 AKA Red Bull U19 – AKA Kärnten 0:2 (0:0)
20.03.2010 AKA Admira – AKA Red Bull U19 2:1 (2:0)
14.03.2010 AKA Red Bull U19 – AKA Linz 0:2 (0:2)
07.03.2010 Testspiel – SAK 1914 8:3 (3:0)
27.02.2010 Testspiel – Viborg (DEN) 3:3 (1:1)
23.02.2010 Testspiel – SV Seekirchen 2:0 (1:0)
20.02.2010 Testspiel – SV Kuchl 5:4 (3:1)
04.02.2010 Testspiel – St. Johann 2:1 (1:1)
30.01.2010 Testspiel – Friedburg (GER) 1:1 (0:1)
08.11.2009 AKA Red Bull U19 – AKA Sturm Graz 1:0 (0:0)
31.10.2009 BNZ Burgenland – AKA Red Bull U19 1:5 (0:3)
24.10.2009 AKA Red Bull U19 – AKA Vorarlberg 2:1 (1:0)
18.10.2009 FSA Austria – AKA Red Bull U19 2:0 (2:0)
04.10.2009 AKA Red Bull U19 – AKA Rapid Wien 4:3 (4:2)
26.09.2009 AKA Red Bull U19 – BNZ Tirol 3:1 (1:0)
19.09.2009 AKA OÖ West – AKA Red Bull U19 0:2 (0:0)
12.09.2009 AKA Red Bull U19 – AKA St. Pölten 1:0 (0:0)
05.09.2009 AKA Kärnten – AKA Red Bull U19 1:1 (1:0)
30.08.2009 AKA Red Bull U19 – AKA Admira 3:1 (2:0)
21.08.2009 AKA Linz – AKA Red Bull U19 4:2 (1:2)

AKA17

TOR
Lukas TAUBER 13.01.1994 / Domenik SCHIERL 20.07.1994

VERTEIDIGUNG
Alexander STAUDECKER 13.09.1993 / Osman UYGUR 26.02.1993 / Goran KRESO 28.03.1994 / Pascal SCHEUCHER 15.07.1994 / Marco LEININGER 19.01.1994 / Arif SARI 09.06.1994 / Andreas PFINGSTNER 23.03.1993 / Stefan SCHWENDINGER 27.07.1994

MITTELFELD
Aleksandar SIMIC 24.01.1993 / Robert VÖLKL 12.02.1993 / Philipp WIESINGER 23.05.1994 / Sandro DJURIC 15.02.1994 / Stefan SAVIC 09.01.1994 / Christoph MARTSCHINKO 13.02.1994

STURM
Telat ÜNAL 29.10.1994 / Ilija IVIC 14.02.1994 / Josef WITTMANN 07.06.1994 / Marco ROSER 07.01.1993 / Mehmet BULUT 21.07.1994

TRAINER
Robert IBERTSBERGER 20.01.1977 / Arno HERZOG (Co-Trainer)

TORMANNTRAINER
Walter PFOSER 27.11.1955

REHA-TRAINERIN
Sigrid PICHLER 13.11.1973

BETREUER
Klaus GINTHER (Personality Coach) 31.01.1964 / Christian BANHARDT (Physiotherapeut) 19.03.1987 / Hakan EFE (Zeugwart) 22.01.1978

SPIELE 2009/10

18.06.2010 RBS – Next Generation Trophy
12.06.2010 AKA Sturm Graz – AKA Red Bull U17
02.06.2010 Turnier Zagreb (CRO)
29.05.2010 AKA Red Bull U17 – BNZ Burgenland
16.05.2010 AKA Vorarlberg – AKA Red Bull U17 1:2 (1:0)
08.05.2010 AKA Red Bull U17 – FSA Austria 3:2 (2:2)
01.05.2010 AKA Rapid Wien – AKA Red Bull U17 3:1 (3:0)
24.04.2010 BNZ Tirol – AKA Red Bull U17 2:3 (1:1)
17.04.2010 AKA Red Bull U17 – AKA OÖ West 2:3 (0:2)
10.04.2010 AKA St. Pölten – AKA Red Bull U17 0:1 (0:0)
03.04.2010 Turnier Leinfelden (D)
27.03.2010 AKA Red Bull U17 – AKA Kärnten 2:2 (1:1)
20.03.2010 AKA Admira – AKA Red Bull U17 4:1 (4:0)
14.03.2010 AKA Red Bull U17 – Fal Linz 3:1 (2:1)
07.03.2010 Testspiel – ESV Traunstein (D) 7:1 (2:1)
26.02.2010 Testspiel – Viborg (DEN) 5:1 (2:1)
19.02.2010 Testspiel – ASV Salzburg 2:1 (1:0)
09.02.2010 Testspiel – SV Kapfenberg 6:7 (2:2)
06.02.2010 Testspiel – TSV 1860 München 0:4 (0:2)
31.01.2010 Testspiel – TSV Unterhaching 0:3 (0:3)
08.11.2009 AKA Red Bull U17 – AKA Sturm Graz 1:0 (0:0)
31.10.2009 BNZ Burgenland – AKA Red Bull U17 2:1 (0:0)
24.10.2009 AKA Red Bull U17 – AKA Vorarlberg 6:0 (1:0)
18.10.2009 FSA Austria – AKA Red Bull U17 1:0 (1:0)
04.10.2009 AKA Red Bull U17 – AKA Rapid Wien 2:2 (0:0)
26.09.2009 AKA Red Bull U17 – BNZ Tirol 3:1 (1:1)
19.09.2009 AKA OÖ West – AKA Red Bull U17 1:2 (1:1)
12.09.2009 AKA Red Bull U17 – AKA St. Pölten 3:1 (3:0)
05.09.2009 AKA Kärnten – AKA Red Bull U17 0:5 (0:4)
31.08.2009 AKA Red Bull U17 – AKA Admira 4:0 (0:0)
21.08.2009 Fal Linz – AKA Red Bull U17 2:2 (1:1)

AKA15

TOR
Michael DRGA 04.02.1995 /
Sefer SEFEROVIC 06.05.1995
VERTEIDIGUNG
Fabian EDER 03.02.1995 / Harald NIND
02.06.1995 / Lukas GUGGANIG 14.02.1995 /
Felix GROSSSCHÄDL 20.06.1995 /
Dominik PRÖTSCH 01.07.1995 /
Daniel HÖLZL 10.03.1995
MITTELFELD
Nihad OMEROVIC 20.04.1995 / Michael
BRANDNER 13.02.1995 / Edwin KARIBASIC
15.04.1995 / Andreas BOGNER 01.10.1995
/ Ralf PERTL 11.06.1995 / Ermin HASIC
10.02.1995 / Arlind HAMZAJ 13.04.1995
STURM
Oliver MARKOUTZ 14.01.1995 / Sebastian
DRGA 04.02.1995 / Christoph BANN
08.05.1995 / Matthias FELBER 01.01.1995
TRAINER
Wolfgang LUISSER 31.08.1979 /
Josef GEHMAIER (Co- & Konditionstrainer)
30.06.1982
TORMANNTRAINER
Walter PFOSER 27.11.1955
REHA-TRAINERIN
Sigrid PICHLER 13.11.1973
BETREUER
Klaus GINTHER (Personality Coach) 31.01.1964 /
Christian BANHARDT (Physiotherapeut)
19.03.1987 / Hakan EFE (Zeugwart) 22.01.1978

SPIELE 2009/10
03.06.2010 AKA Sturm Graz – AKA Red Bull U15
30.05.2010 AKA Red Bull U15 – BNZ Burgenland
22.05.2010 Cordial-Cup, Kitzbühel, 1. Platz
16.05.2010 AKA Vorarlberg – AKA Red Bull U15 2:5 (1:2)
09.05.2010 AKA Red Bull U15 – FSA Austria 2:1 (2:0)
01.05.2010 AKA Rapid Wien – AKA Red Bull U15 0:0 (0:0)
24.04.2010 BNZ Tirol – AKA Red Bull U15 1:5 (0:3)
17.04.2010 AKA Red Bull U15 – AKA OÖ West 3:1 (0:0)
10.04.2010 AKA St. Pölten – AKA Red Bull U15 1:1 (0:0)
31.03.2010 AKA Red Bull U15 – AKA Linz 3:1 (0:1)
27.03.2010 AKA Red Bull U15 – AKA Kärnten 4:1 (1:0)
20.03.2010 AKA Admira – AKA Red Bull U15 0:6 (0:4)
07.03.2010 Testspiel – Grünau U17 14:0
02.03.2010 Testspiel – Wacker Burghausen 6:1
26.02.2010 Testspiel – SAK 1b 4:5
20.02.2010 Testspiel – SKU Amstetten U17 2:2
09.02.2010 Testspiel – SV Kapfenberg 0:2
06.02.2010 Testspiel – TSV 1860 München 2:1
31.01.2010 Hallenturnier 5. Platz Würzburg (GER)
30.01.2010 Hallenturnier 3. Platz Blaustein (GER)
14.11.2009 AKA Red Bull U15 – AKA Rapid Wien 3:0 (2:0)
08.11.2009 AKA Red Bull U15 – AKA Sturm Graz 3:1 (0:0)
31.10.2009 BNZ Burgenland – AKA Red Bull U15 0:3 (0:2)
16.10.2009 FSA Austria – AKA Red Bull U15 0:2 (0:0)
11.10.2009 AKA Red Bull U15 – AKA Vorarlberg 3:2 (1:2)
26.09.2009 AKA Red Bull U15 – BNZ Tirol 2:0 (1:0)
19.09.2009 AKA OÖ West – AKA Red Bull U15 2:1 (2:1)
13.09.2009 AKA Red Bull U15 – AKA St. Pölten 6:1 (2:0)
09.09.2009 AKA Kärnten – AKA Red Bull U15 0:4 (0:1)
30.08.2009 AKA Red Bull U15 – AKA Admira 6:3 (4:0)
22.08.2009 AKA Linz – AKA Red Bull U15 2:3 (0:2)

U14

TOR
Christian SCHLOSSER 13.04.1996 /
Alexander SCHLAGER 01.02.1996
VERTEIDIGUNG
Julian FEISER 22.02.1996 / Marco OBERST
08.03.1996 / Elias HATZER 09.03.1996 /
Mladen JUTRIC 19.04.1996 / Moritz GIMPL
19.04.1996 / Manuel HAAS 07.05.1996 / Stefan
PERIC 13.02.1997 / Konrad LAIMER 27.05.1997
MITTELFELD
Sebastian WACHTER 31.01.1996 / Elvir HUSKIC
26.02.1996 / Stefan BERGMEISTER 18.07.1996 /
Patrick GREIL 08.09.1996 / Ante CORIC
14.04.1997
STURM
Hakan COBAN 04.03.1996 / Daniel RIPIC
14.03.1996 / Adel HALILOVIC 17.03.1996 /
Markus WALLNER 27.10.1996 / Michael STEINER
12.05.1996 / Xaver SCHLAGER 28.09.1997
TRAINER
Mario HELMLINGER /
Martin GERHARDTER (Co-Trainer)
TORMANNTRAINER
Walter PFOSER 27.11.1955
INDIVIDUALTRAINER
Mustapha MESLOUP
BETREUER
Dirk LEYSEN (Physiotherapeut) /
Herbert EGGER (Platzkoordinator)

SPIELE 2009/10
16.05.2010 RBS – FC Pasching 6:0 (4:0)
15.05.2010 MS: TSV St. Johann – RBS 1:5 (1:2)
08.05.2010 MS: RBS – Austria Salzburg 5:0 (2:0)
25.04.2010 MS: RBS – USK Anif 2:1 (1:0)
24.04.2010 Admira Wacker – RBS 3:1 (3:1)
18.04.2010 MS: SK Bischofshofen – RBS 1:2 (0:0)
17.04.2010 LAZ Ried – RBS 1:3 (0:0)
11.04.2010 MS: RBS – SG Unken/St. Martin 9:1 (4:1)
10.04.2010 Rapid Wien – RBS 6:6 (3:2)
07.04.2010 RBS – Home Farm FC (IRL) 3:1 (1:0)
03.04.2010 Blitzturnier mit SV Ried und Landesauswahl Kroatien, 1. Platz
24.03.2010 RBS – LAZ Klagenfurt 6:3 (1:3)
14.03.2010 RBS – SSV Reutlingen 3:0 (2:0)
13.03.2010 Grazer AK – RBS 3:2 (1:2)
06.03.2010 RBS – SKU Amstetten U15 6:0 (3:0)
28.02.2010 Hallenlandes-MS Finalrunde, 2. Platz
27.02.2010 RBS – Triglav (SLO) 5:0 (1:0)
20.02.2010 Hallenlandes-MS Zwischenrunde, 1. Platz
07.02.2010 RBS – TSV 1860 Rosenheim U15 3:1 (2:0)
06.02.2010 Wacker Burghausen – RBS 1:6 (1:4)
29.01.2010 Hallenturnier, 4. Platz
17.01.2010 Hallenlandes-MS Vorrunde, 1. Platz
11.12.2009 Hallenturnier (11.–13.12.2009), 2. Platz
28.11.2009 RBS – Admira 2:1 (2:1)
21.11.2009 RBS – FC Pasching 7:0 (3:0)
03.11.2009 RBS – TSV Unterhaching 6:1 (4:0)
31.10.2009 MS: USK Obertrum – RBS 2:4 (0:3)
24.10.2009 MS: RBS – ASV Salzburg 5:2 (1:2)
23.10.2009 RBS – Concordia Gernsheim U15 7:0 (4:0)
18.10.2009 MS: Lieferinger SV – RBS 0:12 (0:3)
17.10.2009 Tiroler FV – RBS 0:9 (0:4)
13.10.2009 RBS – Austria Salzburg 9:0 (3:0)
10.10.2009 RBS – SV Ried 6:4 (2:3)
27.09.2009 MS: RBS – SG St. Georgen/Nussdorf 17:0 (8:0)
23.09.2009 MS: FC Bergheim – RBS 0:8 (0:3)
20.09.2009 LAZ Wels/Steyr – RBS 0:10 (0:6)
13.09.2009 MS: RBS – SG Bürmoos/Lamprechtshausen 10:0 (3:0)
12.09.2009 Wiener Neustadt – RBS 0:14 (0:8)
30.08.2009 RBS – USC Eugendorf U15 8:0 (6:0)
23.08.2009 Internationales Turnier, 2. Platz
19.08.2009 Rapid Wien – RBS 0:1 (0:1)
17.08.2009 Sturm Graz – RBS 2:0 (0:0)

U13

TOR
Patrick PENTZ 02.01.1997
VERTEIDIGUNG
Thomas LEITENSTORFER 18.02.1997 / Simon ZIEHER 29.07.1997 / Antonio JURISIC 19.08.1997 / Fabian TRIBL 26.01.1997
MITTELFELD
Corvin RESCH 10.04.1997 / Michael SCHOBERSBERGER 05.06.1997 / Constantin REINER 11.07.1997 / Hans Peter SCHNITZER 26.03.1998
STURM
Philipp STADLMANN 20.03.1997 / Andreas MÖSENBICHLER 07.04.1997 / Sebastian OBERASCHER 08.06.1997 / Alem HUREMOVIC 20.11.1997 / Christian SCHNÖLL 29.11.1997 / Amir KESKIC 21.11.1997 / Mergim BERISHA 11.05.1998
TRAINER
Marek RZEPECKI
TORMANNTRAINER
Walter PFOSER 27.11.1955
INDIVIDUALTRAINER
Mustapha MESLOUP
BETREUER
Michael STEINER (Betreuer) / Dirk LEYSEN (Physiotherapeut) / Herbert EGGER (Platzkoordinator)

SPIELE 2009/10
16.05.2010 RBS – FC Pasching 3:2 (2:1
09.05.2010 Testspiel – Meran (ITA) 6:2 (4:0)
02.05.2010 MS: FC Pinzgau Saalfelden U15 – RBS 3:2 (0:1)
24.04.2010 Admira Wacker – RBS 1:2 (1:0)
17.04.2010 LAZ Ried – RBS 2:5 (0:1)
11.04.2010 MS: RBS – SC Mittersill 10:0 (4:0)
10.04.2010 Rapid Wien – RBS 2:1
01.04.2010 Turnier (1.–3.4.2010), 9. Platz
27.03.2010 Blitzturnier, 1. Platz
20.03.2010 RBS – SV Gottsdorf U14 2:0 (1:0)
13.03.2010 Grazer AK – RBS 3:2 (1:1)
07.03.2010 RBS – Austria Salzburg U15 3:4 (3:3)
28.02.2010 Hallenlandes-MS Finalrunde, 2. Platz
21.02.2010 Hallenlandes-MS Zwischenrunde, 1. Platz
19.02.2010 Wacker Burghausen – RBS 1:2
14.02.2010 Hallenlandes-MS Vorrunde, 1. Platz
13.02.2010 Hallenturnier, 1. Platz
07.02.2010 SK Bischofshofen – RBS 7:2 (3:1)
23.01.2010 Hallenturnier, 3. Platz
16.01.2010 Hallenturnier (16./17.1.2010), 2. Platz
05.12.2009 Hallenturnier, 3. Platz
28.11.2009 RBS – Admira 2:1 (2:1)
20.11.2009 RBS – FC Pasching 1:1 (1:1)
19.10.2009 TSV 1860 München – RBS 3:2
17.10.2009 Tiroler FV – RBS 1:4 (0:2)
11.10.2009 MS: RBS – 1. Oberndorfer SK 22:1 (11:0)
04.10.2009 MS: USV Elixhausen – RBS 0:6 (0:4)
19.09.2009 MS: RBS – SV Wals-Grünau 4:1 (2:0)
15.09.2009 MS: SV Anthering – RBS 0:12 (0:7)
11.09.2009 Turnier (11./12.9.2009), 1. Platz
02.09.2009 RBS – LAZ Seekirchen 6:1 (3:0)
22.08.2009 Intern. Turnier (22./23.8.2009), 1. Platz
19.08.2009 Rapid Wien – RBS 3:2
17.08.2009 Sturm Graz – RBS 4:6 (3:3)

U12

TOR
Valentino JOVIC 17.05.1998 / Daniel HEIGL 25.1.1998
VERTEIDIGUNG
Felix ELIASCH 23.07.1998 / Marco HOLZMANNSTETTER 05.03.1998 / Dejan JANJIC 13.07.1998 / Stano LAZOVIC 03.03.1998 / Josef WEBERBAUER 13.03.1998 / Maximilian WOPENKA 10.01.1998
MITTELFELD
Armin DURAKOVIC 18.03.1998 / Nico GORZEL 29.07.1998 / Roland QUEHENBERGER 07.06.1998 / Alexander SCHWAIGHOFER 28.12.1998
STURM
Fabian BRANDSTÄTTER 16.04.1998 / Eric MITTERLECHNER 30.08.1998 / Philip TEUFL 02.01.1998 / Michael TANZBERGER 17.08.1998
TRAINER
Sascha MILICEVIC
INDIVIDUALTRAINER
Mustapha MESLOUP
BETREUER
Georg GRABNER (Betreuer) / Dirk LEYSEN (Physiotherapeut) / Herbert EGGER (Platzkoordinator)

SPIELE 2009/10

16.05.2010 RBS – FC Pasching 4:2
12.05.2010 MS: SV Kuchl – RBS 0:6 (0:0)
08.05.2010 MS: RBS – FC Bad Hofgastein
07.05.2010 RBS – ABM Football Academy (NED) 5:0 (2:0)
02.05.2010 MS: FC Pinzgau Saalfelden – RBS 1:4 (0:1)
25.04.2010 MS: RBS – USK Anif 1:1 (0:1)
18.04.2010 Turnier, 3. Platz / Turniersieger: Sturm Graz, Ried
16.04.2010 MS: SV Seekirchen – RBS 0:4 (0:3)
10.04.2010 Danone-Cup Qualiturnier, Out im Halbfinale, Scheiblingkirchen
31.03.2010 Wacker Burghausen – RBS 5:1
27.03.2010 LASK Linz – RBS 0:3 (0:2)
21.03.2010 RBS – Hertha Wels 4:2 (4:1)
06.03.2010 Blitzturnier, 1. Platz
28.02.2010 Hallenlandes-MS Finalrunde, 1. Platz vor USC Mattsee Rif
27.02.2010 TSV Rosenheim – RBS 1:2 (0:2)
13.02.2010 Hallenlandes-MS Vorrunde, 1. Platz
07.02.2010 RBS – Austria Salzburg U13 6:0 (3:0)
08.01.2010 Hallenturnier (8.–10.1.2010), 2. Platz
29.12.2009 Hallenturnier Donau Linz (29./30.12.2009), 2. Platz
20.12.2009 Hallenturnier des SV Kuchl, 10. Platz
12.12.2009 Hallenturnier, 8. Platz
28.11.2009 Hallenturnier, 8. Platz
21.11.2009 RBS – FC Pasching 2:0 (2:0), Salzachsee
14.11.2009 RBS – FC Pinzgau Saalfelden 5:1 (3:0)
07.11.2009 Hallenturnier (7./8.11.2009), 6. Platz
31.10.2009 MS: RBS – FC Bergheim 14:1 (5:0)
25.10.2009 MS: SV Wals-Grünau – RBS 0:1 (0:0)
18.10.2009 MS: RBS – SG Berndorf/Perwang/Michaelbeuern 21:0 (11:0)
17.10.2009 Tiroler FV – RBS 2:6 (0:4)
11.10.2009 MS: SV Bürmoos – RBS 0:10 (0:3)
03.10.2009 MS: RBS – USV Lamprechtshausen 13:0 (3:0)
27.09.2009 MS: USK Obertrum – RBS 1:3 (0:1)
22.09.2009 MS: RBS – ASV Salzburg 5:1 (3:1)
20.09.2009 MS: Lieferinger SV – RBS 0:2 (0:1)
08.09.2009 MS: RBS – SG Mattsee/Seeham/Palting 4:1 (3:0)
06.09.2009 MS: SG Nussdorf/St. Georgen – RBS 1:8 (0:4)
05.09.2009 Conti-Cup, 11. Platz
22.08.2009 Turnier, 17. Platz
19.08.2009 RBS – SK St. Johann U13 9:4 (4:1)
17.08.2009 Sturm Graz – RBS 8:1 (2:1)
11.08.2009 SV Seekirchen U13 – RBS 3:2

U11

TOR
Franz Hofmann 04.03.1999
VERTEIDIGUNG
Alexander BURGSTALLER 12.07.1999 / Florian DEISL 08.07.1999 / Marko PAREZANOVIC 15.02.1999 / Milos PAREZANOVIC 15.02.1999 / Macel SPANNRING 07.12.1999
MITTELFELD
Leonardo LUKACEVIC 21.01.1999 / Luca MEISL 04.03.1999 / Tobias REISCHL 11.07.1999 / Philip STURM 23.02.1999
STURM
Sebastian DIETMANN 29.05.1999 / Timo PORTENKIRCHNER 23.12.1999 / Florian WIEDL 28.10.1999 / Daniel WURNIG 05.01.1999
TRAINER
Daniel ZENKOVIC
INDIVIDUALTRAINER
Mustapha MESLOUP
BETREUER
Martin STROBL (Betreuer) / Dirk LEYSEN (Physiotherapeut) / Herbert EGGER (Platzkoordinator)

SPIELE 2009/10

16.05.2010 MS: RBS – SV Kuchl 14:1 (2:0)
15.05.2010 Swarovski-Cup, 3. Platz
07.05.2010 MS: SV Wals-Grünau – RBS 2:8 (1:5)
02.05.2010 Blitzturnier, 2. Platz
25.04.2010 MS: RBS – SV Seekirchen 4:1 (1:1)
15.04.2010 MS: USK Gneis – RBS 0:6 (0:2)
14.04.2010 RBS – LAZ Freistadt 2:0 (2:0)
11.04.2010 MS: RBS – TSV Neumarkt 7:0 (4:0)
10.04.2010 Waldhör-Cup, 3. Platz
28.03.2010 Blitzturnier, 2. Platz
21.03.2010 Blitzturnier, 1. Platz
20.03.2010 SV Wacker Burghausen – RBS 2:4 (1:0)
07.03.2010 FC Bayern München – RBS 3:0
28.02.2010 Hallenlandes-MS Finalrunde, 4. Platz
20.02.2010 Hallenlandes-MS Zwischenrunde, 2. Platz
20.02.2010 Superfund Pasching – RBS 3:3 (2:3)
14.02.2010 Hallenlandes-MS Vorrunde, 1. Platz
14.02.2010 Hallenturnier, 4. Platz
06.02.2010 U12-Hallenturnier, 3. Platz
24.01.2010 Škoda-Cup, 1. Platz
16.01.2010 Hallenturnier, 4. Platz
04.01.2010 Junior Stier, 2. Platz
27.12.2009 Hallenturnier des SAK, 1. Platz
20.12.2009 Hallenturnier des SV Kuchl, 3. und 9. Rang
08.12.2009 Hallenturnier, 2. Platz
28.11.2009 Hallenturnier, 4. Platz
08.11.2009 Blitzturnier, 2. Platz
07.11.2009 Blitzturnier, 3. Platz
31.10.2009 MS: RBS – Lieferinger SV 14:1 (4:0)
23.10.2009 MS: Union Henndorf – RBS 0:8 (0:2)
17.10.2009 MS: RBS – SAK 1914 12:0 (4:0)
10.10.2009 MS: SV Kuchl – RBS 1:5 (1:3)
03.10.2009 MS: RBS – SV Wals-Grünau 7:1 (4:0)
20.09.2009 2. Intern. JAKO-Cup, 1. Platz
16.09.2009 MS: SV Seekirchen – RBS 3:1 (2:1)
13.09.2009 Turnier, 2. Platz
12.09.2009 MS: RBS – USK Gneis 10:0 (6:0)
05.09.2009 Turnier, 05/06.09.2009, 8. Platz
02.09.2009 MS: TSV Neumarkt – RBS 0:8 (0:3)

U10

SPIELERKADER

Sebastian AIGNER / Felix GSCHWANDL / Nikolaus HERBEK 06.04.2000 / Nebojsa JEFTIC 01.01.2000 / Laurenz LEITNER 09.06.2000 / Andreas SCHELLENEGGER 07.02.2000 / Lukas SPANN 03.06.2000 / Nikola STOSIC 29.01.2000 / Michael STRANZINGER 31.05.2000 / Anton TOVILO 16.06.2000 / Talha YARAT 15.01.2000 / Nemanja ZIKIC 20.04.2000

TRAINER
Robert GIERZINGER

BETREUER
Christoph HOLZER (Betreuer) / Dirk LEYSEN (Physiotherapeut) / Herbert EGGER (Platzkoordinator)

SPIELE 2009/10

15.05.2010 MS: RBS – FC Bergheim 14:2 (4:1)
07.05.2010 MS: Union Henndorf – RBS 0:22 (0:11)
02.05.2010 Turnier, 2. Platz
01.05.2010 MS: RBS – SV Seekirchen 12:0 (6:0)
24.04.2010 MS: USV Schleedorf – RBS, Schleedorf tritt nicht an!
17.04.2010 MS: RBS – USC Eugendorf 6:0 (2:0)
11.04.2010 MS: RBS – SV Straßwalchen 4:2 (3:0)
20.03.2010 RBS – Fußballschule Tirol 3:2
06.03.2010 Hallenturnier (6./7.3.2010), 14. Platz
13.02.2010 Hallenturnier, 4. Platz
30.01.2010 Hallenturnier, 1. Platz
17.01.2010 Hallenturnier, 2. Platz
09.01.2010 Hallenturnier (9./10.1.2010), 5. Platz
19.12.2009 Hallenturnier des SV Kuchl, 2. Platz
28.11.2009 Hallenturnier (28./29.11.2009), 8. Platz
14.11.2009 Hallenturnier, 1. Platz
25.10.2009 MS: TSV Neumarkt – RBS 1:19 (1:8)
17.10.2009 MS: RBS – SV Hallwang 3:1 (1:0)
09.10.2009 MS: FC Bergheim – RBS 1:9 (1:3)
03.10.2009 MS: RBS – Union Henndorf 14:0 (6:0)
27.09.2009 Turnier, 6. Platz
24.09.2009 MS: SV Seekirchen – RBS 1:4 (1:2)
22.09.2009 St. Johann U11 – RBS 2:5 (1:2)
19.09.2009 MS: RBS – USV Schleedorf 12:0 (6:0)
13.09.2009 Turnier, 15. Platz
11.09.2009 MS: USC Eugendorf – RBS 0:2 (0:1)
06.09.2009 MS: SV Straßwalchen – RBS 0:9 (0:5)
30.08.2009 Turnier, 1. Platz
01.07.2009 SAK 1914 – RBS Nonntal

U9

SPIELERKADER
Sebastian AIGNER 03.01.2001 / Finn GORZEL 12.10.2001 / Noah-Gabriel HUMMER 23.11.2001 / Nico JORDAN 02.07.2001 / Gabriel LUKASEVIC 07.03.2001 / Mathias SEIDL 24.01.2001 / Nicolas SEIWALD 04.05.2001 / Tobias STANGL 22.03.2001 / Michele STOCK 02.06.2001 / Matteo SCHUBERT 02.08.2001 / Lucien ZICKLER

TRAINER
Michael STEINER

BETREUER
Sasa REVISHVILI (Betreuer) / Dirk LEYSEN (Physiotherapeut) / Herbert EGGER (Platzkoordinator)

SPIELE 2009/10
16.05.2010 Blitzturnier des SK Rapid Wien, 4. Platz
15.05.2010 Turnier des SK Rapid Wien, 9. Platz
06.05.2010 SV Wals Grünau U11 – RBS 0:11 (0:4)
01.05.2010 Turnier USK Elsbethen, 1. Platz
25.04.2010 RBS – FC Braunau 27:3 (14:1)
23.04.2010 Turnier ASV Taxham
18.04.2010 Turnier RBS, 1. Platz
15.04.2010 RBS – SV Kuchl U10 5:0 (2:0)
28.02.2010 Hallenlandes-MS Finalrunde, 1. Platz
21.02.2010 Hallenlandes-MS Zwischenrunde, 2. Platz
19.02.2010 Hallenturnier (19./20.02.2010),
06.02.2010 Hallenturnier, 1. Platz
31.01.2010 Hallenlandes-MS Vorrunde, 1. Platz
30.01.2010 Hallenturnier, 7. Platz
16.01.2010 Hallenturnier, 1. Platz
05.01.2010 Hallenlandes-MS Vorrunde, 1. Platz
19.12.2009 Hallenturnier des SV Kuchl, 1. Platz
12.12.2009 Hallenturnier, 1. Platz
06.12.2009 Hallenturnier, 4. Platz
26.10.2009 Turnier FC Hallein
22.10.2009 SV Kuchl U10 – RBS 4:5 (0:2)
10.10.2009 Turnier USK Elsbethen, 1. Platz
29.09.2009 FC Hallein – RBS 6:10 (2:2)
26.09.2009 Turnier RBS, 1. Platz
20.09.2009 Champions-League-Turnier, 2. Platz
19.09.2009 Turnier Lieferinger SV, 1. Platz
13.09.2009 Turnier ASK Maxglan, 1. Platz

U8

SPIELERKADER
Elias ATIABAU 15.01.2002 / Alexander BRIEDL 21.04.2002 / Samuel FRÖSCHL 27.09.2002 / Rinor HULAJ 06.03.2002 / Igor JOVANOVIC 05.04.2002 / Leonardo JOVIC 21.01.2002 / Haris ORASCANIN 28.02.2003 / Mika-Sven SANDMAYR 26.07.2002 / Milos SAVIC 02.05.2002 / Mario STANGL 04.11.2002

TRAINER
Mohamed SAHLI

BETREUER
Alen KALFIC / Dirk LEYSEN (Physiotherapeut) / Herbert EGGER (Platzkoordinator)

SPIELE 2009/10
15.05.2010 RBS – FC Stadlau Salzachsee
02.05.2010 Turnier USC St. Georgen, 1. Platz
01.05.2010 Turnier, 1. Platz
24.04.2010 Turnier RBS, 1. Platz
18.04.2010 Turnier SC Oberhofen, 1. Platz
06.03.2010 Hallenturnier, 3. Platz
13.02.2010 Hallenturnier, 1. Platz
06.02.2010 Hallenturnier, 1. Platz
31.01.2010 RBS – SSK 1919 U9 2 14:1 (6:1)
23.01.2010 Hallenturnier, 2. Platz
09.12.2009 Test (Halle): ASV Salzburg – RBS 6:21 (5:9)
08.12.2009 Hallenturnier, 3. Platz
22.11.2009 Hallenturnier des Lieferinger SV, 1. Platz
16.11.2009 Turnier des SSK 1919, 3. Platz
31.10.2009 FC Hammerau U9 – RBS 5:5 (2:3)
25.10.2009 Turnier SAK 1914, 1. Platz
23.10.2009 RBS – ASV Salzburg 10:2 (4:2)
17.10.2009 Turnier RBS, 1. Platz Salzachsee
03.10.2009 USK Anif U9 – RBS 3:12 (1:7)
27.09.2009 Turnier USC Eugendorf, 1. Platz
19.09.2009 Turnier ASV Salzburg, 1. Platz
12.09.2009 Turnier RBS, 1. Platz
30.08.2009 SV Laufen – RBS 0:9 (0:6), Laufen (GER)

U7

SPIELERKADER
Valentin AKRAP 13.01.2003 / Benjamin ATIABAU 19.01.2004 / David KALFIC 26.06.2004 / Kilian KLIMITSCH 18.05.2003 / Ben LEITENSTORFER 04.07.2003 / Nino LESJAK 08.06.2003 / Lorenc LUKACEVIC 11.12.2003 / Edvin MAHMULJIN 19.04.2003 / Marcel MOLNAR 10.03.2003 / Emir OZAN 03.01.2003 / Emre OZAN 03.01.2003 / Laurin ZICKLER 28.04.2003

TRAINER
Christian JUNG

BETREUER
Dirk LEYSEN (Physiotherapeut) / Herbert EGGER (Platzkoordinator)

SPIELE 2009/10

08.05.2010 Red Bull Jugend – U7
U7: klarer 11:1-Sieg
04.05.2010 Red Bull Jugend – U7
U7: klarer Testsieg
28.04.2010 Red Bull Jugend – U7
U7: klarer Sieg gegen Saaldorf
22.04.2010 Red Bull Jugend – U7; U7 feiert Kantersieg gegen SAK Salzburg
21.04.2010 Red Bull Jugend – U7
U7 bezwingt Hammerau
16.04.2010 Red Bull Jugend – U7
Kantersieg der U7 und U6
03.03.2010 Red Bull Jugend – U7
U7 beendet Turnier auf Rang drei
28.02.2010 Red Bull Jugend – U7
U7: Turniersieg in Surheim!
24.02.2010 Red Bull Jugend – U7
U7: ungeschlagen zum Turniersieg
16.02.2010 Red Bull Jugend – U7
U7 belegt den fünften Platz
18.01.2010 Red Bull Jugend – U7
U7: Platz vier in Seekirchen
12.01.2010 Red Bull Jugend – U7
U7 wird Bezirksmeister
21.12.2009 Red Bull Jugend – U7
U7: Turniersieger in Seekirchen
14.12.2009 Red Bull Jugend – U7
U7 steigert sich von Spiel zu Spiel und wird Dritter
14.12.2009 Red Bull Jugend – U7
U7: 4. Platz bei Turnier in Straßwalchen
03.11.2009 Red Bull Jugend – U7
U7 überzeugt durch druckvolles Spiel
21.10.2009 Red Bull Jugend – U7
U7: klarer Sieg gegen Anger U8
07.10.2009 Red Bull Jugend – U7
U7 verliert gegen Hallein U8
05.10.2009 Red Bull Jugend – U7
U7 feiert Kantersieg
29.09.2009 Red Bull Jugend – U7
U7 dominiert Hammerau
21.09.2009 Red Bull Jugend – U7
U7: viele Tore gegen Seekirchen
03.09.2009 Red Bull Jugend – U7
U7: Testsieg gegen Laufen U8

5
DIE STATISTIK

PLATZ 1

FIEBERKURVE DER SAISON. MIT EINEM ERFOLGSLAUF VON RUNDE 12 BIS RUNDE 33 – 22 SPIELE OHNE NIEDERLAGE! – LEGT RED BULL SALZBURG DEN GRUNDSTEIN ZUR TITELVERTEIDIGUNG.

Legende: ■ = Sieg ▨ = Unentschieden □ = Niederlage

2009/10

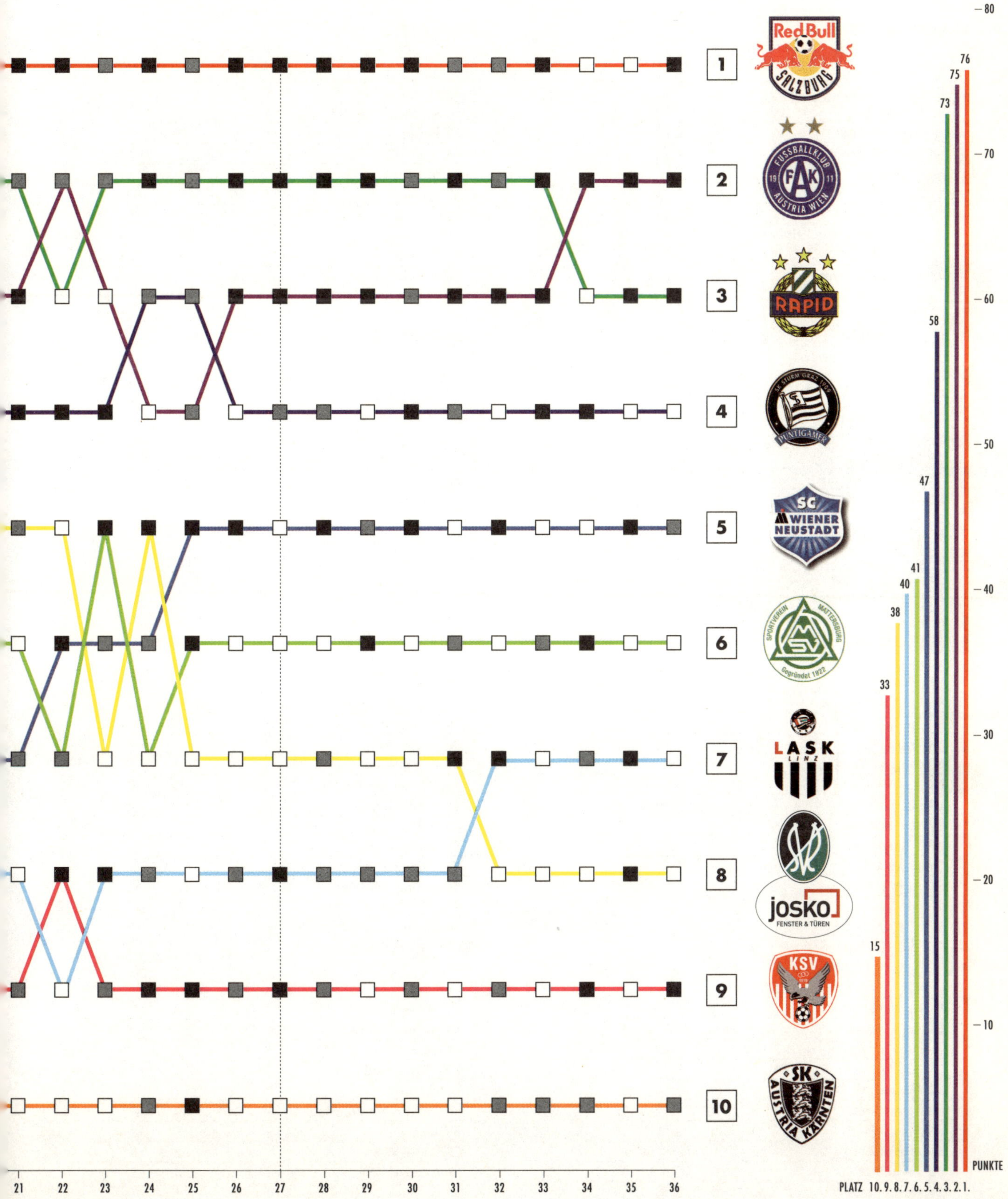
1
2
3
4
5
6
7
8
9
10
21
22
23
24
25
26
27
28
29
30
31
32
33
34
35
36
80
70
60
50
40
30
20
10
76
75
73
58
47
41
40
38
33
15
PUNKTE
PLATZ 10. 9. 8. 7. 6. 5. 4. 3. 2. 1.

ALLE TABELLEN

AUSWÄRTSSTÄRKE. DIE ROTEN BULLEN BEWEISEN MIT LEDIGLICH EINER NIEDERLAGE WIEDER IHRE HEIMSTÄRKE UND SIND 2009/10 AUSWÄRTS DAS STÄRKSTE TEAM DER LIGA.

1. SAISONVIERTEL

	VEREIN	SP	S	U	N	TORE	D	PKT
1	Red Bull Salzburg	9	6	2	1	21:12	+9	20
2	SK Rapid Wien	9	5	3	1	20:10	+10	18
3	FK Austria Wien	9	5	2	2	18:12	+6	17
4	SK Sturm Graz	9	5	1	3	17:12	+5	16
5	LASK Linz	9	4	1	4	27:23	+4	13
6	SV Josko Ried	9	3	3	3	11:11	0	12
7	SV Mattersburg	9	4	0	5	13:17	-4	12
8	SC Magna Wr. Neustadt	9	3	1	5	15:18	-3	10
9	KSV Superfund	9	2	0	7	6:19	-13	6
10	SK Austria Kärnten	9	1	1	7	10:24	-14	4

2. SAISONVIERTEL

	VEREIN	SP	S	U	N	TORE	D	PKT
1	SK Rapid Wien	9	5	3	1	21:5	+16	18
2	FK Austria Wien	9	6	0	3	13:9	+4	18
3	Red Bull Salzburg	9	4	4	1	15:5	+10	16
4	SV Josko Ried	9	4	3	2	12:6	+6	15
5	SK Sturm Graz	9	3	4	2	9:5	+3	13
6	KSV Superfund	9	3	2	4	14:16	-2	11
7	SC Magna Wr. Neustadt	9	3	2	4	14:18	-4	11
8	SV Mattersburg	9	3	1	5	11:15	-4	10
9	LASK Linz	9	0	5	4	13:25	-12	5
10	SK Austria Kärnten	9	0	3	6	4:21	-17	3

3. SAISONVIERTEL

	VEREIN	SP	S	U	N	TORE	D	PKT
1	Red Bull Salzburg	9	7	2	0	19:4	+15	23
2	SK Sturm Graz	9	5	3	1	16:7	+9	18
3	SK Rapid Wien	9	4	3	2	18:13	+5	15
4	SC Magna Wr. Neustadt	9	4	3	2	13:8	+5	15
5	FK Austria Wien	9	4	3	2	14:11	+3	15
6	LASK Linz	9	3	2	4	11:14	-3	11
7	SV Mattersburg	9	3	2	4	11:22	-11	11
8	KSV Superfund	9	1	4	4	12:17	-5	7
9	SV Josko Ried	9	1	1	7	6:12	-6	4
10	SK Austria Kärnten	9	1	1	7	7:19	-12	4

4. SAISONVIERTEL

	VEREIN	SP	S	U	N	TORE	D	PKT
1	FK Austria Wien	9	8	1	0	15:2	+13	25
2	SK Rapid Wien	9	6	2	1	20:8	+12	20
3	Red Bull Salzburg	9	5	2	2	13:6	+7	17
4	LASK Linz	9	2	5	2	8:8	0	11
5	SC Magna Wr. Neustadt	9	3	2	4	12:14	-2	11
6	SK Sturm Graz	9	3	2	4	8:12	-4	11
7	KSV Superfund	9	2	3	4	12:15	-3	9
8	SV Mattersburg	9	2	2	5	10:17	-7	8
9	SV Josko Ried	9	2	1	6	10:18	-8	7
10	SK Austria Kärnten	9	0	4	5	8:16	-8	4

ENDTABELLE

	VEREIN	SP	S	U	N	TORE	D	PKT
1	Red Bull Salzburg	36	22	10	4	68:27	+41	76
2	FK Austria Wien	36	23	6	7	60:34	+26	75
3	SK Rapid Wien	36	21	10	5	80:38	+42	73
4	SK Sturm Graz	36	16	10	10	50:36	+14	58
5	SC Magna Wr. Neustadt	36	13	8	15	54:58	-4	47
6	SV Mattersburg	36	12	5	19	45:71	-26	41
7	LASK Linz	36	9	13	14	59:70	-11	40
8	SV Josko Ried	36	10	8	18	39:47	-8	38
9	KSV Superfund	36	8	9	19	44:67	-23	33
10	SK Austria Kärnten	36	2	9	25	29:80	-51	15

HEIMTABELLE

	VEREIN	SP	S	U	N	TORE	D	PKT
1	SK Rapid Wien	18	15	2	1	48:14	+34	47
2	FK Austria Wien	18	14	3	1	33:10	+23	45
3	Red Bull Salzburg	18	13	4	1	41:12	+29	43
4	SC Magna Wr. Neustadt	18	10	4	4	36:23	+13	34
5	SK Sturm Graz	18	8	6	4	26:15	+11	30
6	SV Mattersburg	18	9	3	6	33:30	+3	30
7	LASK Linz	18	7	8	3	38:22	+16	29
8	SV Josko Ried	18	8	3	7	28:20	+8	27
9	KSV Superfund	18	6	5	7	26:23	+3	23
10	SK Austria Kärnten	18	2	6	10	16:34	-18	12

AUSWÄRTSTABELLE

	VEREIN	SP	S	U	N	TORE	D	PKT
1	Red Bull Salzburg	18	9	6	3	27:15	+12	33
2	FK Austria Wien	18	9	3	6	27:24	+3	30
3	SK Sturm Graz	18	8	4	6	24:21	+3	28
4	SK Rapid Wien	18	6	8	4	32:24	+8	26
5	SC Magna Wr. Neustadt	18	3	4	11	18:35	-17	13
6	SV Josko Ried	18	2	5	11	11:27	-16	11
7	LASK Linz	18	2	5	11	21:48	-27	11
8	SV Mattersburg	18	3	2	13	12:41	-29	11
9	KSV Superfund	18	2	4	12	18:44	-26	10
10	SK Austria Kärnten	18	0	3	15	13:46	-33	3

DIREKTE DUELLE

VEREIN	SP	S	U	N	TORE	D	PKT
SV Mattersburg	4	4	0	0	13:3	+10	12
SK Austria Kärnten	4	4	0	0	12:2	+10	12
SK Sturm Graz	4	3	1	0	9:2	+7	10
KSV Superfund	4	3	0	1	7:2	+5	9
LASK Linz	4	2	2	0	6:2	+4	8
SC Magna Wr. Neustadt	4	2	2	0	9:6	+3	8
SV Ried	4	2	1	1	5:3	+2	7
SK Rapid Wien	4	1	3	0	4:2	+2	6
FK Austria Wien	4	1	1	2	3:4	-1	4

Legende: SP = Spiele, S = Siege, U = Unentschieden, N = Niederlagen, D = Tordifferenz, PKT = Punkte

AUF & AB IM VIERTELTAKT

DIE LEISTUNGSKURVEN DER SAISONVIERTEL ZEIGEN BEIM MEISTER MEISTENS NACH OBEN. NUR KURZ VOR DEM FINISH SORGEN NOCH ZWEI NIEDERLAGEN FÜR SPANNUNG.

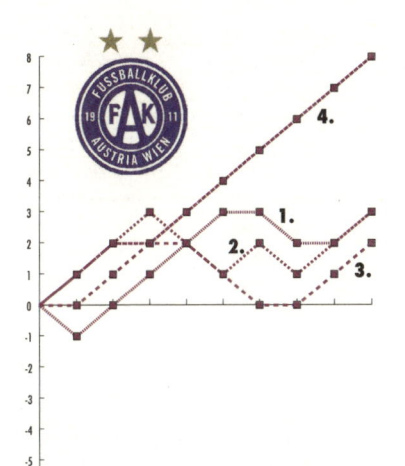

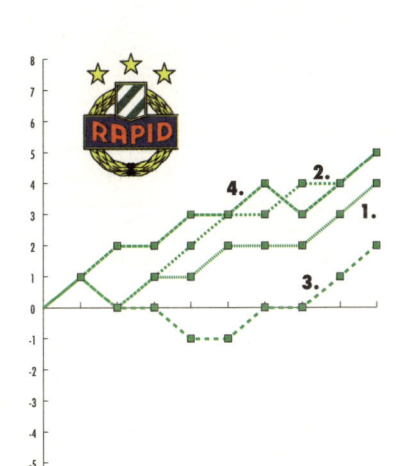

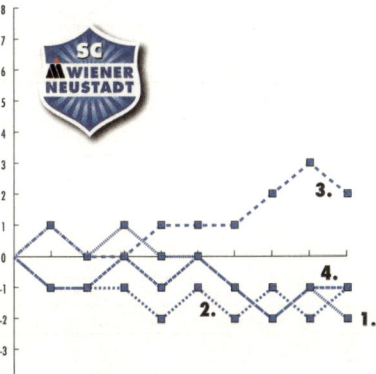

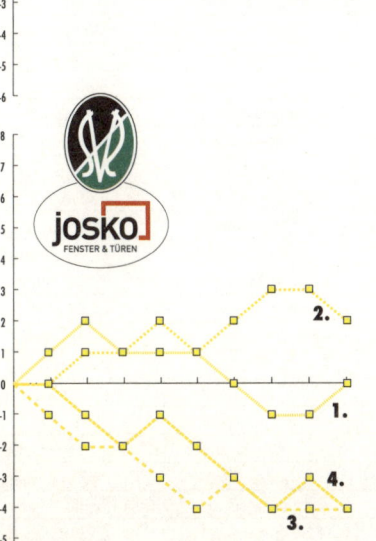

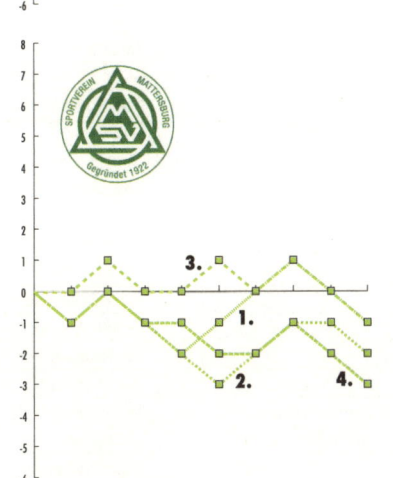

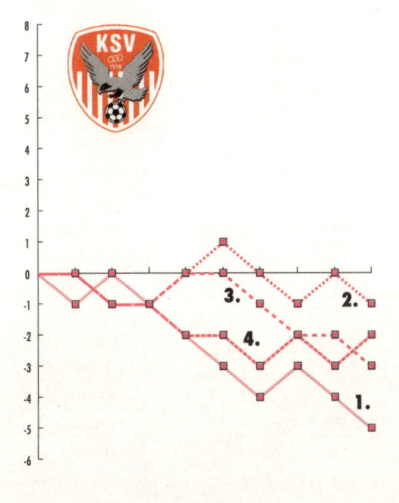

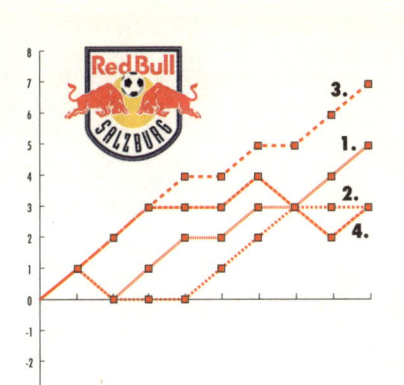

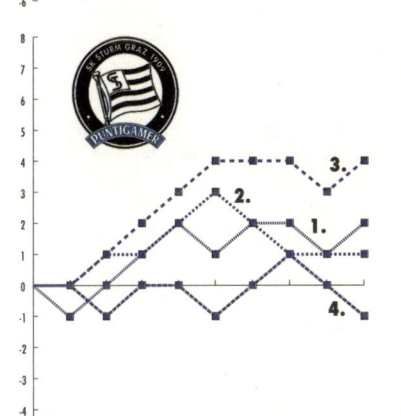

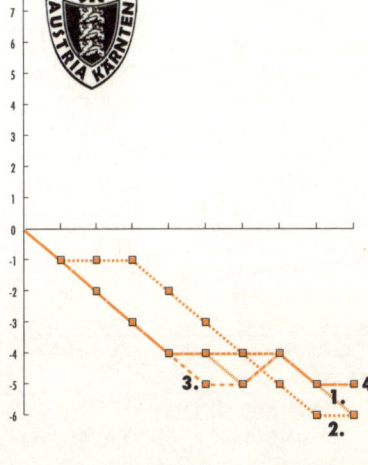

ALLE SPIELE

22 SIEGE, VIER NIEDERLAGEN. RED BULL SALZBURG KASSIERT NIE MEHR ALS ZWEI TREFFER UND MIT 27 GEGENTOREN DIE WENIGSTEN DER BUNDESLIGA.

#	Heim	Ergebnis	Gast
1	Red Bull Salzburg	2:1 (0:1)	Austria Wien
	KSV Superfund	0:1 (0:1)	SV Ried
	SC Wr. Neustadt	3:1 (0:1)	Austria Kärnten
	LASK Linz	4:0 (4:0)	SV Mattersburg
	Rapid Wien	2:1 (1:0)	Sturm Graz
2	SV Ried	1:0 (0:0)	Red Bull Salzburg
	Sturm Graz	3:0 (3:0)	SC Wr. Neustadt
	LASK Linz	4:5 (4:3)	Austria Wien
	SV Mattersburg	2:1 (0:0)	Rapid Wien
	KSV Superfund	3:2 (1:1)	Austria Kärnten
3	Red Bull Salzburg	3:2 (1:1)	LASK Linz
	Sturm Graz	2:0 (1:0)	SV Mattersburg
	Austria Wien	3:0 (1:0)	KSV Superfund
	SC Wr. Neustadt	2:1 (0:0)	SV Ried
	Rapid Wien	5:1 (0:1)	Austria Kärnten
4	SV Mattersburg	2:3 (0:1)	Red Bull Salzburg
	SV Ried	1:1 (0:0)	Rapid Wien
	LASK Linz	4:0 (2:0)	KSV Superfund
	Austria Wien	2:1 (0:0)	SC Wr. Neustadt
	Austria Kärnten	1:3 (1:0)	Sturm Graz
5	SC Wr. Neustadt	1:1 (1:1)	Red Bull Salzburg
	Sturm Graz	0:1 (0:0)	Austria Wien
	KSV Superfund	0:1 (0:0)	SV Mattersburg
	Rapid Wien	4:1 (4:0)	LASK Linz
	Austria Kärnten	0:0 (0:0)	SV Ried
6	Red Bull Salzburg	4:0 (3:0)	KSV Superfund
	SV Ried	1:2 (0:1)	Sturm Graz
	LASK Linz	4:2 (1:1)	SC Wr. Neustadt
	Austria Wien	1:1 (0:0)	Rapid Wien
	SV Mattersburg	4:1 (1:0)	Austria Kärnten
7	Rapid Wien	2:2 (0:2)	Red Bull Salzburg
	SV Mattersburg	3:0 (1:0)	SV Ried
	Sturm Graz	3:3 (1:0)	LASK Linz
	SC Wr. Neustadt	2:3 (1:2)	KSV Superfund
	Austria Kärnten	2:1 (0:0)	Austria Wien
8	Red Bull Salzburg	4:2 (3:2)	Sturm Graz
	KSV Superfund	0:1 (0:0)	Rapid Wien
	LASK Linz	3:1 (1:1)	Austria Kärnten
	Austria Wien	1:1 (0:0)	SV Ried
	SC Wr. Neustadt	3:0 (0:0)	SV Mattersburg
9	Austria Kärnten	1:2 (0:0)	Red Bull Salzburg
	SV Ried	5:2 (1:2)	LASK Linz
	KSV Superfund	0:1 (0:0)	Sturm Graz
	Rapid Wien	3:1 (1:1)	SC Wr. Neustadt
	SV Mattersburg	1:3 (0:1)	Austria Wien
10	Red Bull Salzburg	7:1 (3:1)	Austria Kärnten
	Sturm Graz	0:0 (0:0)	KSV Superfund
	SC Wr. Neustadt	0:4 (0:1)	Rapid Wien
	LASK Linz	2:2 (1:1)	SV Ried
	Austria Wien	1:0 (1:0)	SV Mattersburg
11	Austria Wien	1:0 (1:0)	Red Bull Salzburg
	SV Ried	3:0 (1:0)	KSV Superfund
	Sturm Graz	1:0 (0:0)	Rapid Wien
	SV Mattersburg	3:2 (2:1)	LASK Linz
	Austria Kärnten	0:0 (0:0)	SC Wr. Neustadt
12	Red Bull Salzburg	1:1 (0:1)	SV Ried
	Austria Kärnten	1:1 (0:1)	KSV Superfund
	SC Wr. Neustadt	0:0 (0:0)	Sturm Graz
	Austria Wien	3:0 (1:0)	LASK Linz
	Rapid Wien	4:0 (2:0)	SV Mattersburg
13	LASK Linz	0:0 (0:0)	Red Bull Salzburg
	SV Ried	3:0 (2:0)	SC Wr. Neustadt
	KSV Superfund	1:0 (0:0)	Austria Wien
	SV Mattersburg	0:2 (0:1)	Sturm Graz
	Austria Kärnten	1:3 (0:0)	Rapid Wien
14	Red Bull Salzburg	2:0 (1:0)	SV Mattersburg
	Sturm Graz	4:0 (2:0)	Austria Kärnten
	KSV Superfund	7:2 (4:2)	LASK Linz
	SC Wr. Neustadt	4:3 (2:1)	Austria Wien
	Rapid Wien	1:0 (1:0)	SV Ried
15	SC Wr. Neustadt	2:3 (1:1)	Red Bull Salzburg
	SV Ried	1:0 (1:0)	Austria Kärnten
	LASK Linz	3:3 (3:1)	Rapid Wien
	Austria Wien	1:0 (1:0)	Sturm Graz
	SV Mattersburg	4:1 (2:0)	KSV Superfund
16	KSV Superfund	0:2 (0:0)	Red Bull Salzburg
	Sturm Graz	0:2 (0:0)	SV Ried
	SC Wr. Neustadt	4:1 (3:0)	LASK Linz
	Rapid Wien	4:1 (2:0)	Austria Wien
	Austria Kärnten	0:3 (0:2)	SV Mattersburg
17	Red Bull Salzburg	0:0 (0:0)	Rapid Wien
	KSV Superfund	3:1 (1:1)	SC Wr. Neustadt
	LASK Linz	2:2 (0:1)	Sturm Graz
	Austria Wien	1:0 (1:0)	Austria Kärnten
	SV Ried	0:0 (0:0)	SV Mattersburg
18	Sturm Graz	0:0 (0:0)	Red Bull Salzburg
	SV Ried	0:2 (0:2)	Austria Wien
	SV Mattersburg	1:3 (1:1)	SC Wr. Neustadt
	Rapid Wien	3:1 (2:0)	KSV Superfund
	Austria Kärnten	1:1 (0:1)	LASK Linz
19	Red Bull Salzburg	1:0 (0:0)	Austria Kärnten
	SC Wr. Neustadt	4:0 (2:0)	LASK Linz
	Sturm Graz	2:2 (2:1)	Austria Wien
	KSV Superfund	2:2 (1:1)	SV Mattersburg
	Rapid Wien	2:1 (1:0)	SV Ried
20	SV Ried	1:2 (0:2)	Red Bull Salzburg
	SV Mattersburg	1:0 (1:0)	SC Wr. Neustadt
	Austria Wien	4:3 (2:1)	KSV Superfund
	LASK Linz	4:2 (2:0)	Rapid Wien
	Austria Kärnten	0:3 (0:1)	Sturm Graz
21	Red Bull Salzburg	3:0 (2:0)	LASK Linz
	SC Wr. Neustadt	2:2 (1:1)	Rapid Wien
	Sturm Graz	4:0 (1:0)	SV Mattersburg
	KSV Superfund	1:1 (0:1)	SV Ried
	Austria Wien	4:1 (1:1)	Austria Kärnten
22	Rapid Wien	0:1 (0:0)	Red Bull Salzburg
	SV Ried	0:1 (0:1)	SC Wr. Neustadt
	SV Mattersburg	1:1 (0:1)	Austria Wien
	LASK Linz	1:2 (1:1)	Sturm Graz
	Austria Kärnten	0:1 (0:1)	KSV Superfund
23	Red Bull Salzburg	1:1 (1:0)	SC Wr. Neustadt
	Sturm Graz	1:0 (1:0)	SV Ried
	KSV Superfund	2:2 (0:0)	Rapid Wien
	Austria Wien	0:1 (0:0)	LASK Linz
	Austria Kärnten	2:4 (1:0)	SV Mattersburg
24	Red Bull Salzburg	1:0 (1:0)	KSV Superfund
	SV Ried	3:0 (1:0)	SV Mattersburg
	SC Wr. Neustadt	0:0 (0:0)	Sturm Graz
	Rapid Wien	2:0 (0:0)	Austria Wien
	LASK Linz	0:0 (0:0)	Austria Kärnten
25	Austria Wien	1:1 (1:0)	Red Bull Salzburg
	SV Mattersburg	2:1 (1:0)	LASK Linz
	Sturm Graz	1:1 (0:0)	Rapid Wien
	KSV Superfund	2:3 (1:1)	SC Wr. Neustadt
	Austria Kärnten	1:0 (1:0)	SV Ried
26	Red Bull Salzburg	3:0 (2:0)	Sturm Graz
	SV Ried	0:1 (0:0)	Austria Wien
	SC Wr. Neustadt	2:1 (1:0)	Austria Kärnten
	Rapid Wien	3:0 (0:0)	SV Mattersburg
	LASK Linz	1:1 (1:0)	KSV Superfund
27	SV Mattersburg	1:6 (0:2)	Red Bull Salzburg
	KSV Superfund	0:3 (0:2)	Sturm Graz
	Austria Wien	1:0 (1:0)	SC Wr. Neustadt
	LASK Linz	3:0 (2:0)	SV Ried
	Austria Kärnten	2:4 (1:2)	Rapid Wien
28	Red Bull Salzburg	2:0 (0:0)	SV Mattersburg
	SV Ried	2:2 (2:1)	LASK Linz
	SC Wr. Neustadt	0:1 (0:1)	Austria Wien
	Sturm Graz	1:1 (0:1)	KSV Superfund
	Rapid Wien	1:0 (1:0)	Austria Kärnten
29	Austria Kärnten	0:2 (0:1)	Red Bull Salzburg
	SV Ried	1:3 (1:2)	Rapid Wien
	SV Mattersburg	3:1 (1:1)	KSV Superfund
	Austria Wien	1:0 (0:0)	Sturm Graz
	LASK Linz	1:1 (0:1)	SC Wr. Neustadt
30	Red Bull Salzburg	2:0 (1:0)	SV Ried
	SC Wr. Neustadt	2:1 (1:0)	SV Mattersburg
	Sturm Graz	3:2 (0:1)	Austria Kärnten
	KSV Superfund	1:1 (0:0)	Austria Wien
	Rapid Wien	0:0 (0:0)	LASK Linz
31	LASK Linz	0:0 (0:0)	Red Bull Salzburg
	SV Ried	2:1 (1:1)	KSV Superfund
	SV Mattersburg	0:0 (0:0)	Sturm Graz
	Rapid Wien	3:0 (1:0)	SC Wr. Neustadt
	Austria Kärnten	0:2 (0:1)	Austria Wien
32	Red Bull Salzburg	1:1 (0:0)	Rapid Wien
	SC Wr. Neustadt	2:0 (2:0)	SV Ried
	Sturm Graz	0:1 (0:0)	LASK Linz
	KSV Superfund	0:0 (0:0)	Austria Kärnten
	Austria Wien	5:1 (2:1)	SV Mattersburg
33	Red Bull Salzburg	4:2 (4:1)	SC Wr. Neustadt
	SV Ried	1:2 (1:0)	Sturm Graz
	SV Mattersburg	1:1 (1:0)	Austria Kärnten
	Rapid Wien	5:3 (2:1)	KSV Superfund
	LASK Linz	0:1 (0:0)	Austria Wien
34	KSV Superfund	2:0 (1:0)	Red Bull Salzburg
	SV Mattersburg	3:1 (1:0)	SV Ried
	Sturm Graz	1:0 (0:0)	SC Wr. Neustadt
	Austria Wien	1:0 (1:0)	Rapid Wien
	Austria Kärnten	2:2 (1:2)	LASK Linz
35	Red Bull Salzburg	0:1 (0:0)	Austria Wien
	SV Ried	3:1 (0:1)	Austria Kärnten
	SC Wr. Neustadt	3:1 (1:1)	KSV Superfund
	Rapid Wien	4:1 (1:0)	Sturm Graz
	LASK Linz	2:0 (2:0)	SV Mattersburg
36	Sturm Graz	0:2 (0:2)	Red Bull Salzburg
	SV Mattersburg	1:3 (0:1)	Rapid Wien
	KSV Superfund	2:0 (0:0)	LASK Linz
	Austria Wien	2:0 (0:0)	SV Ried
	Austria Kärnten	2:2 (0:1)	SC Wr. Neustadt

ALLE EURO-TORE

11 TORE SCHIESSEN DIE ROTEN BULLEN IN DER EUROPA LEAGUE, DIE MEISTEN GEGEN LAZIO, EINES VON AUSSERHALB DES STRAFRAUMS UND FAST DIE HÄLFTE MIT LINKS.

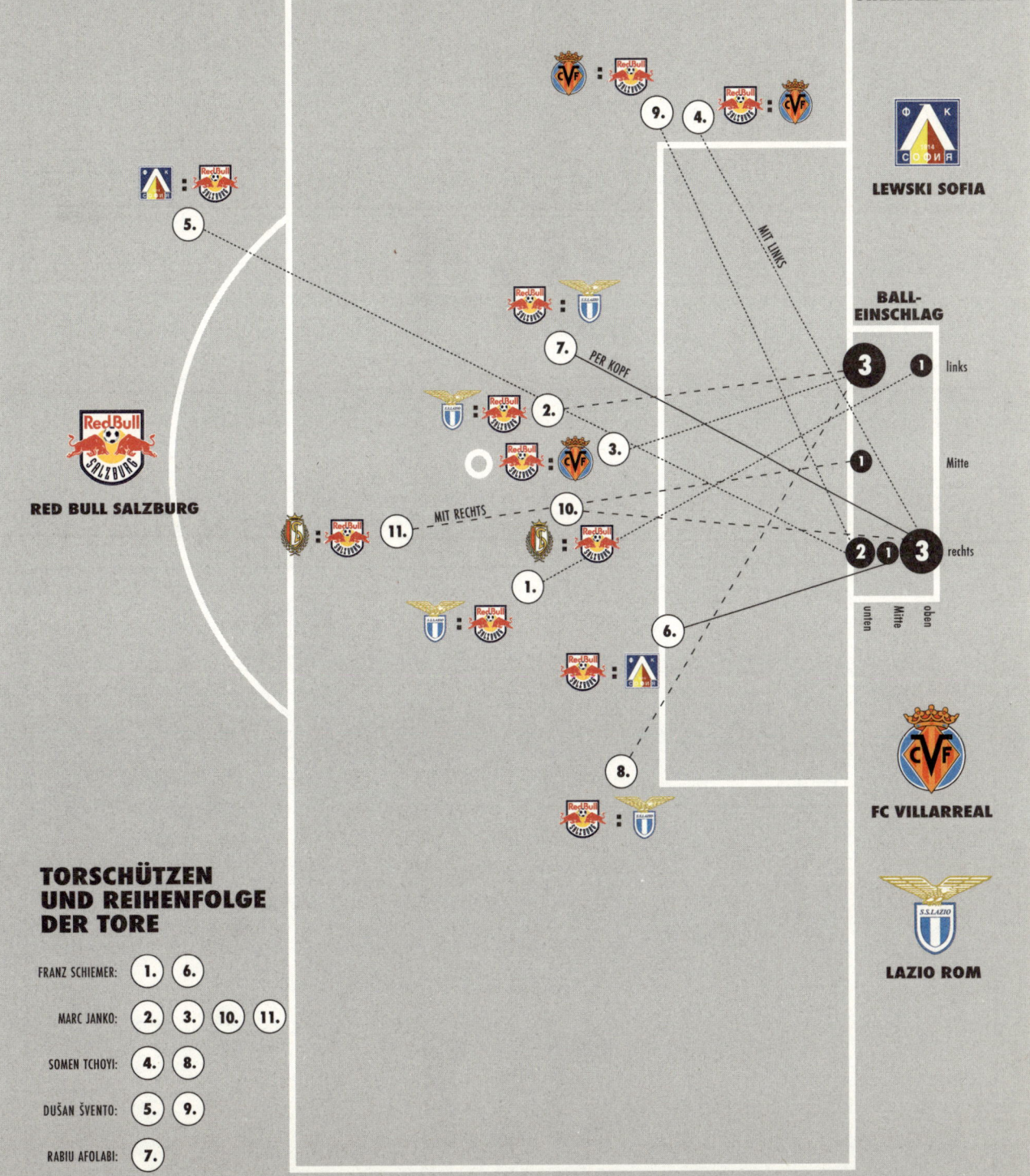

STANDARD LÜTTICH

LEWSKI SOFIA

BALL-EINSCHLAG

3	1	links
	1	Mitte
2	1	**3**	rechts
unten	Mitte	oben	

MIT LINKS
PER KOPF
MIT RECHTS

RED BULL SALZBURG

FC VILLARREAL

LAZIO ROM

TORSCHÜTZEN UND REIHENFOLGE DER TORE

- FRANZ SCHIEMER: 1. 6.
- MARC JANKO: 2. 3. 10. 11.
- SOMEN TCHOYI: 4. 8.
- DUŠAN ŠVENTO: 5. 9.
- RABIU AFOLABI: 7.

2009/10

DIE SCHÖNSTEN TORE (1)

8. RUNDE

2:4

- SCHIEMER
- LEITGEB
- JANKO
- JANKO
- TOR!

DIE SCHÖNSTEN TORE (2)

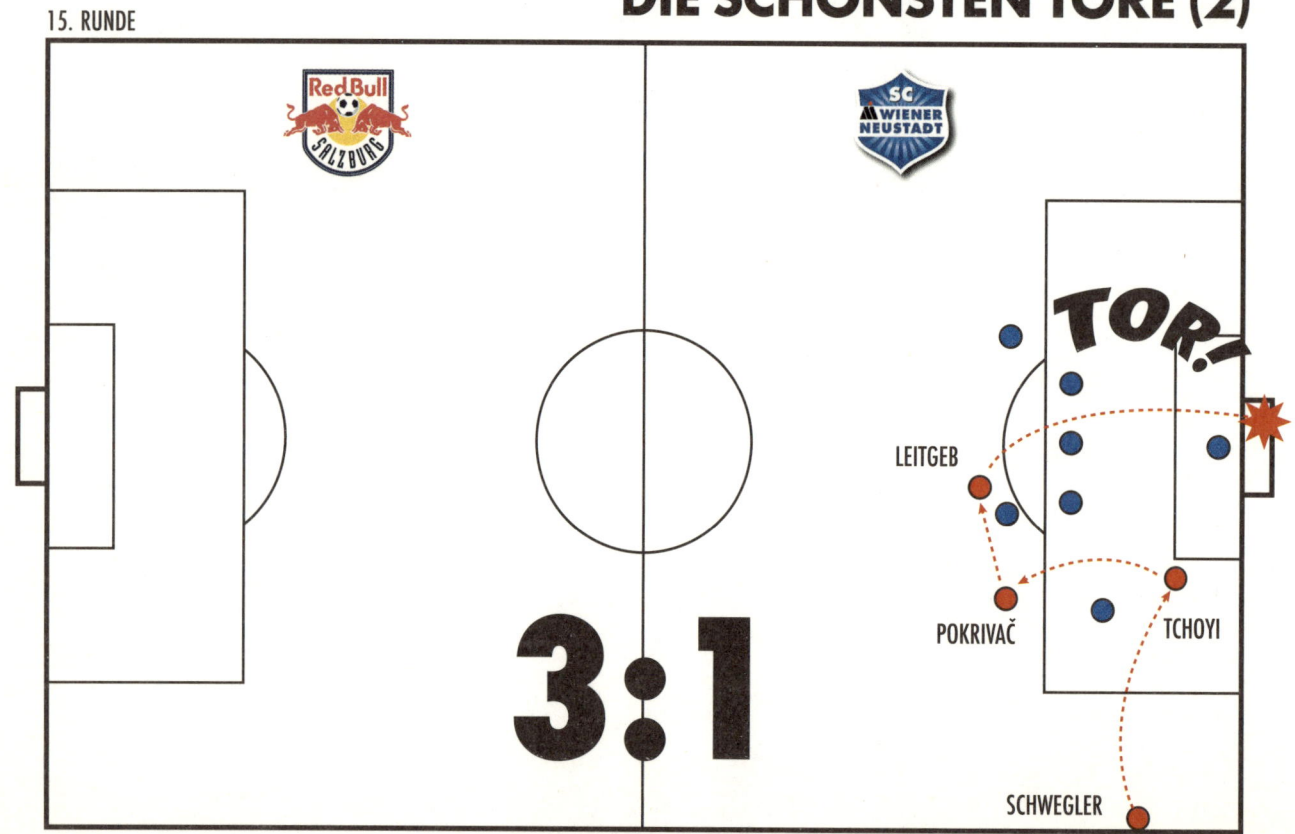

15. RUNDE

3:1

- LEITGEB
- POKRIVAČ
- TCHOYI
- SCHWEGLER
- TOR!

ALLE SCHÜTZEN

TOP 3. MIT WALLNER UND JANKO BRINGEN DIE ROTEN BULLEN ZWEI SPIELER IN DIE SPITZE DER TORSCHÜTZENLISTE. MIT GUSTAFSSON BEKOMMEN SIE DIE WENIGSTEN GEGENTORE.

TOP-20-TORSCHÜTZENLISTE

	NAME	VEREIN	TORE	RECHTS	LINKS	KOPF
1	Steffen Hofmann	Rapid Wien	20	19	0	1
2	Roman Wallner	Red Bull Salzburg	19	18	0	1
3	Marc Janko	Red Bull Salzburg	18	2	14	2
	Nikica Jelavić	Rapid Wien	18	6	3	9
5	Hamdi Salihi	Rapid Wien	15	5	5	4
6	Robert Waltner	SV Mattersburg	14	8	2	4
7	Daniel Beichler	Sturm Graz	11	6	4	1
8	Milenko Ačimovič	Austria Wien	10	9	0	1
	Johannes Aigner	SC Wr. Neustadt	10	8	1	1
	Christian Mayrleb	LASK Linz	10	7	1	2
11	Tomáš Jun	Austria Wien	9	8	0	1
	Ilčo Naumoski	SV Mattersburg	9	7	1	1
	Thomas Prager	LASK Linz	9	7	2	0
	Srđan Pavlov	KSV Superfund	9	7	0	2
15	Somen Tchoyi	Red Bull Salzburg	8	5	2	1
	Sanel Kuljić	SC Wr. Neustadt	8	3	1	4
	Klemen Lavrič	Sturm Graz	8	4	2	2
	Ronald Spuller	SV Mattersburg	8	7	0	1
19	Jakob Jantscher	Sturm Graz	7	5	2	0
	Mensur Kurtisi	SC Wr. Neustadt	7	3	4	0

TORE NACH SPIELSITUATION

	TORE	LIGA-Ø	TORSCHÜSSE	LIGA-Ø
Pass	34	22	288	250
Flanke	15	11	92	79
Freistoß	4	8	91	85
Ecke	9	6	95	63
Elfmeter	4	4	7	5
Alleingang	0	0	16	11
direkter Ballverlust	1	2	12	14
Einwurf	1	0	42	13

GEGENTORE NACH SPIELSITUATION

	TORE	LIGA-Ø	TORSCHÜSSE	LIGA-Ø
Pass	9	22	207	250
Flanke	6	11	62	79
Freistoß	7	8	73	85
Ecke	5	6	43	63
Elfmeter	0	4	4	5
Alleingang	0	0	6	11
direkter Ballverlust	0	2	12	14
Einwurf	0	0	8	13

TORE NACH ZEITLICHER VERTEILUNG

MINUTE	TORE	TORSCHÜSSE
1.–15.	9	89
16.–30.	10	105
31.–45.	15	121
46.–60.	11	102
61.–75.	12	112
76.–90.	11	114

GEGENTORE NACH ZEITLICHER VERTEILUNG

MINUTE	TORE	TORSCHÜSSE
1.–15.	4	58
16.–30.	4	83
31.–45.	4	62
46.–60.	7	70
61.–75.	1	52
76.–90.	7	90

TORE NACH SPIELPOSITION

	TORE	LIGA-Ø	TORSCHÜSSE	LIGA-Ø
Sturm	26	25	173	164
Mittelfeld	34	22	365	281
Abwehr	6	5	105	74

GEGENTORE NACH SPIELPOSITION

	TORE	LIGA-Ø	TORSCHÜSSE	LIGA-Ø
Sturm	13	25	132	164
Mittelfeld	11	22	219	281
Abwehr	3	5	64	74

TORHÜTER

	NAME	VEREIN	GEHALTEN %	SCHÜSSE AUFS TOR	GEHALTEN	GEGENTORE
1	Eddie Gustafsson	Red Bull Salzburg	83,3	126	105	21
2	Heinz Lindner	Austria Wien	82,7	52	43	9
3	Helge Payer	Rapid Wien	76,8	99	76	23
4	Szabolcs Sáfár	Austria Wien	76,0	75	57	18
5	Christian Gratzei	Sturm Graz	74,6	142	106	36
6	Thomas Gebauer	SV Ried	74,4	172	128	44
7	Silvije Čavlina	LASK Linz	74,0	77	57	20
8	Raimund Hedl	Rapid Wien	71,7	53	38	15
9	Stefan Bliem	SV Mattersburg	70,3	182	128	54
10	Raphael Wolf	KSV Superfund	68,6	204	140	64
11	Jürgen Macho	LASK Linz	67,6	74	50	24
12	Sašo Fornezzi	SC Wr. Neustadt	67,1	167	112	55
13	Andreas Schranz	Austria Kärnten	61,5	143	88	55

Anmerkung: Im Ranking sind nur Torhüter mit mindestens zwölf Saisonspielen berücksichtigt.

TORVORLAGEN

	NAME	VEREIN	GESAMT	MIT PASS	MIT FLANKE	STANDARDS	SONSTIGE
1	Steffen Hofmann	Rapid Wien	19	6	4	9	0
2	Roman Wallner	Red Bull Salzburg	16	6	2	4	4
3	Milenko Ačimovič	Austria Wien	15	4	2	8	1
4	Jakob Jantscher	Sturm Graz	14	5	1	7	1
	Stefan Lexa	SV Ried	14	5	3	5	1
6	Somen Tchoyi	Red Bull Salzburg	12	7	5	0	0
	Thomas Prager	LASK Linz	12	5	1	0	6
8	Nikica Jelavić	Rapid Wien	10	3	3	0	4
9	Tomáš Jun	Austria Wien	9	7	0	0	2
	Christoph Leitgeb	Red Bull Salzburg	9	6	0	2	1
	Dušan Švento	Red Bull Salzburg	9	4	1	3	1
	Marc Janko	Red Bull Salzburg	9	5	0	0	4

TORSCHUSSVORLAGEN

	NAME	VEREIN	GESAMT	PRO 90 MIN.	MIT PASS	MIT FLANKE	STANDARDS	SONSTIGE
1	Steffen Hofmann	Rapid Wien	194	5,5	83	14	85	12
2	Stefan Lexa	SV Ried	167	4,9	66	28	65	8
3	Dušan Švento	Red Bull Salzburg	103	3,2	36	15	43	9
	Jakob Jantscher	Sturm Graz	103	3,5	33	9	56	5
5	Milenko Ačimovič	Austria Wien	102	4,0	41	9	51	1
6	Christoph Leitgeb	Red Bull Salzburg	80	2,6	38	7	24	11
7	Samir Muratović	Sturm Graz	76	3,9	44	10	20	2
8	Christoph Saurer	LASK Linz	74	2,6	30	5	33	6
9	Patrick Wolf	SC Wr. Neustadt	72	2,6	31	16	18	7
10	Herwig Drechsel	SV Ried	70	3,1	26	4	34	6
11	Somen Tchoyi	Red Bull Salzburg	66	2,1	37	17	1	11
	Alexander Grünwald	SC Wr. Neustadt	66	2,9	26	2	29	9
13	Zlatko Junuzović	Austria Wien	65	2,3	34	8	6	17
	Patrik Siegl	KSV Superfund	65	2,6	15	5	41	4
15	Matthias Dollinger	Austria Kärnten	63	3,1	21	2	37	3
16	Nikica Jelavić	Rapid Wien	61	2,0	28	9	1	23
17	Sandro	Austria Kärnten	59	3,2	19	10	29	1
18	Branko Bošković	Rapid Wien	55	2,8	36	6	9	4
19	Veli Kavlak	Rapid Wien	54	2,9	28	12	5	9
	Christian Schwegler	Red Bull Salzburg	54	1,6	17	9	26	2

TORSCHÜSSE

	NAME	VEREIN	GESAMT	PRO 90 MIN.	RECHTS	LINKS	KOPF	SONSTIGE
1	Nikica Jelavić	Rapid Wien	121	3,9	51	22	48	12
2	Steffen Hofmann	Rapid Wien	112	3,2	100	11	1	8
3	Marc Janko	Red Bull Salzburg	107	3,8	7	53	47	9
4	Jakob Jantscher	Sturm Graz	103	3,5	71	30	2	5
5	Roman Wallner	Red Bull Salzburg	100	4,0	88	2	10	1
6	Zlatko Junuzović	Austria Wien	83	2,9	71	10	2	11
7	Nacho Rodríguez	SV Ried	76	3,3	56	9	11	2
8	Somen Tchoyi	Red Bull Salzburg	71	2,3	49	12	10	6
9	Simon Cziommer	Red Bull Salzburg	69	4,9	47	18	4	7
10	Hamdi Salihi	Rapid Wien	66	4,4	25	19	21	6
11	Herwig Drechsel	SV Ried	65	2,9	6	57	2	9
	Diego Viana	SC Wr. Neustadt	65	4,1	34	11	20	11
13	Stefan Hierländer	Austria Kärnten	64	2,6	47	4	13	17
	Florian Mader	SV Ried	64	2,3	12	52	0	4
15	Milenko Ačimovič	Austria Wien	63	2,5	55	3	5	3
	Johannes Aigner	SC Wr. Neustadt	63	2,9	26	18	19	1
	Atdhe Nuhiu	SV Ried	63	3,2	20	6	37	23
18	Marek Heinz	KSV Superfund	62	2,7	6	51	5	4
	Thomas Prager	LASK Linz	62	2,2	42	16	4	9
20	Christoph Leitgeb	Red Bull Salzburg	61	2,0	54	7	0	2

DIE SCHÖNSTEN TORE (3)

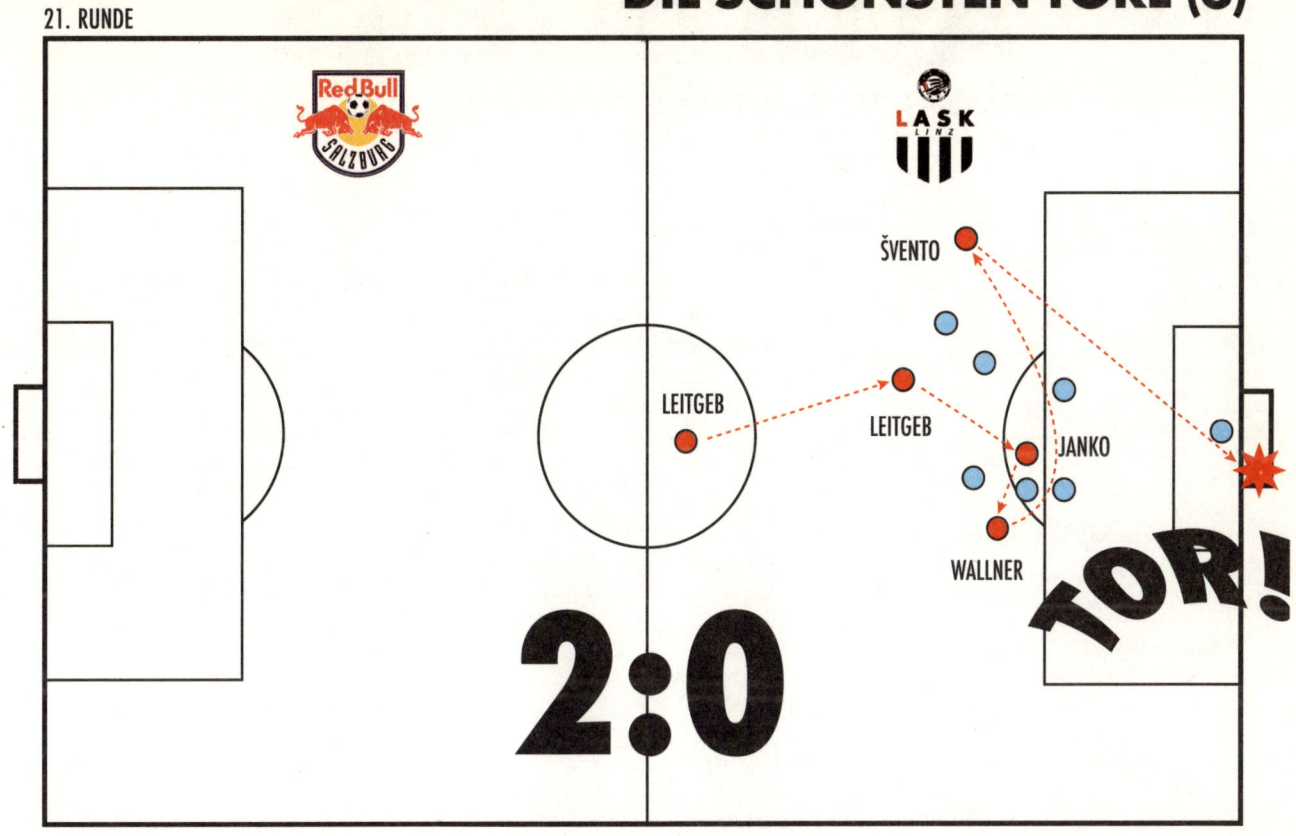

21. RUNDE

ŠVENTO
LEITGEB
LEITGEB
JANKO
WALLNER

2:0

TOR!

DIE SCHÖNSTEN TORE (4)

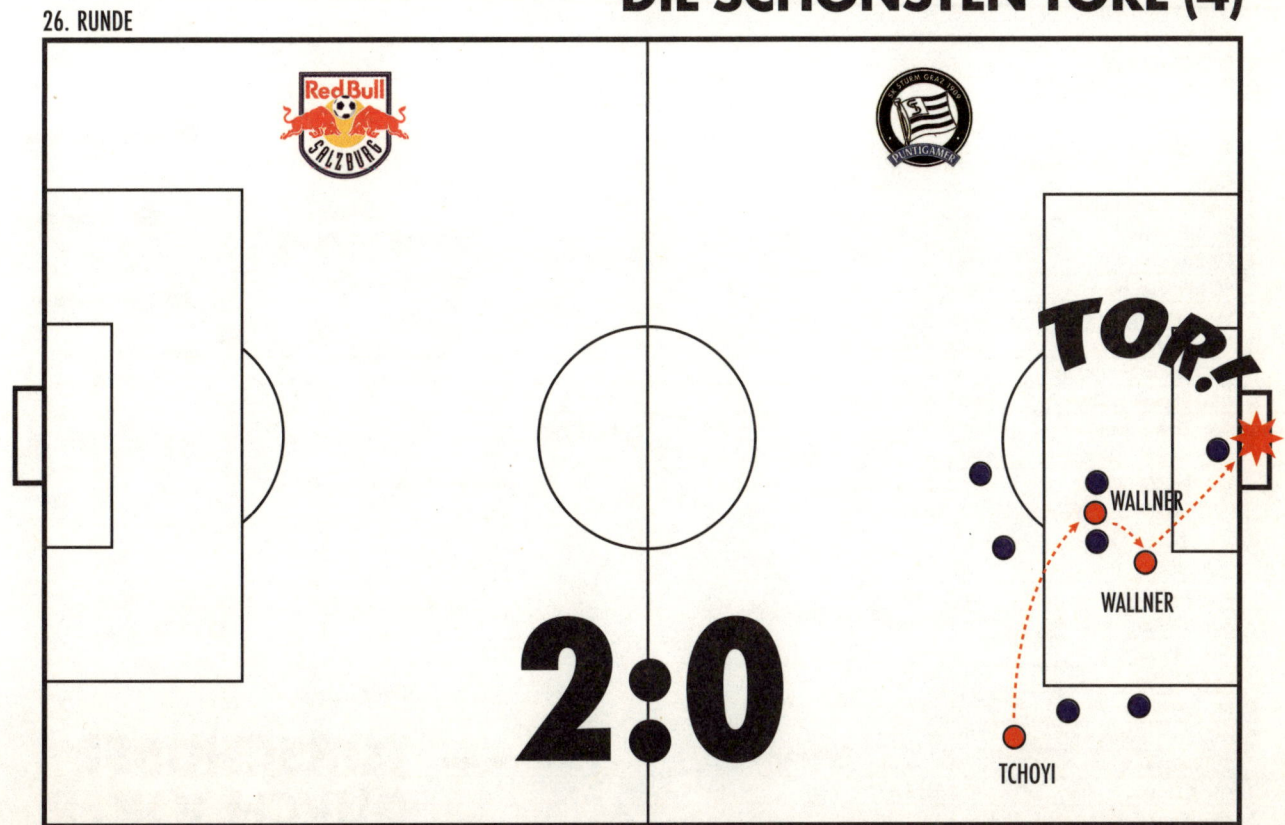

26. RUNDE

WALLNER
WALLNER
TCHOYI

2:0

TOR!

2009/10

ALLE DUELLE

ZWEIKAMPF. SEKAGYA UND OPDAM SIND AUCH 2009/10 WIEDER DIE STÄRKSTEN LUFT- UND BODENZWEIKÄMPFER.

KOPFBALLDUELLE GEWONNEN OFFENSIV

	VEREIN	%
1	Red Bull Salzburg	44,5
2	Rapid Wien	43,9
3	KSV Superfund	41,9
4	SV Mattersburg	40,7
5	Sturm Graz	40,0
6	SV Ried	39,4
	Austria Wien	39,4
8	SC Wr. Neustadt	37,2
9	LASK Linz	37,1
10	Austria Kärnten	35,9

KOPFBALLDUELLE GEWONNEN DEFENSIV

	VEREIN	%
1	SC Wr. Neustadt	63,0
2	Sturm Graz	62,3
3	Rapid Wien	62,2
4	SV Ried	60,6
5	KSV Superfund	60,0
6	LASK Linz	59,7
7	Red Bull Salzburg	59,6
8	Austria Wien	58,2
9	SV Mattersburg	57,7
10	Austria Kärnten	56,4

BODENDUELLE GEWONNEN OFFENSIV

	VEREIN	%
1	Austria Wien	53,6
2	Red Bull Salzburg	52,0
3	Rapid Wien	51,1
4	SV Ried	51,0
5	SC Wr. Neustadt	50,4
6	SV Mattersburg	50,3
7	Sturm Graz	49,9
8	LASK Linz	49,4
9	KSV Superfund	47,5
10	Austria Kärnten	47,3

BODENDUELLE GEWONNEN DEFENSIV

	VEREIN	%
1	Austria Wien	55,9
2	Rapid Wien	52,3
3	Sturm Graz	50,6
4	Red Bull Salzburg	50,3
5	SC Wr. Neustadt	50,1
6	Austria Kärnten	49,2
7	SV Ried	49,0
8	LASK Linz	48,3
9	KSV Superfund	46,3
10	SV Mattersburg	46,0

KOPFBALLDUELLE

	NAME	VEREIN	GEWONNEN %	BESTRITTEN	PRO 90 MINUTEN
1	Martin Stocklasa	SV Ried	69,0	203	8
2	Thomas Burgstaller	SV Ried	68,9	386	12
3	Petr Johana	SC Wr. Neustadt	68,7	115	7
4	Gordon Schildenfeld	Sturm Graz	68,5	279	8
5	Ibrahim Sekagya	Red Bull Salzburg	68,3	126	6
6	Ferdinand Feldhofer	Sturm Graz	67,6	74	4
7	Jacek Bąk	Austria Wien	67,4	132	7
8	Milan Fukal	KSV Superfund	66,9	344	11
9	Peter Hlinka	Sturm Graz	65,7	175	7
10	Ragnvald Soma	Rapid Wien	65,6	183	6

BODENDUELLE

	NAME	VEREIN	GEWONNEN %	BESTRITTEN	PRO 90 MINUTEN
1	Ragnvald Soma	Rapid Wien	70,9	344	10
2	Manuel Ortlechner	Austria Wien	66,5	257	9
3	Barry Opdam	Red Bull Salzburg	63,9	277	18
4	Georg Margreitter	LASK Linz	63,8	232	12
5	Christian Schwegler	Red Bull Salzburg	63,5	512	15
6	Mario Sonnleitner	Sturm Graz	62,8	285	11
7	Gordon Schildenfeld	Sturm Graz	62,7	357	11
8	Ibrahim Sekagya	Red Bull Salzburg	62,5	288	13
9	Petr Johana	SC Wr. Neustadt	61,5	239	15
10	Martin Stocklasa	SV Ried	61,4	311	12

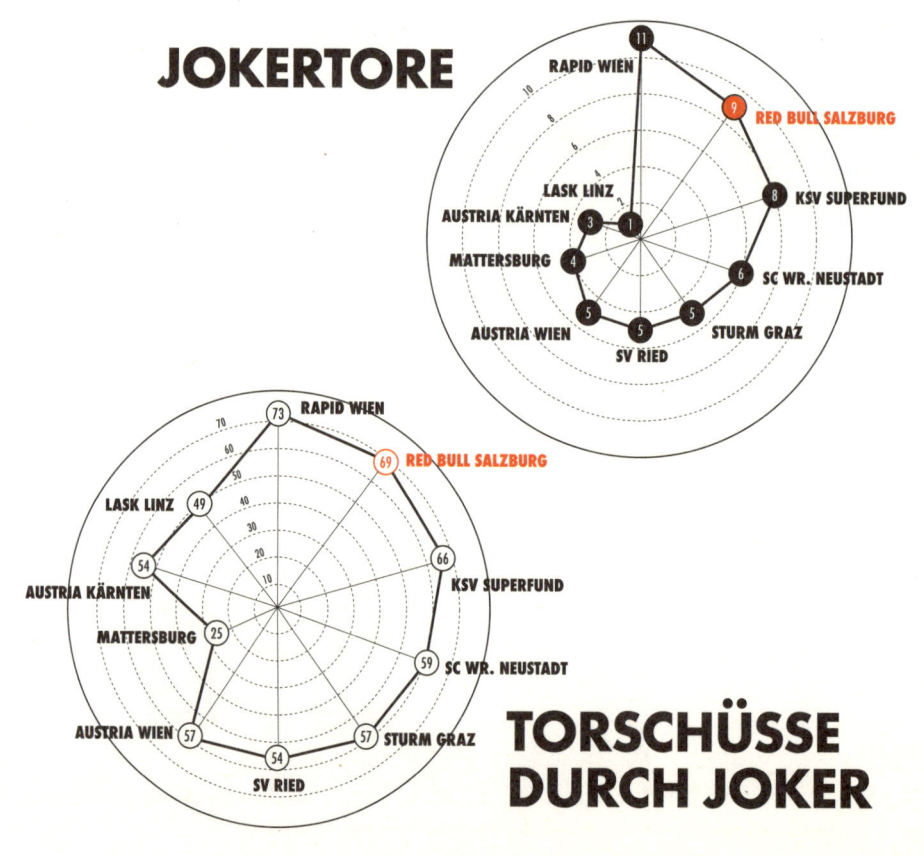

JOKERTORE

TORSCHÜSSE DURCH JOKER

EDDIE, DER ELFMETER-KILLER

GUSTAFSSON HÄLT ALLE ELFER IN DER BUNDESLIGA.

MARC SAND
KLEMEN LAVRIČ
ROLAND LINZ
MAMADOU DIABANG

FOUL VON ULMER AN SCHEMBRI — 1:2
FOUL VON GUSTAFSSON AN LAVRIČ — 1:0 / 3:0
FOUL VON POKRIVAČ AN BAUMGARTLINGER
FOUL VON OPDAM AN ROLAND LINZ — 1:1

AUSTRIA KÄRNTEN
STURM GRAZ
AUSTRIA WIEN
AUSTRIA WIEN

MINUTE: 10 20 30 40 50 60 70 80 90
RUNDE: 9 11 25 26 36

2009/10
285

ALLE FOULS

KEINE ROTE. EIN SCHLÜSSEL ZUM ERFOLG – DIE DISZIPLINIERTE SPIELWEISE. RED BULL SALZBURG KASSIERT IN DER GESAMTEN SAISON KEINE ROTE UND NUR ZWEI GELB-ROTE KARTEN.

FOULS

#	NAME	VEREIN	BEGANGEN	PRO 90 MIN.	MIT GRÄTSCHE	GEFOULT WORDEN
1	Michael Mörz	SV Mattersburg	108	3,3	2	95
2	Thomas Burgstaller	SV Ried	106	3,2	2	51
3	Ilčo Naumoski	SV Mattersburg	99	5,0	0	80
4	Nedeljko Malić	SV Mattersburg	81	2,4	1	40
5	Julian Baumgartlinger	Austria Wien	78	3,2	0	91
	Mario Reiter	SC Wr. Neustadt	78	2,7	1	46
7	Johannes Aigner	SC Wr. Neustadt	77	3,6	3	71
	Manuel Seidl	SV Mattersburg	77	2,7	1	56
	David Sencar	KSV Superfund	77	3,0	2	41
10	Gerald Gansterer	KSV Superfund	72	3,4	1	22
11	Robert Waltner	SV Mattersburg	70	2,5	0	52
12	Markus Schmidt	SV Mattersburg	69	3,4	5	38
	Ronald Spuller	SV Mattersburg	69	2,6	2	65
14	Franz Schiemer	Red Bull Salzburg	67	2,8	0	37
	Milan Fukal	KSV Superfund	67	2,1	0	37
	Klemen Lavrič	Sturm Graz	67	3,6	0	49
	Justice Majabvi	LASK Linz	67	2,1	2	34
18	Markus Heikkinen	Rapid Wien	66	2,5	3	39
	Thomas Schrammel	SV Ried	66	2,3	6	46
20	Srđan Pavlov	KSV Superfund	65	3,7	0	70
	Robert Schellander	KSV Superfund	65	2,6	2	44

BEGANGENE FOULS

#		
1	SV Mattersburg	880
2	KSV Superfund	850
3	SC Wr. Neustadt	710
4	LASK Linz	678
5	Austria Kärnten	642
6	Rapid Wien	634
7	Sturm Graz	614
8	Red Bull Salzburg	611
9	SV Ried	599
10	Austria Wien	550

STRAFPUNKTE-WERTUNG SPIELER

#	NAME	VEREIN	ROT	GELB-ROT	GELB	STRAFPUNKTE
1	Michael Mörz	SV Mattersburg	1	0	11	16
2	Ilčo Naumoski	SV Mattersburg	1	1	7	15
3	Milan Fukal	KSV Superfund	0	2	4	14
	Petr Johana	SC Wr. Neustadt	1	1	6	14
	Wolfgang Klapf	SC Wr. Neustadt	1	1	6	14
6	Matthias Dollinger	Austria Kärnten	1	0	8	13
	Robert Schellander	KSV Superfund	0	1	11	13
8	Stefan Hierländer	Austria Kärnten	1	1	4	12
	Marco Salvatore	Austria Kärnten	0	1	9	12
	Manuel Seidl	SV Mattersburg	0	1	9	12
	Markus Schmidt	SV Mattersburg	0	0	12	12

GEFOULT WORDEN

#		
1	Austria Wien	789
2	Rapid Wien	755
3	SC Wr. Neustadt	727
4	Austria Kärnten	681
5	SV Mattersburg	676
6	Sturm Graz	670
7	SV Ried	639
8	KSV Superfund	635
9	LASK Linz	603
10	Red Bull Salzburg	593

STRAFPUNKTE-WERTUNG VEREIN

#	VEREIN	ROT	GELB-ROT	GELB	STRAFPUNKTE
1	Sturm Graz	0	1	61	64
2	Red Bull Salzburg	0	2	65	71
3	Austria Wien	3	2	58	79
4	SV Ried	0	3	72	81
5	Rapid Wien	2	2	74	90
6	SC Wr. Neustadt	2	5	80	105
7	LASK Linz	1	4	93	108
8	Austria Kärnten	4	6	73	111
9	KSV Superfund	2	5	106	131
10	SV Mattersburg	3	4	106	133

Rot = 5 Pkt., Gelb-Rot = 3 Pkt., Gelb = 1 Pkt.

GELBE KARTEN NACH ART DES VERGEHENS

#	VEREIN	GELBE	FOUL	UNSPORTL.	KRITIK
1	Austria Wien	58	44	9	5
2	Sturm Graz	61	31	17	13
3	Red Bull Salzburg	65	43	12	10
4	SV Ried	72	51	17	4
5	Austria Kärnten	73	51	15	7
6	Rapid Wien	74	58	11	5
7	SC Wr. Neustadt	80	58	15	7
8	LASK Linz	93	69	13	11
9	KSV Superfund	106	85	15	6
	SV Mattersburg	106	77	19	10

ALLE EINSÄTZE

ZWEIMAL ALLES. ULMER UND TCHOYI SPIELEN IN ALLEN BUNDESLIGA-BEGEGNUNGEN DER ROTEN BULLEN. ZICKLER IST MIT 17 EINWECHSLUNGEN DER EDELJOKER.

AUSWECHSLUNGEN

NAME	AUSW.
Dušan Švento	19
Somen Tchoyi	15
Simon Cziommer	10
Roman Wallner	9
Christoph Leitgeb	7
Marc Janko	7
Nikola Pokrivač	5
Rabiu Afolabi	4
Franz Schiemer	4
Barry Opdam	4
Milan Dudić	4
Alexander Zickler	4
Ibrahim Sekagya	2
Admir Vladavić	2
Andreas Ulmer	1
Christian Schwegler	1
Eddie Gustafsson	1
Thomas Augustinussen	1
Robin Nelisse	1
Patrik Ježek	1
Saša Ilić	1
Louis Ngwat-Mahop	1

EINWECHSLUNGEN

NAME	EINW.
Alexander Zickler	17
Simon Cziommer	12
Admir Vladavić	12
Barry Opdam	8
Thomas Augustinussen	7
Robin Nelisse	7
Marc Janko	6
Nikola Pokrivač	6
René Aufhauser	5
Patrik Ježek	5
Roman Wallner	4
Somen Tchoyi	3
Christoph Leitgeb	2
Milan Dudić	2
Andreas Ulmer	1
Dušan Švento	1
Ibrahim Sekagya	1
Heinz Arzberger	1
Louis Ngwat-Mahop	1
Christoph Kröpfl	1
Karel Piták	1
Alexander Aschauer	1

EINSÄTZE

NAME	MINUTEN	SPIELE
Andreas Ulmer	3.155	36
Christian Schwegler	3.116	35
Dušan Švento	2.869	35
Somen Tchoyi	2.827	36
Christoph Leitgeb	2.784	33
Eddie Gustafsson	2.745	31
Marc Janko	2.562	34
Rabiu Afolabi	2.545	29
Franz Schiemer	2.179	25
Ibrahim Sekagya	2.023	24
Nikola Pokrivač	1.472	22
Barry Opdam	1.385	23
Simon Cziommer	1.277	26
Milan Dudić	857	13
Alexander Zickler	851	24
Roman Wallner	822	14
Heinz Arzberger	495	6
Thomas Augustinussen	487	12
Admir Vladavić	394	15
René Aufhauser	243	7
Robin Nelisse	175	8
Patrik Ježek	165	6
Saša Ilić	60	1
Louis Ngwat-Mahop	48	2
Christoph Kröpfl	27	1
Karel Piták	15	1
Alexander Aschauer	1	1

AKTIONEN

SPITZE IM ECK. RED BULL SALZBURG IST STARK ÜBER DIE SEITEN – NACH FLANKEN UND CORNERN.

EIGENE ECKEN

1	Red Bull Salzburg	238
2	Rapid Wien	220
3	SV Ried	203
4	Austria Wien	197
5	Sturm Graz	187
6	LASK Linz	179
7	KSV Superfund	173
8	SC Wr. Neustadt	170
9	Austria Kärnten	156
10	SV Mattersburg	136

GEGNERISCHE ECKEN

1	SC Wr. Neustadt	221
	SV Mattersburg	221
3	Austria Kärnten	220
4	KSV Superfund	206
5	Austria Wien	195
6	LASK Linz	188
7	Rapid Wien	156
8	Red Bull Salzburg	152
	Sturm Graz	152
10	SV Ried	148

EIGENE FLANKEN

1	Rapid Wien	580
2	Red Bull Salzburg	527
3	SC Wr. Neustadt	481
4	SV Ried	474
5	Austria Wien	463
6	KSV Superfund	435
7	LASK Linz	424
8	Sturm Graz	420
9	Austria Kärnten	354
10	SV Mattersburg	310

GEGNERISCHE FLANKEN

1	LASK Linz	544
2	Austria Kärnten	511
3	SV Mattersburg	499
4	SV Ried	456
5	KSV Superfund	440
6	SC Wr. Neustadt	427
7	Austria Wien	415
8	Sturm Graz	408
9	Red Bull Salzburg	391
10	Rapid Wien	377

SELBST IM ABSEITS

1	Red Bull Salzburg	158
2	Rapid Wien	124
3	LASK Linz	122
4	SV Ried	117
5	Sturm Graz	116
6	SV Mattersburg	114
7	SC Wr. Neustadt	99
8	Austria Wien	96
9	Austria Kärnten	83
10	KSV Superfund	75

ABSEITS DER GEGNER

1	SV Mattersburg	153
2	Sturm Graz	150
3	LASK Linz	146
4	SC Wr. Neustadt	122
5	KSV Superfund	98
6	Austria Kärnten	97
7	Red Bull Salzburg	93
	Austria Wien	93
	Rapid Wien	93
10	SV Ried	59

TORE | GEGENTORE

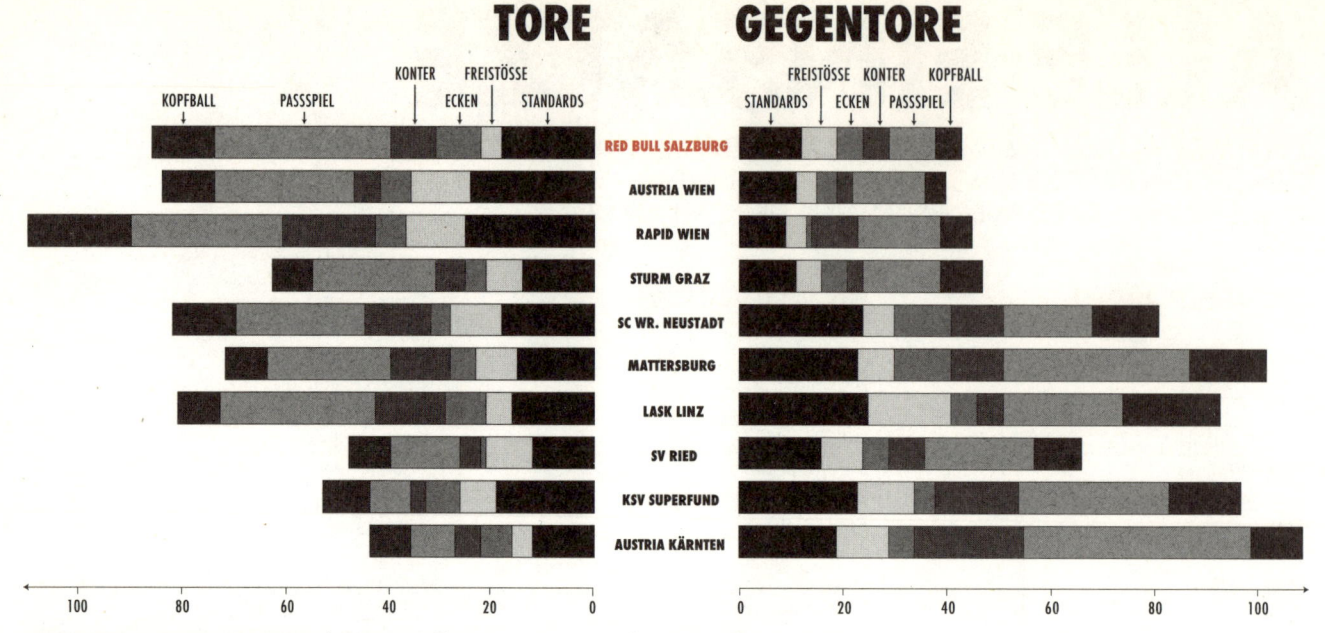

KOPFBALL | PASSSPIEL | KONTER | FREISTÖSSE | ECKEN | STANDARDS

- RED BULL SALZBURG
- AUSTRIA WIEN
- RAPID WIEN
- STURM GRAZ
- SC WR. NEUSTADT
- MATTERSBURG
- LASK LINZ
- SV RIED
- KSV SUPERFUND
- AUSTRIA KÄRNTEN

TREFFERQUOTE (Torschüsse und Tore)

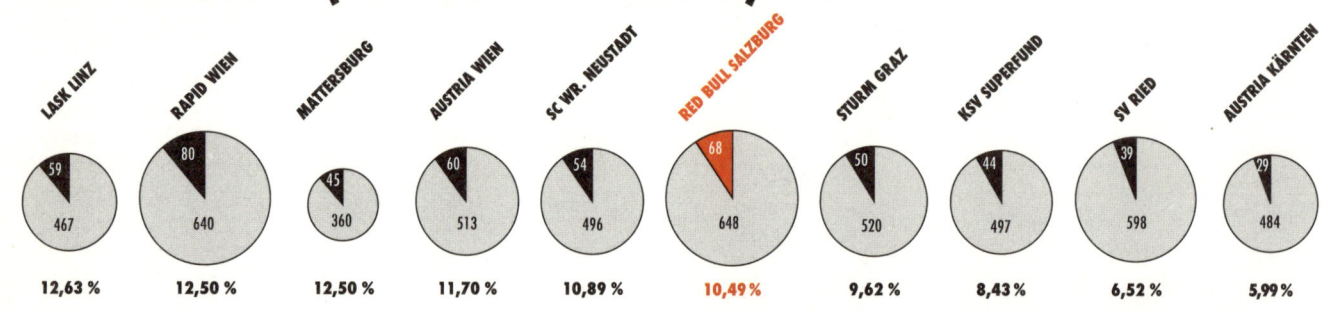

LASK LINZ	RAPID WIEN	MATTERSBURG	AUSTRIA WIEN	SC WR. NEUSTADT	RED BULL SALZBURG	STURM GRAZ	KSV SUPERFUND	SV RIED	AUSTRIA KÄRNTEN
59 / 467	80 / 640	45 / 360	60 / 513	54 / 496	68 / 648	50 / 520	44 / 497	39 / 598	29 / 484
12,63 %	12,50 %	12,50 %	11,70 %	10,89 %	10,49 %	9,62 %	8,43 %	6,52 %	5,99 %

DIE SCHÖNSTEN TORE (5)

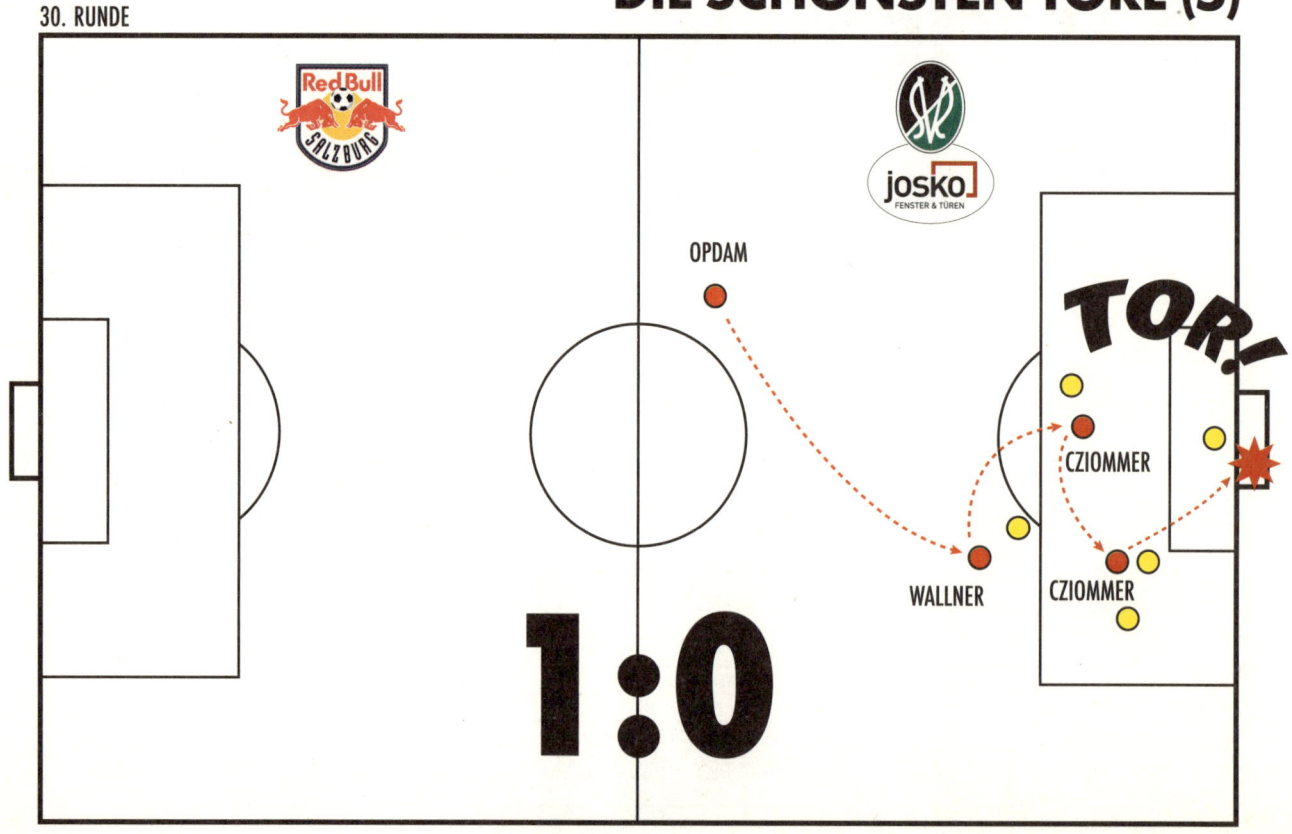

30. RUNDE

Red Bull Salzburg — SV Ried (josko FENSTER & TÜREN)

OPDAM → WALLNER → CZIOMMER → CZIOMMER → TOR!

1:0

2009/10